大学学习与生活

DAXUE XUEXI YU SHENGHUO

主　编　林和平

副主编　廖深基

编　委　陈晓斌　陈小红　陈　文

赵立新　张本钰

海峡出版发行集团 | 福建人民出版社

THE STRAITS PUBLISHING & DISTRIBUTING GROUP | FUJIAN PEOPLE'S PUBLISHING HOUSE

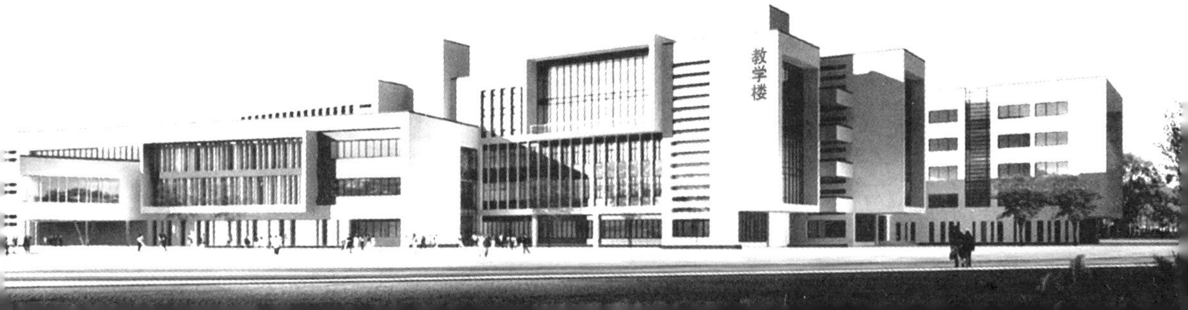

图书在版编目（CIP）数据

大学学习与生活/林和平主编. --福州：福建人民出版社，2013.8（2020.7 重印）

ISBN 978-7-211-06735-0

Ⅰ.①大... Ⅱ.①林... Ⅲ.①大学生—学生生活 Ⅳ.①G645.5

中国版本图书馆 CIP 数据核字（2013）第 143517 号

大学学习与生活

DAXUE XUEXI YU SHENGHUO

主　　编：林和平
责任编辑：余祥草
出版发行：福建人民出版社　　**电　　话**：0591—87533169（发行部）
网　　址：http://www.fjpph.com　　**电子邮箱**：51281175@qq.com
地　　址：福州市东水路 76 号　　**邮政编码**：350001
经　　销：福建新华发行（集团）有限责任公司
印　　刷：福州万达印刷有限公司
地　　址：福州市仓山区金山橘园洲工业园台江园 17 栋
开　　本：700mm×1000mm　1/16
印　　张：17.5
字　　数：300 千字
版　　次：2013 年 8 月第 1 版　　**印　　次**：2020 年 7 月第 9 次印刷
印　　数：50001—53000
书　　号：ISBN 978-7-211-06735-0
定　　价：28.00 元

本书如有印装质量问题，影响阅读，请直接向承印厂调换。

序

大学承载着人才培养、科学研究、文化传承创新与服务社会的重要使命。现代社会的政界领袖、科学巨擘、文化大师、商业精英以及各行各业的杰出人才都是经由大学的培养和熏陶，而后才在各个领域里展露才华，出类拔萃。毋庸讳言，大学是人生非常重要的一个阶段。

作为人生的新起点，莘莘学子怀着无限的憧憬和向往，跨进大学校门，开始一段新的追梦之旅。然而，总有些大学生在经历高考成功的短暂喜悦之后，却很快陷入彷徨、迷惘，无所适从。一颗漂泊的心穿梭于大学的漫漫天空，找不到人生的坐标与航向；一些大学生或是跟不上大学里的学习节奏，或是不能调整好自己的心理状态，或是不能很好处理人际关系，在大学里总是举步维艰；一些大学生不能很好地把握自我，管理自我，以致荒废学业，有的甚至走上犯罪的道路。

大学生作为宝贵的人才资源，是民族的希望，是祖国的未来。全面提高他们的综合素质，把他们培养成中国特色社会主义事业的建设者和接班人，关系着科教兴国战略、人才强国战略的全面实施，关系着全面建成小康社会，推进社会主义现代化建设目标的实现，关系着国家富强、民族振兴、人民幸福的中国梦的实现。因而，引导大学生在新的起点上镌刻下成长的坚实足迹，在人生新的页面上书写下灿烂辉煌的篇章意义重大。

《大学学习与生活》就是为新生而准备的大学学习与生活指南，将指导大家合理安排大学的学习与生活，引导大家学会学习、学会做人、学会做事、学会交往、学会自我管理，学会创新。这本书的作者，都是长期从事学生工作的同志，他们与学生朝夕相处，了解学生的所思、所想、所惑、所求，相信青年学生一定能在细细品味中受到启发，并指引自己走过充实、灿烂、多样、美好的大学生活。

大学是人生的一个重要历程、一次重要跨越，是一生进步之钥匙。愿明天的栋梁在这里放飞理想，收获知识。愿风起时，生命之舟“直挂云帆济沧海”，顺利到达成功的彼岸。

罗　萤

目　　录

第一章　认识大学

第一节　大学的产生与发展

在人们心目中，“大学”，是探求智慧新高度、追求文明进步的精神殿堂，是推动社会前进的轴心，是一个神圣、令人向往的地方。大学在人类社会发展历史中，尤其在近代社会发展中，发挥着不可磨灭的作用。那么“大学”究竟是什么？

一、大学的词源

要探究大学的起源，从中西方词的起源入手进行考察，在语言学层面，现在英语中的“大学”，即 university，来源于拉丁文中 universus，其中，unus 表示“一”，versus 表示“沿着某一特定的方向”。Universus 字面上的意思就是“沿着一个特定的方向”，但它实际的意思却是“被视为一个整体的，被视为一个群体的”。在中世纪，拉丁文继续在诸如政府、宗教和教育等领域得到使用。universus 这个词被用来指由教师和学生所构成的新联合体。由此可知，university 一词在起源之时就已被用来指教育，指教师对学生的引导。至于中国，古史典籍中关于大学的萌芽也有多种记录，在夏商周时期，“大学”一词就已出现，与“小学”相对，“大学”一词指的是聚集在特定地点整理、研究和传播高深领域知识的机构。另外，“大学”也指儒家经典四书之一的《大学》。

二、大学的起源

回顾中外教育史，我们不难发现，在欧洲中世纪大学出现前，高等教育的身影早已存在于古希腊等地，如斯巴达的高级青年军事训练团、柏拉图传授哲思的学园、亚里士多德的“吕克昂”，再如我国殷商时期的右学、西周的辟雍与泮宫，但是这些都难以称为真正意义上的大学。只有传承前人精神，从中世纪黑暗中走出的大学才可称之为真正意义上的大学。早期没有根据专门的法令创办的大学，因此很难为任何一所早期大学指定一个确切的创建时间。在西方，一般认为，博洛尼亚大学在1088年建立，在1988年的430所欧洲大学校长共同签署的新“欧洲大学宪章”中，博洛尼亚大学被正式宣称为欧洲所有大学的母校，它也是世界现存最古老的大学。另外还可考察至被欧洲各地大学视为建校样板的三所“母大学”——意大利的萨莱诺大学、博洛尼亚大学和法国的巴黎大学。大学的产生为黑暗的中世纪带来了光明，荟萃各地的大师，造就许多划时代的英雄人物，是他们掀起了宣告中世纪结束的文艺复兴运动。所以，大学从诞生之时就象征着人类的文明，也推动着社会的进步和发展。大学的出现，为中世纪这个黑暗时代留下了唯一一道为后人称道的光芒。

三、大学的发展

大学作为一个绵延数千年的组织机构，在其历史变迁过程中，表现出了鲜明的文化特征和民族性格。中西方大学发展的历史对此作了充分的注解，并昭示着现代大学发展的基本走向。

（一）西方大学的发展

中世纪时期，教会成为控制政治和思想的主体，但随着社会生产力的发展也带来一系列新的社会特征，如市民阶层扩大、经济物质生活丰富等。城市的兴起促进了商业和贸易的发展，形成了对新的专门知识的需求，一些从事专门知识研究和传授的机构也应运而生。因此，大学也是市民社会发展的产物。

1088年，意大利建立了第一所正规大学——博洛尼亚大学，其距今已有近千年的历史。随后，欧洲各地相继出现了各种大学。那时大学的学生没有国籍限制，都使用拉丁语。中世纪的大学在精神方面受到教会的控制，必须开设神学方面的课程；而大学的教师也大多为传教士或基督徒，教会成为控制学校的主要力量。另外，随着城市工商业的发展，各种手工业行会、商会组织逐渐兴起，这些商会往往拥有很高的自治权。这也成了大学的榜样。大学在诞生之初，可被视为教师和学生的“教育行业公会”，学校由教师和学生共同管理事务，所有的教师联合成特殊的组织即专业行会，称为系或教授会（faculty)，后来逐渐把系理解为教授某些行业知识的大学分部，而渐渐有了现代大学的影子，学生则组成同乡行会，双方各有自己的权利和义务。简单来说，大学作为一种行会体制，教师与学生的关系就是师徒关系。

1650年英国资产阶级革命开启了世界近代的发展进程，欧洲各国的大学都在一定程度上得到发展。17至18世纪，国家影响力增强，教育风气见长，科学思潮涌动，培根、笛卡尔等人新思想的广泛传播，西方大学挣脱出教会的束缚，走向自治——现代意义上的大学应运而生，1694年建立于德国的哈勒大学就是第一所新式大学。新式大学崇尚理性、勤于思考、上下求索，为现代大学高水平科研和教学夯实基础。不同于德国，在英国的土壤上，牛津、剑桥等中世纪走来的古典大学，在时间的淬炼下，形成了许多专业性学院。19世纪初，英国资产阶级开展了“新大学运动”，伦敦大学——英国第一所真正意义上的新大学在这样的背景下诞生。

1810年，德国建立柏林大学，确立了科学研究在大学中的地位，时任柏林大学校长的洪堡提出教学与科研相结合的原则，逐渐使德国大学教育成为世界大学教育的中心。柏林大学重视大学的宁静和自由，让其充分保有“象牙塔”的美名。它把学术自由作为基本指导思想，由大学自行决定学术研究领域的事务，也鼓励师生自由地探索和发现世界的本质，大学已不再是单纯的教学机构，并对世界高等教育的发展产生了广泛而深远的影响。

将视线转移到美洲大陆的美国。美国的高等教育在殖民地时期就已起步。1636年，马萨诸塞州仿照英国古典大学的办学样式，建立起哈佛学院，这也是美国最早的大学。南北战争之后，美国高等教育得到了飞速发展，初步形成了“学术型大学”和“实用型大学”两种并立而行的大学体制。1876年建立的约翰斯·霍普金斯大学格外重视教授的水平和科研活动的开展，在当时拥有较高的科研学术地位。麻省理工学院、布鲁克林工业学院等则以培养专门技术的实用人才为主。可以说，美国高等教育兼容并包了英国大学注重基础教育培养精英人才的传统、德国大学注重应用研究培养实用人才的特色，并结合美国社会的发展实际，形成了美国高等教育的多样性、多层次的特点。[①] 19世纪末20世

① 刘沛清、刘佳著，《现代大学概况》，北京航空航天大学出版社，2012年。

纪初，美国更是充分发扬了后来者居上的优势，形成了独具美国特色的高等教育体系。

（二）中国大学的起源与发展

如前所述，中国的“大学”出现得很早，即使没有大学之名，也在五帝时期就有了大学之实。那时，大学称为“成均”和“庠”。董仲舒曾考察道，“五帝名大学曰成均，则虞庠近是也”。虞舜时成立上庠，“上庠”即“高等学校”的意思。郑玄：“上庠为大学，在王城西郊。”此后夏朝的东序，商朝的瞽宗，周朝的辟雍，都是当时位于天子所在地的最高学府。东周的官学衰废，私学兴起，孔子（前551—前479）创办了中国古代最早的私立高等教育机构①。

汉朝，中央设立太学，为最高学府，而地方也开始设立郡学、州学、府学、县学等供学生学习。隋唐以后太学改为国子监，在国子监之下分设了国子学、太学、四门学、书学、算学、律学等六学，在门下省设立弘文馆，在东宫下设立崇文馆，以上并称“六学二馆”，形成了相对完备的教育体系，后世各朝代基本延续了科举制下的国子监模式，同时，民间也开办了各类学堂、书院。

纵横我国古代两千余年的“学校教育”，对文科教学的重视远远高于科技教育。我国古代的高等教育，最突出的特点是将读书和做官紧密结合，尤为重视道德修养与自身精神涵养。再者，中国古代并未对“小学”“中学”“大学”进行严格区分。因此，不管从概念还是标准看，我国古代的高等教育都并非严格意义上的“大学”。那么，我国真正能够称为现代意义的“大学”究竟何时出现呢？

我们可以说教育救国、西学东渐的思潮和洋务运动造就了中国的现代大学，可以认为中国近代的高等教育并非是在中国古代大学教育的基础上成形的，而是对西方办学模式的借鉴。正如原清华大学校长梅贻琦所说：“大学有两种，一种是精神，一种是制度。精神上我们可以说有几千年的大学的或者高等教育的那个传统和精神，但是我们现在所执行的这一套制度，是晚清以后从西方世界逐渐传到中国来的。”② 因此，中国的大学只有百来年的历史，中国近代史上第

---

① ［美］菲利普·G. 阿特巴赫，《亚洲的大学——历史与未来》，中国海洋大学出版社。

② 黄俊伟，《过去的大学与现在的大学》，群言出版社。

一所真正意义上的大学是成立于1895年作为洋务运动产物的北洋西学学堂（今天津大学）。百日维新中诞生的京师大学堂，建立开始就在新式学堂的道路上迅速发展，并在1912年5月改称北京大学，严复被任命为第一任校长。北京大学的创办可谓是中国高等教育史上的一座丰碑，开启了中国现代高等教育发展的新里程。但是，我国随后举办的各种大学，则多带有教会的影响或民族耻辱的烙印，如复旦大学的前身——震旦学院是由传教士创办的一所教会学校，清华大学的前身——清华学堂是清政府利用美国退还的庚子赔款兴办的留美预备班等等。

1912年，政府颁布了以德国大学模式为导向的教育改革法案，1922年颁布的新教育改革法案，则接受美国大学模式，这两个法案对中国大学的发展产生了不可磨灭的影响。由于当时政府自顾不暇，使大学有了比较大的自由发展空间，形成了20世纪中国大学发展的一段辉煌历程，在抗日战争期间成立的西南联大就是那一阶段大学发展的顶峰。

1949年前，内忧外患的中国，高等教育发展缓慢。1949年中华人民共和国成立后开启了中国现代大学发展的新征程。新中国成立初期主要借鉴苏联的教育模式，致力于将旧大学改造为社会主义新大学。1977年高考制度的恢复，使中国大学进入了新的发展阶段。改革开放后，在“科教兴国”和“人才兴国”战略的指导下，中国先后启动了“211工程”和“985工程”，努力推动中国大学跻身世界一流大学行列。在20世纪90年代，针对高等教育，国家先后制定了一系列法律法规，为高等教育的发展提供政策上的保障，使我国的高等教育迎来了又一个快速发展的阶段。

2012年5月7日正式启动的“2011计划”，即高等学校创新能力提升计划，是我国高等教育领域继“211工程”、“985工程”之后，又一项重大战略举措。该计划以人才、学科、科研三位一体创新能力提升为核心任务，通过构建科学前沿、文化传承创新、行业产业以及区域发展重大需求的四类协同创新模式，深化高校的机制体制改革，转变高校创新方式，以“国家急需、世界一流”为根本出发点，培养一流创新人才，加速建立能够冲击世界一流的新优势和新实力。“2011计划”的启动，表明了中国高等教育的发展由扩张型转入了内涵式发展之路，不断增强办学综合实力，提高人才培养质量，向着世界一流大学奋力迈进。

最初为配合国家西部大开发和中部崛起战略而施行的“省部共建计划”，是国家调整高等学校布局结构的一项重大战略举措，主要目的是促进区域间高等教育的协调发展和高等教育质量的全面提高，从而提升我国高等教育的整体水平。目前共有27所省属大学与教育部签订了共建高校的协议。福建省的福州大学、福建师范大学均于2012年与教育部签订了省部共建协议，进入省部共建高校行列。

第二节 大学的特征

学校是培养人的主要场所，是有计划、有组织地对人进行教育的机构。各阶段教育活动的不同性质，决定各级各类学校的不同特征。大学作为实施高等教育的主要专门机构，具有教育的一般特征，但同其他教育相比又有不同的特点。现代大学最显著的特征有以下几个方面。

一、大学自治与学术自由并齐

大学的自治来源于西方中世纪大学的雏形——学生行会的自治传统。后人在此基础上逐渐发展出一套完备的自治理念和制度。“失去了自治，高等教育就失去了精华。”（赫钦斯语）任何一个社会组织都有自己的性格和精神，大学自治的独立精神体现出它的价值追求，彰显着大学的本质和特性，保持大学与社会的相对超脱，是大学长远发展的前提。

在学术研究上来说，大学里的专家学者具有充分的思想自由和言论自由。大学的学术研究和发展需要一个足够自由、相对自治的环境作为基础。“公开和自由正是一个健康的研究环境必不可少的特性。”① 大学教师、学生对自己的思想有充分的发言权和自治权，有权决定研究什么、如何研究，形成自己的学术研究体系。德国17世纪末建立的哈勒大学除了吸收最新的哲学和科学研究成果外，另一特色是提倡“教自由”和“学自由”，为摆脱传统的束缚和促进科学进

---

① 肖起清，《对世界著名大学特征的认识与思考》，《吉林工学院学报》，2002年第2期。

步提供了宽松的条件。

由于各国历史背景的不同以及社会发展的不同阶段，大学自治和学术自由的表现形式也不尽相同，都有各自的特色和传统，我们不能脱离自己的历史去看待大学自治和学术自由。

二、学术性与实用性并重

民国时期，蔡元培先生提出，“大学者，研究高深学问者”，是学生求学的场所，而非谋取功名利禄之道。大学的办学理念是教授高深学问、培养人，即所谓的学术性的大学。随着社会的发展，现今高校在为社会培养人才的同时，也越来越重视学术交流。学术交流成为高校区别于其他阶段教育的重要特征。在高校内，教师、专家、学者可以讲座、学术沙龙、座谈会等形式，在教学的同时进行学术研究。

另一方面，大学也十分注重实用性，这与大学的社会服务功能是相联系的。大学的一大宗旨是培养社会需要的人才，因此，大学的课程设置、培养目标、学术研究等均需注重社会需要及实用性。可以说，大学主要是为社会培养需要的各种专业人才，并通过人才培养、科学研究等，服务于经济社会发展，充分体现其实用性。

三、专业化与综合化并存

随着社会分工的细化，人才的专业化特点也日益明显。与中学的纯基础理论教育不同，大学教育是按照专业进行的，专业设置主要根据社会发展需要和学科发展趋势确定，是对初等教育阶段的进一步细化。学生在已有的知识能力基础上，可以依据个人兴趣选择更为明确的学科方向，从而使自己成为具有较强专业性的人才。

大学的综合化，则是在专业化基础上，根据社会发展对大学人才培养、科学研究等提出的新要求而产生出的一种新特点。其首先体现在大学的多学科性。现代大学在综合发展的基础上，逐渐形成具有学校特色、数量不一的学科体系。当今世界的大学，除少部分专业性十分强的以外，学科门类往往都比较齐全。大学拥有学科数量的多寡，也成为人们评判一所大学办学实力的重要参照。其次表现在不同学科之间的融合与交叉上。现代大学在注重学科专业化的同时，也日益重视学科间知识的融合，当前世界各国都有减少专业数量，拓宽专业口径，培养厚基础、宽口径、创新型人才的趋势，综合化的特点也不断凸显。最后，不同学科的协同创新，也将使大学的科研更具有生命力和创造性，有利于大学进一步转变创新发展方式，不断积累发展的新优势和新实力。

四、培养人才与研究学问并进

培养人才是大学产生之日就具有的职能，是大学的根本使命，也是大学工作的出发点和工作的中心。大学的任务是“为国家培养高级专门人才，并通过输送德才兼备的人才，为国家建设和社会发展起促进和推动作用”。[①] 在当代社会，大学承担了为社会各个行业培养专门人才的重任。现代大学有完善的人才培养体系，涵盖了专科、本科、硕士直至博士研究生等多种层次。就类型来说，同一类专业人才也有区分，如理论型、技术型、应用型等。

除了注重培养人才外，高等教育的另一重要任务是研究学问。研究学问并不是放弃培养人才，而是更好地利用资源，开创新的教学领域和研究领域。随着大学科研在社会发展和社会生活中的作用越来越重要，科研不仅为教学所用，而且也成为发展科学的重要活动。在拥有创新理念的环境中，人的创造力可以得到无限发展，大学就拥有这种条件。怀特海（Wtfitehead）教授在几十年前就有一个著名的论断：“大学是充满想象力的，否则它就毫无用处。”大学不仅要创新学问，而且还要培养富有创造精神和创新能力的人才。

五、大众化与国际化并趋

大众化是高等教育发展过程中的第二个阶段，其量的标志是高等教育毛入学率在15％～50％之间。据教育部的统计，在2002年底，我国高等教育毛入学率已达到15％，进入了大众化阶段，近10年又增长了11.9个百分点，2011年毛入学率达到26.9％。马丁·特罗的发展阶段学说认为，工业化社会高等教育的发展都将遵循精英、大众、普及三个阶段。马丁的学说是以人口比例的数量指标作为阶段的划分标准。这种方法并不完全精确，但大众化趋势则是当今高等教育发展的必然趋势。

---

① 潘懋元，《新编高等教育学》，北京师范大学出版社，2009年。

国际化是现代大学具有的新特征，是由现代经济和科技发展的国际性决定的。全世界很多大学都在顺应经济全球化趋势，大力培养具有国际视野和工作能力的专门人才，不断增设国际方面的有关课程、专业等。同时，大学中各类人员的国际流动也更为频繁，聘请外国教师和研究人员，开展跨国学术交流、合作研究，学生境外留学、境外就业等在大学中日益普遍。大学间的国际化交流交往也日益频繁和密切，大学国际化特点日益凸显。

总而言之，现代大学的特征与政治经济社会发展相互关联，但又有独立精神的传承、研究、融合和创新，呈现出不断发展、不断调整、不断充实的过程。不管大学的特征如何归纳，大学的特征相对于其他社会组织都是独特的，是其他社会组织所不同时具备的。

第三节　大学的职能

前文已经述及，大学是人类思想传承、科学探究活动的重要场所。自现代意义上的大学产生以来，就出现了对大学职能的不断认识和实践。所谓大学职能，是大学作为社会机构，对内对外所具有的职责和功效以及发挥职责和功效的能力的总称，即大学对人和人类社会发展所能发挥的作用。① 大学的职能是社会进步和人的发展的产物，是一定历史时期国家、社会和人的需求的集中反映，也是大学产生、延续和发展演变规律的重要表现。从大学的产生和发展过程来看，现代意义上的大学的职能主要包括了人才培养、科学研究、服务社会的三大功能。这也是国际上对大学职能的共同认识。大学基于其职能而存在和发展，并因大学各项职能发挥程度的不同，而区分出了不同类型的大学。如对人才培养职能的关注，有了教学型与非教学型大学的分类；对科学研究职能的重视，有了研究型和非研究型大学的分类等。现在我们所说的综合性大学，在一定意义上也就是对大学的几大职能进行统合后所作出的分类。胡锦涛同志在清华大学建校100周年庆祝大会上的讲话，在进一步肯定了大学原有的三大职能的同时，首次将文化传承创新作为高等教育的一个重要职能提出，这是对现

① 张欒，《大学职能的历史发展及其规律性》，《云南行政学院学报》，2012年第5期。

代大学职能的新概括、新丰富和新拓展，进一步明确了我国大学未来发展所应担负的崇高使命。①

一、大学的人才培养职能

（一）人才培养职能的主要内涵

大学的人才培养职能，主要指大学作为承担高等教育任务的社会组织，按照社会所要求的人才培养目标和规格，系统地组织教学活动，将学生培养成为社会所需要人才的一种职能。

这一职能是伴随着现代意义上大学的出现而出现的。可以说，现代意义上的大学之所以能够产生，就因为社会需要其承担起特殊人才的培养使命。英国纽曼在其著名的教育著作《大学的理想》中就曾论述，“从本质上讲，大学是教学的场所”，“我们不能借口履行大学的使命职责，而把它引向不属于它本身的目标”。② 这一职能也可以说是现代意义上的大学最主要、最古老、最基本也是最核心的一项职能。

（二）人才培养职能的形成和发展

众所周知，具有现代意义上的大学起源于欧洲中世纪。中世纪的大学是当时社会政治、经济和文化发展的产物。新兴工商业城市的兴起以及新兴工商业者在社会政治、经济生活中日益起着重要作用，他们对各种人才的需求是中世纪大学产生发展的重要推动力。中世纪的大学主要有文、法、神、医四大学科，通常也就设四大学院，主要学习神学、哲学、医学、生物学、天文学、数学、物理学、文学、逻辑学、法学、政治学、伦理学等课程，授予学士、硕士、博士三种学位，主要培养社会所需要的上层贵族、教会的神职人员、政府官员，以及法官、律师、医生、学者等社会精英人才。这也是大学人才培养职能的发端。自现代意义的大学诞生起，一直到18世纪，当时世界各国的大学都一直保持着这种比较单一的人才培养基本职能，虽然也有一些大学不可避免地进行一些研究活动，甚至还出现了但丁、哥白尼、伽利略等著名的科学家、学者，但这些科学研究活动在大学的活动中所占比重都比较低，研究范围也主要局限在与教学有

① 纪宝成，《深刻认识大学的文化传承创新职能》，《中国高等教育》，2011年第10期。

② 刘宝存，《纽曼大学理念述评》，《复旦教育论坛》，2003年第6期。

关的内容，大学中的教师都没有从事科学研究的义务。

在大学漫长的发展过程中，随着时代和社会的进步，在最初的人才培养职能基础上，慢慢衍生出了其他方面的重要职能，有的职能还在大学活动中占据了十分重要的地位。但毋庸置疑的是，人才培养职能是大学产生以来一直存在并发展着的一种基本职能，可以说，只要大学仍然存在，就不能改变其培养社会所需要人才的使命和责任。我国在2010年新颁布的《国家中长期教育改革和发展规划纲要（2010—2020年）》中就再次强调，人才培养是大学工作的中心。但今天所强调的大学人才培养职能，与中世纪大学的人才培养职能相比已发生重大的改变，现代大学的这一功能，不仅体现在培养人才数量的不断增长上，更体现在培养人才的类型、层次和规格的多样化发展上，以此来满足社会和经济发展对人才的专业化、精细化的需求。进入21世纪，整个世界从工业社会向高度发达的知识经济和信息时代转变，它的显著特点就是变化和革新。大学必须从过去的学历教育、学校教育、专业教育中解放出来，着力构建新的环境和新的机制，把培养具有创新精神的人才作为自己的核心使命。要围绕培养创新人才的目标要求，不断改革自身的教学管理模式，以此来适应社会发展进步对大学的新要求和新期待。近年来，我国大学在如何更好地发挥人才培养职能上，借鉴发达国家的有益经验，已经逐渐摆脱了传统、单一的精英教育模式，实现了精英教育和大众教育并重，极大地丰富和拓展了人才培养职能的内涵和外延。教育部在2012年出台的《关于全面提高高等教育质量的若干意见》，也要求今后我国的大学要“牢固确立人才培养的中心地位，树立科学的高等教育发展观”，“走以质量提升为核心的内涵式发展道路”。这些都在更高层次、更大程度上再度肯定和强调了大学的人才培养职能。

二、大学的科学研究职能

（一）科学研究职能的主要内涵

大学的科学研究职能，主要指大学依托其完整的教育教学体系，以增进知识，包括关于自然科学知识和社会科学知识，以及利用这些知识去发明新的技术为目的，进行系统的创造性活动的一种职能。大学的科学研究职能出现后，意味着大学不仅要保存和传递知识，同时还肩负着创造新知识的使命。科学研究职能不仅要服务于人才培养职能，也要以发展新的科学为目的。1810年创立的柏林大学，是最早尝试将人才培养与科学研究相统一模式的大学。

（二）科学研究职能的形成和发展

17 世纪末期到 19 世纪中期，欧洲资本主义经济、政治获得长足发展，思想文化领域经历着人文主义思想、宗教改革思想、启蒙思想、文化民族主义思想、科学革命思想的洗礼，尤其是地理学、天文学、生物学、物理学、化学上的大量新发现引起了社会各领域极大的变化。反观大学，则因局限于单一的人才培养职能，而越来越落后于科学技术的发展前沿，直接受到来自社会的质疑和挑战，从而迫使当时的大学进行改革，逐渐走上重视并积极开展科学研究的道路。这其中最有代表性的就是 1810 年德国柏林大学的建立。当时主持办学的德国教育大臣洪堡推行“大学自治与学术自由”“教学与学术相统一”“教授治校”等原则，确立了大学培养专门人才与学术发展两大基本职能，并以此为基础形成了柏林大学的办学模式，开辟了德国高等教育的新纪元，同时也确立了以“教学自由”和“教学与科研相结合”为核心的洪堡大学思想。① 自此，科学研究就成为大学继人才培养之外的又一新职能。柏林大学以及效仿其办学模式的德国其他大学迅速超越了欧洲其他大学的发展而成为世界上最先进的大学，教学与科研并重的大学办学模式也在很长一段时间内影响了世界各国大学的办学方向。当时著名的德国哲学家、教育家雅斯贝尔斯就曾指出：“大学是一个由学者和学生共同组成的追求真理的社团，是研究和传授科学的殿堂，是教育新人成长的世界，是个体之间富有生命的交往，是学术勃发的世界。”② 当科学研究与教学结合起来后，大学的整体功能就实现了改造，也带来了大学教学方式的革命，即传统的老师带学生方式让位于新的研讨班方式，学习方式上也把教学与科研结合在一起，创造了一种探究式、实验式的学习方式。因此，大学科学研究职能的出现，对大学的发展产生了十分深远的影响，具有十分重要的意义。

时至今日，大学利用自身固有的人才、知识密集优势，已逐渐成为社会理论创新、技术创新的主要发源地，政府和社会依靠大学来促进国家科学的发展已逐渐成为现代和未来发展科学技术的主要形式。科学研究职能也使大学中的

① 孔捷，《德国大学基层学术组织模式及其影响》，《江苏高教》，2009 年第 1 期。

② 雅斯贝尔斯著、邹进译，《什么是教育》，三联书店，1991 年。

学术氛围日益浓厚，使创造性人才获得了极好的施展才华的机会，能够利用大学的丰富资源不断追求科学理论和技术上的新突破。大学里的学生也通常是社会上思想更开放、更活跃、更具有创造力的群体，他们共同在大学校园内营造了一种生气勃勃的创造活力，成为发展科学的强大生力军，形成并固化了大学的科学研究和知识创新的明显优势。科学研究职能也日益成为现代大学最主要的职能。

三、大学的服务社会职能

（一）服务社会职能的主要内涵

大学的服务社会职能，主要指大学应该通过自身的活动，为经济增长、科技创新及社会进步作出重要贡献的一种职能。大学这一职能的出现，主要解决了大学的人才培养、科学研究两大职能与社会应用相脱节的问题，从而使大学改变一贯的“象牙塔”形象，更深入、更广泛地融入社会生活，直接为社会的发展进步提供各种服务。美国康奈尔大学、威斯康星大学是最早实现大学直接为经济社会发展服务职能的大学。

（二）服务社会职能的形成和发展

大学服务社会职能的产生和兴起主要以美国大学为代表。19 世纪后半叶，美国在结束了南北战争之后，以最大的开放性接受各种新鲜事物，从德国流传过来的德国大学模式被吸收，而殖民地时期遗留下来的英国大学模式也没有被抛弃，并开始在新基础上进行整合。这个新基础就是美国拓边的需要和发展农工业的需要。1862 年，美国颁布《莫雷尔法案》，其中规定：“联邦政府在每州至少资助一所学院从事农业和技术教育”，并要求国会以赠地形式鼓励举办农业工学院，培养专门人员，为农业生产服务，更好地帮助农民。这一法案的公布，直接导致了大批新型的农工学院的建立，彻底改变了传统意义上的大学脱离社会、穷究学术的单一化、封闭式的办学格局，使高等教育向多样化、市场化和专业化方向发展。如当时最有代表性的威斯康星大学校长查尔斯·万和斯就明确提出，“服务应当成为大学的唯一理想”，“大学应当成为服务于本州全体人民的机构”。人们把这种为当时、当地社会服务的精神统称为“威斯康星思想”，这一思想也逐渐成为大学服务社会的典范和旗帜，成为世界公认的现代大学不可或缺的重要职能，同时也把全世界的大学带入了一个崭新的发展阶段。1951

年斯坦福大学通过出租土地和转让技术的方式，建立起斯坦福工业园，开创了企业依托大学的产学合作新模式，这一模式延续至今，以现代大学为主要依托或由大学直接参与的“科学园区”“工业园区”“高新技术园区”等，已逐渐成为大学直接参与社会经济活动、服务社会的重要形式。其中最著名的有美国加州北部的硅谷、中国北京的中关村等。由我国科技部和教育部联合启动的大学科技园建设，目前也已认定了近百个国家大学科技园。至此，大学脱离了原有的“象牙塔”形象，开始与社会各个领域的全面合作，成为了社会生活的重要活动领域。直接为社会服务也成为美国特有的大学模式，并随美国在世界影响力的不断增强而广为传播，目前甚至已可以说是一种主导性的大学模式。

进入 20 世纪后期，在大学从精英教育向大众教育转型过程中，大学的社会服务功能越来越趋于强化和扩张。主要表现为：服务社会的方式不断增加，有教学服务、科技服务、咨询服务、信息服务、装备服务等①；范围不断扩大。可以说，今天世界上的大多数大学，不论其学术背景和国家文化传统，都趋向于从“象牙塔”走入现实社会，服务的对象也从政府拓展到工厂企业，乃至个人。服务社会职能的强化和拓展，有力地增强了大学的影响力和控制力，加速了科学研究向现实应用转化的速度和效率，增加了大学的财政收入和经费来源，丰富了大学的人才培养途径和社会实践场所，有利于大学人才培养和科学研究职能的进一步发挥和完善，也使各个层次的大学都在更广泛、更深入的层面参与了国家经济、社会等各个领域的实务及发展，大学与社会的联系和交往日益紧密。但这一趋势也容易带来一些问题和矛盾，尤其值得注意的是，有些大学过于注重社会服务，过多参与社会的经济活动，不仅消耗了大学的人力、物力和财力，并导致了对大学所应肩负的培养人才、引领社会思想进步的神圣使命产生分歧。客观说，大学作为现代社会的思想、文化中心和育人机构，应该与社会保持紧密的联系，但这种联系也应有一定限度，大学既要扎根社会，又要超越社会、引领社会。从根本上说，真正的大学应该通过“求学问是，树人铸魂，引领未来”而实现服务社会职能。② 也就是说，大学在突显其社会服务职

---

① 张岚，《浅议大学的社会职能》，《成都行政学院学报》，2002 年第 8 期。

② 钱旭红、潘艺林，《大学之道：求学问是，引领未来——反思大学的服务职能》，《大学·研究与评价》，2007 年第 2 期。

能时，不能弱化其原有的人才培养、科学研究职能，应该实现人才培养、科学研究、社会服务三大职能的协调发展和相互促进。

四、大学的文化传承创新职能

（一）文化传承创新职能的主要内涵

大学的文化传承创新职能，主要指大学应在传统三大职能基础上，更多更大地肩负起“优秀文化传承的重要载体和思想文化创新的重要源泉”① 的使命的一种职能。大学的这一新职能，体现了高等教育与文化发展之间互动、双向的密切联系，以及高等教育对文化传承创新所发挥的不可替代的重要作用，这不仅符合高等教育的本质属性，也符合高等教育的发展规律。

（二）文化传承创新职能是大学职能的现代回归

在大学文化传承创新职能方面所说的文化，主要指精神财富，包括语言、哲学、艺术、宗教、道德等与精神文明相关的东西。② 现代意义上的大学产生之初，本不具备文化传承创新职能，但不能就此论定大学与文化发展创新之间没有任何关系。实际上，文化与高等教育具有潜在的、历史性的和本质的联系。《周易》中的“观乎人文，以化成天下”，就包含着文化所具有的教育、教化的作用。高等教育天然担负着保存、传承和创造高深文化和专门知识的使命，综观高等教育强国中的知名大学，都可以发现其向世界一流大学发展的过程，就是一个在大学文化引领下发展多元文化的过程，是各种不同文化融合和传播的过程。任何一所大学，由于它语言的民族性、育人的目的性、传播知识的必然性，决定了自其产生起，就在不自觉地承担着文化传承的使命，只是与大学的人才培养、科学研究等职能比起来，还未被充分认知而已。

进入 21 世纪后，随着全球化进程的不断深化，文化越来越成为民族凝聚力和创造力的重要源泉，进而在各个国家综合国力竞争中起到越来越重要的作用。当今世界的大多数国家，都十分注重具有本国特色、民族特色文化的传承和创新问题。大学作为人类先进文明和文化知识的承载者和传播者，在此过程中起着越来越重要的作用。大学不仅要用先进的文化培养各种优秀人才，更要通过

---

① 胡锦涛，《在清华大学建校 100 周年庆祝大会上的重要讲话》。

② 纪宝成，《深刻认识大学的文化传承创新职能》，《中国高等教育》，2011 年第 10 期。

人才培养、科学研究等活动，将大学所蕴含的丰富的文化底蕴、人文和科学精神、创新精神等源源不断地传递到社会，进而对社会的文化发展起着积极的导向和引领作用。大学的这一新职能，既是许多教育家和大学改革者执著追求的大学理想，也是大学应对综合国力竞争日益激烈、社会和国家创新需求日益紧迫的现实选择。这一新职能的产生和发展，可以说是当今时代要求的产物，体现了时代的特色，更是大学优良传统的当代化、现代化。

大学文化传承创新职能的出现，也对大学、对高等教育提出了新的更高的要求。它要求一所有责任感、使命感的大学，不仅要有科技创新、文化创新能力，还必须能守护本国家、本民族的优良文化传统，守护住大学作为道德共同体、学术共同体、知识共同体、价值共同体、思想共同体、文化共同体的地位和尊严①，这才是一所现代意义上的大学应承担的重要使命。在经济全球化、文明多样化的时代背景下，履行好大学的文化传承创新职能，对于大学的人才培养、科学研究和服务社会职能的发挥都具有十分重要的促进和提升作用，并有助于我国大学在更高层次上为增强我国文化的软实力和中华民族优秀文化的国际影响力，为推动人类文明进步做出更积极、更大的贡献。

第四节　大学的精神

大学精神是大学在自身存在、发展过程中所积淀、形成的一种相对稳定、具有独特气质的精神成果，是大学长期追求的共同理想信念、内部坚守的共同价值取向、自觉践行的共同行为准则等所组成的有机体系。它是大学发展的动力和源泉、大学文化的精髓和核心。就其本质而言，大学精神应该是“大学人的精神”。正如清华大学原校长梅贻琦所说：“所谓大学者，非谓有大楼之谓也，有大师之谓也。”大学正是因为有一代又一代的大师秉承大学理念，以自身追求不断丰富大学精神的内涵，才使大学成为“学术的殿堂”“知识的象牙塔”，吸引着一代又一代的优秀学子。

---

①　徐显明，《文化传承创新：大学第四大功能的确立》，《中国高等教育》，2011年第10期。

固守大学之本，开拓大学之道，最关键的就在于大学精神。香港中文大学前任校长金耀基先生在《大学之理念》中就明确讲到："大学不能遗世独立，但应该有它的独立与自主；大学不能自外于人群，但也不能随外界政治风向或社会风尚而盲转、乱转。大学应该是'时代之表征'，它应该反映一个时代之精神，但大学也应该是风向的定针，有所守，有所执著，以烛照社会之风向。"①关于大学精神，有各种不同的分类和说法。概而言之，现代大学精神应主要包括高尚的道德精神、独立的科学精神、崇高的人文精神、理性的批判精神和敏锐的创新精神。

一、高尚的道德精神

大学是任何一个社会凝聚高尚道德和理性知识的场所，它不仅应该在任何一个社会中"出淤泥而不染"，孜孜不倦追求自身的理想；而且能够以自身纯洁的道德品性影响大学师生，进而影响社会公众；同时还能够以一种积极的姿态改造与重塑社会德性，成为社会德性的捍卫者与提升者，推动社会德性、人们的品行朝着积极健康的方向发展。尤其值得一提的是，在时代变迁过程中，大学中高尚的道德精神更是得到了极大的彰显。也正是因为大学具有的这种高尚道德精神，才使得大学真正具备一种精神贵族的气质，才使得生长、生活于其中的大学人成为品德高尚、才华横溢和个人精神永不衰竭的精神贵族，成为一个"高尚的人"，一个"纯粹的人"，一个"脱离低级趣味的人"。

毫不讳言，正是由于大学具有高尚的道德精神，并以其不衰的精神力量，潜移默化地对大学、社会的精神境界和个人的人生追求产生净化和提升作用，才使大学无论在何时、何地都是社会的良心和净土。抗日战争时期，由于日军的入侵，浙江大学被迫西迁，竺可桢作为当时浙江大学校长，即使在西迁途中，也要求学生不能降低道德标准，即使是社会道德堕落，大学也要成为引领道德前行的灯塔。他对学生谈到："乱世道德堕落，历史上均是，但大学犹如海上灯塔，吾人不能于此时降落道德标准。切记：异日逢有作弊机会是否能涅而不缁、磨而不磷，此乃现代教育试金石也。"正因为大学人都有这样一种无论何时何地大学都必须成为社会"道德标杆"的信念，才汇聚而成大学之道德精神。

① 金耀基，《大学之理念》，台北时报出版社，1997年。

二、独立的科学精神

独立的科学精神指的是大学人在科学探索、实践和学习过程中，不受任何外在的干预和影响，独立自主开展科学研究，不断探求客观真理的精神。大学的这一精神，一方面强调了大学作为一个独立自主的社会组织，必须对自身的办学和发展负责，从而使得大学具备了应对社会变迁的自主性，能够按照自身价值原则和目的从事科学研究；另一方面因为大学的独立自由，使大学能够免受社会的各种诱惑，成为开展科学研究、培养科学人才的重要基地，并将大学独有的价值准则和行为规范通过教育、引导而内化为一代代学子的精神气质，形成他们的科学良知和道德，外化为践行独立科学精神的行为自觉，进一步保障大学的独立和自由。

独立的科学精神首先表现在学术独立，包含学术的外部独立和内部独立。学术的外部独立，即学术独立于政治、经济和法律，不轻易受其影响。尽管所有的大学都是社会政治、经济、文化发展的产物，服从并服务于一定社会的政治、经济、文化的需要，但大学学术本身必须是理性的，能够自觉抵御外来干扰，否则大学就丧失了它所独有的精神气质。在这里最重要的是要处理好大学的学术权力和行政权力关系，让学术权力起主导作用，行政权力应服从并服务于学术、科研事业的发展。学术的内部独立，即学术内部各派别之间保持一定的独立性。大学担负着传道、授业、解惑的崇高使命，对人类社会的知识和文化起着生产、消化、整理和传承的重要作用，这就要求大学在学术内部必须保持一定的独立性，各个学术派别、学术观点必须“百花齐放、百家争鸣”，从而使大学成为“囊括大典、网罗众家、思想自由、兼容并包”的学术自由之所，不断推动学术理论的创新和超越。

独立的科学精神另一表现是追求真理。追求真理是独立科学精神的核心和灵魂。胡适曾经说过“大胆质疑，小心求证”，这句话最直接反映大学追求真理精神的本质。追求真理首先应具有怀疑先知的勇气和探索未知的气魄，同时还必须表现出支撑这种勇气的客观谨慎、精益求精的科学精神，即追求真理必须坚持实事求是、求真务实。要保证追求真理精神的实现，关键必须确保大学作为教学和学术自治中心的地位，从而为追求真理创造良好的环境和氛围，使大学人坚定追求真理的信念，在追求真理的道路上阔步前行。

三、崇高的人文精神

人文精神是人类先进文化的精髓，大学作为传承人类文明的重要载体，人文精神自是其不可或缺的重要组成部分。北京大学原校长许智宏在《中国大学的历史使命和发展前景》一文中就强调："塑造一种健全的人文精神是大学的灵魂。在强调培养学生科学精神的同时，必须强调人文精神的培养。"人文精神作为对人的生存发展的一种观照，反映了一种以人自身的和谐发展为中心的社会需求和价值取向，体现了人的理想、道德、情感等精神层面的追求，是对人之为人的一种再思考，是对人的生命价值和旨趣的观照。大学作为立德树人的场所，一切工作的开展都应围绕人、维护人、促进人和发展人，实现人的自由、自觉的发展，实现人的全面解放。对此，西班牙著名思想家加塞特曾鲜明地指出："时代本身和当前全世界的教育现状正在再次迫使把学生放在中心位置——为学生服务。"① 爱因斯坦也认为：作为大学，"仅仅用专业知识教育人是不够的，通过专业教育，他可以成为一种有用的机器，但是不能成为一个和谐发展的人。要使学生对价值有所理解并且产生热烈的感情，这是最基本的。他必须在美和道德上获得鲜明的辨别力。否则，他连同他的专业知识就更像一只受过很好训练的狗，而不像一个和谐发展的人"。② 只有注重学生人文精神的培育、理想人格的健全、教会学生如何做人的大学，才是成功的大学，才是在人类历史上有生命力、有活力的大学。

人文精神是一所大学的灵魂所在，也是大学教育的核心内容之一。具体而言，大学的人文精神主要包含6个方面的内容："高扬人的价值、追求人自身的完善和理想的实现；重视终极追求，执著探索超越现实的理想世界和理想人格；具有强烈的社会责任感和历史使命感，以及永恒的道德精神；坚持理性原则和主体意识；谋求个性解放，并建立自由、平等、和谐的人际关系；倡导人与自然的和谐发展。"③

---

① 奥尔特加·加塞特著，徐小洲、陈军译，《大学的使命》，浙江教育出版社，2011年。

② 爱因斯坦，《爱因斯坦文集》，商务印书馆，1976年。

③ 刘宝存，《何谓大学精神》，《高教探索》，2001年第3期。

中华民族一贯重视人文精神教育，所以在中国古代的教育中就有“士不可以不弘毅，任重道远”的呼声。中国高等教育正是在这样的基础上，坚持以人文精神引领、塑造大学，不断继承发扬中华民族的优秀传统文化，不断创新富有时代精神的现代文化，从而推动人文素质教育不断发展。

四、理性的批判精神

“大学的批判精神是指大学以真理为唯一标准的价值观以及在此基础上所形成的追求真理、批判错误、纠正错误的行为规范和精神气质。”① 这种批判精神必然要求大学人有一种不唯书、不唯上的精神气质，有一种不屈从外来压力和长官意志的信念。正如美国高等教育家 A. 弗莱克斯纳所指出的：“大学不是风标，不能什么流行就迎什么。大学必须时常给社会一些它需要的东西（what the society needs）而不是社会所想要的东西（what the society wants）。”所以，大学的批判精神不仅是大学人才培养的必然要求，而且是对社会的针砭和理性的反思，是大学作为整个精神文明高地，对“唯我独醒”社会期待的一种回应。

大学理性的批判精神首先表现为大学人在教学科研过程中能够以一种科学理性的态度对待传统和现实，破除对传统和权威的迷信，否定非科学内容，建立科学的知识体系。纵观大学的进步发展，正是因为有一代代大学人对理性批判精神的坚守，坚持在批判中实现肯定与否定的结合，才有了大学教学与科研的不断发展和超越，才使大学能够始终领学术风气之先、创新风气之先、时代风气之先。其次表现在大学能够对社会现实有一种理性的批判反思，并在反思基础上进行价值建构。大学应当站在整个社会的制高点，秉承理性反思精神，以理性、智慧为武器，批判社会、剖析社会、解构社会，以达到对社会的重构，重塑时代精神。

大学理性批判精神是大学提升自身权威和影响力的重要支撑点，有利于其培养和塑造的人才在社会生活和生产过程中发挥骨干和中坚作用，有利于科学和社会的进步发展。特别是在我国改革开放不断深化发展、全面建成小康社会不断推进的新时期，坚持和弘扬大学的理性批判精神显得更为可贵。

---

① 徐东，《大学之道：现代大学内涵研究》，四川大学出版社，2011 年。

五、敏锐的创新精神

创新是一个民族进步的灵魂，是一个国家兴旺发达的不竭动力。大学作为面向现代化、面向世界、面向未来事业的承担者，“大学的本性旨在对未知世界的认识，对新事物进行探索，其意义不仅仅在于探索未知而求真，更重要的还在于求真基础上的不断创新”①。所以大学从产生之日起，就是探索、发现、传播新知识、新技术的重要场所。

创新精神作为大学精神的重要内容，一是指向科学研究。它通过鼓励开拓科学这个无止境的疆界，不断取得大量富有创新性的成果。同时，在这个过程中也培养了大批的科学家、发明家。二是指向社会发展。大学正是以新思想、新制度、新文化来改造社会，推动社会的发展进步。三是指向人才的教育培养。它以培养具有前瞻性、预见性的人才作为自身根本任务，强调以创新型人才培养推动社会进步发展。四是指向大学自身。一代一代大学人以“铁肩担道义”的精神，不断根据经济社会发展和大学自身的价值追求，改造大学自身，发展大学，使大学真正成为时代精神的体现者。

善于创新是大学发展的内驱力，是大学精神最具本质的内核。它一方面推动大学不断向前发展，引领世界教育潮流；另一方面也引领着科学技术的发展，推动整个社会生产力水平的提高。世界许多国家的发展都是依靠大学延绵不绝的创新精神，一步步登上科学高峰。斯坦福夫人在就任斯坦福大学董事长后曾跟董事们说过一段十分耐人寻味的话：“我们不必顾虑，可以放手打破各种陈规陋习，要勇于开拓前进，决不要成为其他大学的没有出息的膜拜者。”② 这段话中不乏对创新的肯定与推崇。正是因为对创新的重视，才使得斯坦福大学从一所“乡村大学”一步步走向全美大学三甲之一的名牌大学。作为美国“常春藤联盟”八所名校之一的康奈尔大学同样以其创新精神闻名于世，甚至以自身的创新精神影响了整个美国高等教育。康奈尔大学校长司国伟在一次大学生创新精神培养的采访中谈到：“在培养学生的创新精神方面，康奈尔大学的做法是这样的：创造机会，让学生离开舒适区，也就是说，离开自己的父母，离开自己

① 刘尧，《创新是大学精神的本质》，《教育与职业》，2007年第7期。
② 王战军，《中国研究型大学建设与发展》，高等教育出版社，2003年。

熟悉的环境和通常状态下的成长圈子，认识更多的人，从而拥有更多的体验。在康奈尔，我们不给学生选择室友的自由，而是让他们随机认识不同的人，不是总和熟悉的朋友一起，美国的其他高校也有采取这种做法的，我的儿子是斯坦福大学大一的学生，学校要求他们必须和不认识的同学住，你一打开门，就能看到一张陌生的生动的脸，这非常的有趣。另外，我们为学生提供各种机会，除美国外，到不同的国家体验不同的生活方式。还有，我们非常注意教学生如何与有不同观点的人相处，并教会他们去思考不同的文化。"① 从众多世界名牌大学以创新精神取胜的范例中，我们不难发现，创新精神在整个大学发展以及社会发展中起着十分重要和巨大的作用。

网络课堂

1. CCTV—留学频道，《世界著名大学》，http：//www.tudou.com/plcover/oH5FvEOCnfE/

2. 国际大专辩论赛，《大学生学习的专与博》，http：//www.56.com/u90/v_MjYxNjY1Mjc.html

3. 李工真，《德国大学现代化》，http：//v.163.com/special/cuvocw/deguodaxue.html

4. 《南方科技大学校长朱清时访谈》，http：//www.56.com/u62/v_Njc3NTUxMjM.html

5. 《大学的精神》，http：//www.tudou.com/programs/view/iTVofsINL3I/

经典书目

1. ［日］天野郁夫，《高等教育的日本模式》，教育科学出版社，2006年。

2. ［英］皮特·斯科特，《高等教育全球化理论与政策》，北京大学出版社，2009年。

3. 潘懋元，《新编高等教育学》，北京师范大学出版社，2009年。

4. ［美］菲利普·G. 阿特巴赫，《高等教育变革的国际趋势》，北京大学出

① 王庆环等，《以国际视野培养创新人才——访康奈尔大学校长司国伟》，《光明日报》，2007年11月14日。

版社，2009年。

5. 符华兴、王建武，《世界主要国家高等教育发展研究》，湖南人民出版社，2010年。

6. 董宝良，《中国近现代高等教育史》，华中科技大学出版社，2007年。

7. 曲士培，《中国大学教育发展史》，山西教育出版社，1996年。

8. 纽曼著，徐辉、顾建新、何曙译，《大学的思想》，浙江教育出版社，2001年。

9. 雅斯贝尔斯著，邹进译，《什么是教育》，三联书店，1991年。

10. 金耀基，《大学之理念》，台北时报出版社，1997年。

知识拓展

世界知名大学办学理念

牛津、剑桥："追求学术性，培养有教养的人"

剑桥大学有诺贝尔奖获得者60多人，为世界大学之最；牛津大学有诺贝尔奖获得者近40人。英国首相中的绝大多数都出自这两所大学。

洪堡大学："教学与研究相统一"

洪堡于1809年筹建洪堡大学，提出"教学与研究相统一"和"学术自由"的办学理念。第一任校长——哲学家费希特根据洪堡的办学理念，首批聘请的教师中有哲学家黑格尔、谢林等世界级大师。于是，在诺贝尔奖设立的最初40年间，洪堡大学出现了普朗克、劳厄、哈恩等16位诺贝尔奖获得者。

哈佛大学："课程要适应社会发展需要"

哈佛大学创办于1636年。1869年，查尔斯·埃利奥特任校长。他提出课程要适应社会发展的需要，教育要培养适应个性发展和社会发展的"完整的学生"。经过40年艰苦卓绝的努力，哈佛大学成为美国最优秀的高等学府，他也成为了教育界的领袖。1933年至1953年，康南特任哈佛大学校长。他的办学理念是：教育首先要培养对民主社会负责的公民。1971年至1991年，博克任哈佛大学校长。他对哈佛大学进行了被媒体称之为"震撼美国学术大厦"的"创新核心课程"改革。

威斯康星大学："大学必须为社会发展服务"

威斯康星大学的范海斯校长有一句名言："鞋子上沾满牛粪的教授是最好的

教授。”他提出“大学必须为社会发展服务”的办学理念，被后人称之为“威斯康星思想”。

麻省理工学院：“培养学生具有创新精神”

“让海龟们去干苦活，让人们去思考问题”“培养学生具有创新精神”，这是研究麻省理工学院校史的学者弗兰西斯·怀德对这所世界著名大学在长期教育实践中所形成的办学理念的高度概括。作为以工程教育为特色的大学，这种办学理念主要体现为不断探索如何培养与工业社会发展相适应的人才。

斯坦福大学：“紧靠大学建立科技园区”

1885年创办的斯坦福大学，在土库曼就任副校长后，提出新的办学理念：大学应是研究与发展的中心；现代工业发展最主要的资源是人不是物，应紧靠大学建立科技园区。他于1951年领导创办科技园区——硅谷。斯坦福带动了硅谷电子工业的发展，而硅谷造就了斯坦福大学的辉煌。

北京大学：“兼容并包，学术自由”

蔡元培提出“循思想自由原则，取兼容并包主义”的办学理念，对北京大学进行脱胎换骨的改造：聘请各种不同政治倾向和学派的著名学者，在学术上各抒己见、自由探讨，出现了生机勃勃的校园学术氛围，为北大的发展奠定了坚实的基础。

清华大学：“大学者，有大师之谓也”

清华大学原是一所留美预备学校，1925年才设立大学部招收本科生。1931年上任的梅贻琦校长，在就职演说中阐述了他的办学理念：“所谓大学者，非谓有大楼之谓也，有大师之谓也”。“一个大学之所以为大学，全在于有没有好教授”。正是这种办学理念和办学实践，使20世纪30年代的清华名师云集，睿才荟萃，群星璀璨。清华也随之成为我国最有影响的大学之一。

第二章 走进大学

伴随着高考的喜悦，新入学的同学在金色的秋天怀着激动、兴奋、期盼的心情走进神圣的大学殿堂。然而，此时此刻，你是否已经清醒地意识到：从现在起，你已经站在了人生的新起点上，即将开始新的征程？不管你是否意识到，未来的种种欢乐与烦恼、机遇与挑战，都将接踵而来，一种全新的生活将展现在你的面前。

第一节 大学是人生的新起点

从中学进入大学，对每一位大学新生来说都是人生的重大转折，在一定程度上可以说，一个人进入大学也就开始了真正迈入复杂的社会，开始学习如何面对竞争，如何在社会上找准自己的位置，如何去实现自我全面发展。正如英国著名哲学家怀特所说："在中学阶段，学生伏案学习；在大学里，他需要站起来，四面观望。"一个人从中学进入大学，从中学生变成大学生，其生活方式、学习方式、人际交往、思维方式、校园与社会角色、奋斗目标都发生一系列根本性变化，每位新生必须清醒地认识到这些变化，以走好大学学习生活的第一步。

一、生活方式的变化

大学生活方式与中学生活方式相比，有很大的变化。自主、自立、自律成为大学生活的主旋律。在中学时，学生大多数是走读，即使住校，也没有完全脱离家庭和父母，况且不少同学在学校和家里是重点保护对象，衣来伸手，饭来张口，衣食住行全然不用自己操心，一些生活琐事也依靠父母亲友帮助解决。进入大学后，绝大多数学生是住校的，生活上失去了家庭的照顾，不仅要自行安排好自己的衣食住行，而且还要参与大学生活管理，学会独立处理生活方面遇到的问题与困难。大学生来自五湖四海，有的来自国外，有的来自港澳台地区，有的来自城市，有的来自农村，有的来自少数民族地区，由于饮食方面的差异，语言环境的变化，作息制度和卫生习惯的不同等，都会给新生带来许多烦恼。如在食堂就餐，许多新生就不习惯，尽管学校后勤部门做出了努力，但比起家中小灶，食堂的饭菜总是难尽如人意。再如，许多新生对统一作息时间、自己打扫环境卫生等感到烦恼。所有这些，都有待于新生在日常生活中不断加以适应。

二、学习方式的变化

中学的学习方式与大学的学习方式相比最大的差别在于，中学是以教师为主导的教学模式，大学是以学生为主导的自主学习模式。在中学，学生学习是在老师、家长的“强迫”下进行，主要以教师为中心、课堂为中心、教科书为中心，学生巩固知识的主要方式是做题，各个教学环节安排得具体，督促检查严格，学生对老师依赖大。大学学习的自由度比中学大得多，周学时比中学少得多，图书馆和实验室或第二课堂活动成了教室之外获得知识和技能的重要场所和渠道。大学学习强调自主学习，学生的学习必须体现开放性、主动性、自觉性和计划性，并善于把课堂讲授同自学密切地结合起来，教师对学生的学习一般体现在指导上，其具体要求并不严格，气氛相对宽松。正如一位大学生所说，这里很少有人监督你，很少有人主动指导你；这里没有人给你制订具体的学习目标，考试一般不公布分数、不排红榜……每个人都在独立地面对学业。在大学，考试分数并不是衡量学生是否优秀的唯一指标，学校更看重的是学生综合能力的培养和全面素质的提高。正由于大学学习方式具有开放性、主动性和自觉性的特点，以致一些新生产生这种假象：大学学习轻松，太好应付了。一些大学新生一个学期下来就有好几门课重修，原来的高中尖子生一下子变成大学的中等生、差生，甚至个别学生还出现自信心下降，更为严重的出现了学习上的自暴自弃，最后不得不自动退学。

三、人际交往的变化

大学生的人际交往与中学生相比，无论是交往的范围、内容、方式、对象等都有很大变化。在与老师的交往方面。中学里老师与同学几乎是朝夕相处，保持着密切的沟通与交流。特别是班主任老师天天与同学见面，他会从方方面面关心学生的学习和思想状况，对学生的影响很大。同时，由于中学生年龄偏小，思想较不成熟，老师一般都会主动关心他们，对他们的生活和学习全面指导，严格要求，师生交往比较密切严肃。到了大学，师生之间除了教学上的接触以外，其他方面的交流比较少。上课铃响始见讲课老师登台，下课铃过老师往往即离开，学生与老师难得有多少时间切磋学问，探讨人生。在与同学交往方面。中学里同学之间彼此地域同一，语言、生活习惯相近，交往频率较高，但交往更多是根据个人意愿来取舍，只跟自己喜欢的人交往，自己看不惯的或不愿意交往的人就不去交往。到了大学，人际关系就不再是那么单纯了，大学生不同的地域出身、家庭背景、个性特点、生活习惯甚至不同方言都有可能成为交往的障碍，而大学生在学习、课余活动中存在着激烈的竞争，往往夹杂着利益的冲突，容易对相互间的交往造成伤害。因此大学生必须学会与同学建立和维持协调关系，学会与人合作与分享。在社会交往方面。中学生除了参加一些学校组织的社会活动，与社会的交往较少。当代大学生为了提高自身的社交能力，以便在未来激烈竞争中找到理想的工作，往往扩大社会交往，积极加入学生社团，参加社会公益活动、勤工助学等社会实践，社会交往面远大于中学生。当然，大学生在积极扩大社会交往面的同时，也要注意避免社会交往活动太多，对象太杂，频率太高，否则不仅影响学习，而且还容易染上不良嗜好，甚至走上违法犯罪的道路。在网络交往方面，中学生相对较少，而大学生则较为普遍，许多同学利用网络查找资料，利用QQ、微博、微信等与同学、朋友进行交流，并获取了很多有价值的信息，开拓了思路，促进了学习、工作。当然，也有一些学生整天泡在网吧，患上了网络人际依赖症，他们把虚拟当现实，过度热衷于网络交际，过分迷恋在网络上产生的友谊和爱情，与周围的同学没有共同语言，缺乏社会沟通和交流，出现孤独不安、情绪低落、思维迟钝等症状，严重的甚至产生了心理疾病。近几年来，已有不少同学因迷恋网络致荒废学业而退学。

四、奋斗目标的变化

在中学，学生的奋斗目标比较单一，几乎所有的中学生都把考上大学作为追求的目标。而上了大学，奋斗目标就显得更加多样化，不同的学生都有自己长、短期的理想和目标。比如，有的大学生希望把学习搞好，将来能保送或考上研究生；有的大学生希望能全面提高自身的素质和能力，毕业后能找到一份好的工作；有的大学生希望把外语学好，将来出国深造拿“洋学位”。当然，由于上大学前后的“动机落差”，自我控制能力差，缺乏远大理想，没有树立正确的人生观等原因，不少大学新生入学后失去了奋斗目标，失去了学习的动力，把主要精力放在“玩这玩那”“练这练那”上，以致对学习没有兴趣，成绩下降，个别学生因此而休学或退学。也有不少同学踌躇满志，自我评价过高，个别的同学甚至盲目自大，盛气凌人。他们往往只有成功的准备，没有失败的预期，如果入党、评“三好学生”、获得奖学金、竞任干部等未能如愿以偿，就感到迷惘、烦恼，很快从盲目的自傲转为痛苦的自卑，有的“看破红尘”、逃避现实，有的放弃理想、自暴自弃。

五、校园与社会角色的变化

大学生与中学生担任的校内角色不同。在中学时，不少人是在校内或班内担任一定职务、受人尊敬的学习尖子，而在人才荟萃的大学校园里，他们中的大多数可能成为不担任任何职务的普通学生。大学新生须正确看待并适应这种由出人头地到默默无闻，由尖子生到一般学生的转变。此外，大学生与中学生所担当的社会角色不同。中学生的心理和思想正处在发展中，职业方向和社会角色不够确定；而大学生的职业方向基本确定，社会地位有了较大提高，社会赋予大学生的具体任务和目标远高于中学生，对他们的思想、学业、素质、能力乃至行为方式都有着更高规格的要求。因此，大学生要实现从中学生到大学生这种社会角色的变化，处处用大学生的标准严格要求自己，既学做人又学做事。

总之，大学与中学相比，有着许多不同的特点，对新生来说，大学生活对同学们提出了新的更高的要求。因此，新生朋友们在入校伊始就必须尽快了解和认识大学这个新环境中的新情况、新要求，了解新生活中出现的问题，做到心中有数，以便尽快地适应大学生活。

第二节　走好大学学习生活的第一步

作家柳青说：“人生的路特别漫长，但紧要处却常常只有几步，特别是人年轻的时候。”大学是人生的新阶段，走好大学学习生活的第一步对每位新生而言至关重要。从中学到大学，对一个青年来说，不仅仅是环境的改变，而且是角色的转变。大学生与中学生有着明显的角色差异。进入角色才能演好戏。大学新生应尽快地熟悉大学的环境，尽快地适应大学的生活方式、学习方式，顺利完成从中学生到大学生的角色转变。

一、正确认识、评价自我，给自己重新进行角色定位

合理的角色定位是大学新生完成角色转变的关键。大学新生中不少人在中学阶段是佼佼者，老师的青睐，同学的羡慕，使他们成为同龄人的中心，无形中产生某种过高的自我评价。进入大学后，来自各地成绩优异的佼佼者相聚一堂，相比之下，很多新生发现自己比较平常，成绩比自己更优秀的同学比比皆是。许多在中学阶段担任学生干部的同学在新的集体中无法继续“任职”，“沦为被领导者”。面对这一角色的转变，许多大学新生措手不及，心理失调，自我评价下降。对此，新生首先要调整心态，从过去竞赛优胜者、班级的“常胜将军”、少数的“种子选手”、乡间邻里的“状元”的优越感中解脱出来，逐步接受已成为普通一员的现实，主动地接受自我。大学校园是群英荟萃、高手林立之地，大学生谁没有“辉煌的历史”，谁不是中学时代的佼佼者？如果你依然沉浸在自我满足和优越感之中，就会自视甚高，不切实际地提出过高的自我期望，如依然希望自己是班里的尖子，或希望自己能出人头地，而又不能脚踏实地去努力进取，在现实生活中往往会碰钉子。一旦成绩不理想，或感到受别人轻视，就会垂头丧气，心灰意冷，从自傲走向自卑。因此，大学新生必须尽快破除“自我优越感”，忘却以往的全部光荣，脚踏实地，自尊自信，艰苦攀登。在大学新的坐标中，重新找到自己的位置，正确认识自我，重新评价自我，主动接纳自己。既要看到自己的实力，树立自信心，又要客观地分析自己的优势和劣势，承认差距，扬长避短。其次，心里要有目标准备，经常问问自己“我来大学干什么”“我在今后应该成为一个什么样的人”，这样有利于角色定位，适应新环境。

二、重新确定奋斗目标，做好职业生涯规划

重新确定奋斗目标，做好职业生涯规划，是大学新生走向新的学习生活的

重要任务，也是大学新生适应大学学习生活的关键。大学生没有目标就没有方向、没有力量、没有积极性，也就难以步入成功的殿堂。在人生的征途中实现了一个奋斗目标后，必须及时确定下一个奋斗目标，才能使自己有新的前进动力。大学新生必须清楚地认识到，大学是人生成才、成就事业的一个新起点。考取大学并不是最后的成功，大学不过是为人才的成长提供一个良好的环境和条件，是人才成长的摇篮。现在不是休息和放松的时候，而是已经进入一个新的更加激烈的竞争起点，现在最迫切需要的是确定新的目标，做好职业生涯规划，集中精力，聚精会神，全力以赴地投入崭新的学习生活中去。

那么，大学新生如何确定自己新的奋斗目标，做好职业生涯规划呢？我们认为应坚持以下三个原则：第一，坚持与社会需要和发展相结合。大学生应根据国家建设与发展的需要来确定自己的目标，做好个人的职业生涯规划，要把个人的目标与国家的发展目标紧密结合，自觉把社会的要求转化为自己的目标，建立合理的目标体系。第二，坚持与自身的条件相结合。人的能力有差异，优势劣势各不同。建立目标，规划职业生涯，必须考虑自身各方面的条件，全面分析、评价自己的长处和短处，不要不顾个人实际，人云亦云，随波逐流。第三，坚持与现实的可能性相结合。确定个人的奋斗目标，做好职业生涯规划，不能离开个人所处的环境和条件，比如所在的学校、所学的专业、所生活的地区以及实现目标的条件等，离开实现目标的可能性，再宏伟的目标、再美好的规划，只能是空中楼阁，都是难以实现的。

当你确定了新的奋斗目标，做好职业生涯规划后，就必须瞄准目标，按照计划，全力以赴地追求，锲而不舍地努力。以下的方法可供选择：第一，从我做起，从小事做起。任何一个理想和目标的实现都是与脚踏实地的努力分不开的。立足眼前，从小事做起，一点一滴积累，不怕寂寞，严于律己。第二，及时调整和修正目标和职业生涯规划。经过实践的检验，你也许会发现原来的目标和规划不一定合适，或过高或过低，应该及时、果断地调整，重新修订。第三，充满信心，持之以恒。实现理想目标的过程不是一帆风顺的，会出现困难和挫折，对此，必须充满信心，满怀希望地向理想目标攀登。

三、学会与人相处，建立健康和谐的人际关系

人际关系是指在人际交往中建立和发展起来的人与人之间的关系。相对中

学的人际关系，大学人际关系显得比较复杂。这主要是大学生来自不同地区，生活习惯、家庭背景、性格甚至语言等有一定差别，造成交往复杂困难。另外，在大学，学习不再是唯一目标，大学生行为目标多元化，也是导致人际关系复杂难处的一个诱因。许多大学新生由于人际关系适应不良，严重地影响学习、生活、情趣，甚至给不少新生带来无尽的烦恼。那些患有程度不同的心理疾病的学生，很多是由于不会处理人际关系而引发的。为此，大学新生要正确把握人际关系的原则与方法，树立正确的人际关系理念，建立健康和谐的人际关系。

第一，要注意遵循人际交往的基本原则，即平等原则、诚信原则、宽容原则、互助原则。平等待人是良好人际关系的前提。大学生在与不同的人交往时应该平等相待，做到一视同仁，不能因为家庭、经历、特长、经济等方面的原因而对人“另眼相看”，也不能因为学习成绩、社交能力等方面存在差异而看不起别人，要把自爱与尊重他人有机结合起来。诚信是人际交往以及延续和深化的保证。在交往中，彼此应当抱着心诚意善的动机和态度，相互理解、接纳和交往，要杜绝“逢人只说三分话，未可全抛一片心”的交往陋习。宽容是良好人际关系交往必不可少的要素。在交往中，要宽于待人，严于律己；要有宽广的胸襟，豁达的气量，要容许别人有不同意见，容许他人有过错；要有仁爱之心，将心比心，多为他人着想。互助是人际交往的必然要求。每个人在交往中都要尽量做到支持别人。

第二，要掌握人际交往的一些可行的办法。①与他人谈话时要注意多谈对方感兴趣的话题，不要打断别人的话，更不要表现出心不在焉的样子。②言行举止要讲文明礼貌，不要以为是“小事”而不在乎。例如，衣着要整洁大方，同自己的身份相符，要照顾你周围的群体的习惯；在陌生的地方不要东张西望，更不要随便翻阅人家的东西；不要问自己不需要知道的事情，更不要不懂装懂。③要注意提高自己捕捉对方观点的能力和看到他人最好的一面的能力，同时看一件事必须兼顾你及对方的不同角度。一句话，你希望别人怎样看待你，你就应该怎样看待别人，因为得到朋友的最好办法，就是使自己成为别人的朋友。④为人要真诚、正直，不要口是心非、拐弯抹角、过于敏感。⑤不论做任何事，都要讲究信用，遵守时间，说到做到，做不到就不要说，否则会弄巧成拙，失信于人。⑥要坚决克服人际交往中的猜疑心理、冷漠心理、做戏心理（即把交朋友当作逢场作戏）、怯懦心理、逆反心理、自卑心理、贪财心理等不良心理，以自己的实际行动给人以良好的“第一印象”，塑造具有自身特色的美好形象。

第三，要树立正确的人际关系理念。大学生的中心任务是学习。通过学习，提高自身的思想道德素质、科学文化素质和健康素质，促进各方面素质的全面发展，成为“四有”新人。大学生之所以要掌握人际交往的原则和方法，建立健康和谐的人际关系，说到底也是为这个中心任务服务的。正因为这样，大学生应当摆正建立人际关系在成才过程中的位置，把主要的时间和精力放在完成中心任务上来，应当注意围绕中心任务来建立师生关系、同学关系和其他各种人际关系，否则本末倒置，到头来酿成“少壮不努力，老大徒伤悲”的人生遗憾。

第四，要正确对待竞争与合作。处理好竞争与合作的关系是人际交往的一项重要内容。每一位大学生都要有远大的理想，积极参与竞争，在竞争中讲风格、讲合作，杜绝不正当竞争，最大限度地发挥个人的积极性和创造性，营造出团结向上、共同进步的人际氛围。

四、树立自立意识，提高独立生活能力

自立意识是指个体希望摆脱监督和管教的一种自我意识倾向。进入大学后，挣脱了父母、中学教师的管教和约束，大学生意识到自己渴望独立的愿望实现了，他们强烈地要求摆脱依赖性，独立地安排自己的学习和生活，积极组织并参与各种社会活动；要求取得与成年人同等的权利；他们关心国家大事，对国家和社会的进步有很强的责任感，时时以国家的主人自居。但是，自立意识是建立在个体独立生活能力和社会经验上的。而这两点却正是当代大学生所缺少的。首先，大学生就学期间，经济上主要靠家庭供给，他们过着父母掏钱我花钱的“独立自主”的生活。其次，当代大学生多是从校门到校门，生活经历相当简单，受到的多是正面的、理想的教育，社会经验十分缺乏，他们的思维方式、情感、意识带有较大的主观性、片面性，还难以独立客观地处理好各种事情。所以，大学生尤其新生中还存在不同程度的依赖心理。

如何克服依赖心理，提高独立生活能力呢？第一，要从观念上有一个正确的认识：独立自理是人可贵的品质，而对人依赖是心理品质不成熟的表现，于人于己有害无益。第二，要多和同学交往，向老生了解他们的学习、生活经验，向辅导员、老师请教，学会日常生活的打理和钱财的管理，学会学习，尽快清

除顾虑和思想负担。第三，要养成良好的生活习惯。一要合理地安排作息时间，形成良好的作息制度。大学新生应养成早睡早起的习惯，有的同学习惯在晚上卧谈，天马行空地一谈就是两三个小时，结果第二天上课的时候非常疲惫，根本无心听课。长期如此，不仅影响平时的课业学习，还容易引起失眠，甚至引发神经衰弱症。研究表明，大学生的睡眠时间一般每天不得少于7个小时。如果条件许可，午饭后可以小睡一会儿。二要进行适当的体育锻炼和文娱活动。三要保证合理的营养，养成良好的饮食习惯。大学生“饮食不良”现象主要表现在两个方面：一是饮食不规律，很多人早晨起床较晚，来不及吃早饭便去上课，有的索性取消了早饭，有的则在课间饿的时候随便吃些零食。二是暴饮暴食。学生们主要在食堂就餐，但食堂的就餐时间比较固定，常有学生由于学习或其他原因错过了开饭时间，于是就吃点饼干、方便面来对付，等下一顿吃饭时再吃双份。营养学家们的研究证明：早餐吃饱、吃好，对维持血糖水平是很必要的；用餐时不能挑食偏食，要加强全面营养，还要多吃水果和蔬菜。四要改正或防止吸烟、酗酒、沉溺于电子游戏等不良的生活习惯。第四，要积极参加一些有益的勤工助学活动，参加一些社团活动和社会实践活动，这样不仅可以减轻家长的经济负担，同时也有助于培养自己独立生活、工作的能力，为适应新生活和为以后走向社会打下基础。第五，要锻炼自己坚强的意志。人生不会一帆风顺，会有这样那样的困难和挫折，关键是一定要在痛苦和挫折中重新振作起来。一个哲人说得好：“苦难是人生最好的老师。”当遇到困难时，应首先提醒自己，这是生活给自己提供的锻炼机会，自己一定要珍惜。请你相信，每当你战胜一次困难，就会体验一次胜利的喜悦，增强了自信，提高了独立解决问题的能力。

大学新生应该看到，自己由于以前的依赖心理和环境造成了生活自理能力不强。上大学后，应该树立自立意识，相信自己，依靠自己的力量，满怀信心地去观察、认识和了解社会，保持一种良好的心理状态，克服过去那种什么事都依靠老师和家长的依赖心理，学会独立思考问题，自主地解决问题，自我调节心理承受力。

五、探索大学生学习规律，科学安排大学生活

大学在我们面前展现了色彩斑斓的世界。大学是知识和学术的聚集地，是

各种思想最为活跃、各种活动最为丰富的地方。和中学相比，大学的学习相对宽松，学生自主安排的时间较多，面对众多的“吸引源”，如何科学安排大学生活呢？第一，要尽快从成功后的陶醉、拼搏后的懈怠、迁移后的好奇中解脱出来，使自己及早进入新的学习状态。许多新生认为，现在可以痛痛快快地玩一玩，彻底地放松，以偿还那枯燥、单调的青春。所以他们只想去看电影录像，去跳舞唱歌，去网吧上网，迷恋在运动场上等，更有一些同学可能把时间花在打牌、下棋、聊天、恋爱上。正值豆蔻年华，又刚刚置于生气盎然的大学校园之中，有这些想法和做法是可以理解的，但运动场上的身姿，舞池中的乐曲都只是丰富的大学生活的点缀，一个极其短促的场景。“大学校园”更多地意味着图书馆中满架的中外文著作，演讲厅里艰深的学术报告……大学校园里的每时每分都能为你赢得知识、智慧、能力和机会。因此，紧紧抓住大学生活的中心环节——“成才”来设计和安排自己的生活，把眼光放长远些，不要满足于眼前短暂的快乐和轻松；运用自己的鉴别、判断能力，选择健康有益的活动来充实自己的业余生活；抓住各种各样的有益的锻炼机会，提高自己多方面的素质，增长多方面的才干。就是说，只有捕捉每一次学习锻炼的机会，紧紧抓住大学生活的每一天、每一刻，你才能拥有一个更紧张更充实的大学生活，也才能够使自己成为一个品德高尚、德才兼备的优秀人才。第二，要学会科学地安排时间。在中学，时间往往由老师来安排，一切按规定的时间表运行。而一到大学，虽然你可以自己来支配时间了，却又不会安排。有的同学以为自己掌握时间可以凭兴趣，想干什么就干什么，没有计划、毫不节制的结果是使自己陷入被动忙乱之中，反而失去了“自由”。一位时间管理专家曾说过：“你应该做时间的主人，而不应该让时间主宰你，如果你不愿首先控制自己，就不能控制你的时间。”控制你自己，要有运筹时间的能力与技巧，有人认为应该遵循以下原则：一是追求整体效应原则，即在时间安排上要兼顾各个方面，给学习、休息、娱乐、社交、日常生活等以适当的安排和时间保证，当然要保证学习这个中心任务。二是提高时间利用率原则，即要把时间单位分割得细密，巧妙穿插，提高时效。三是善于利用最佳时机原则，即善于把一天中精力最充沛、头脑最灵活的时间用来做最重要的事，你就能做到事半功倍。四是消除低效时区原则，即生活中有些时间段效率很低，必须采取一定对策来消除，如有的学生在自己桌前贴上“闲谈不超过三分钟”以警示自己、提醒自己，克服拖拉、拖延现象。

如果你遵循着以上原则，并能落实在行动上，改变自己的一些不良习惯，你就能掌握自己时间的主动权，你就是生活的强者，你就能成为大有作为的人。

第三节　上好大学学习生活的第一课

入学教育和军事训练是大学学习生活的第一课。上好大学学习生活的第一课，有利于大学新生更快认识大学，更快实现从中学到大学的心理转型，更快融入大学的学习和生活。

一、大学生入学教育

（一）入学教育的意义和目的

高等教育担负着培养高层次人才的任务。《中华人民共和国高等教育法》第四条规定：高等教育必须贯彻国家的教育方针，为社会主义现代化建设服务，与生产劳动相结合，使受教育者成为德、智、体、美全面发展的中国特色社会主义事业的建设者和接班人。大学新生初进校园，对大学怀着美好的期待，而且不少大学新生的世界观、人生观、价值观正处于逐步形成阶段，可塑性强。应该用社会主义核心价值体系教育和引导学生，逐步帮助学生树立正确的世界观、人生观和价值观，增强学生的公民意识、责任意识、纪律观念。使学生自觉培养良好的人际关系，自主学习，自律自强，不断提升自身的全面素质。入学教育关系学生的未来与发展，其目的是引导学生尽快熟悉大学的规章制度和管理条例，了解大学的学习与生活，以利其在新的环境下、在新的起点上远航。

（二）入学教育的内容和形式

大部分高校的新生入学教育都采取阶段式集中教育和分散式养成教育相结合的方式。

1. 阶段式集中教育

阶段式集中教育一般安排在新生入学第一周，主要以专题讲座的形式开展系列思想教育，让学生初步了解和熟悉学校环境和专业情况，知晓学校各项规章制度，了解办事基本程序，逐步适应新的管理模式下的大学学习和生活。

阶段式集中教育的内容和参考材料

教育内容		参考材料
开学典礼或学校迎新大会		参观校史展览或观看校情专题纪录片
院、系迎新大会		介绍院系基本情况，参观院系教学基础设施
纪律教育	大学生行为准则、大学生应遵守的规章制度	(1)《高等学校学生行为准则》 (2) 高等学校学生应遵守的规章制度
	大学生管理有关规定	普通高等学校学生管理规定及学校学生纪律处分规定
	教室、环境、宿舍等管理条例	教室、环境、宿舍管理办法
安全教育	防火、防盗、防骗、防意外伤害	(1) 教育部《学生伤害事故处理办法》 (2) 学校加强学生安全教育与管理的有关文件 (3) 学校关于学生计算机网络安全违纪处理规定 (4) 学生案例教育材料
专业学习教育	专业情况介绍	专业课程的设置、特点和基本要求
	学籍管理条例介绍	学校学习管理条例及实施细则
	考风考纪教育	学校考风考纪处理的有关规定
	学位授予办法介绍	学校学士（硕士、博士）学位授予工作细则
	优秀学生年度奖学金评定办法介绍	校优秀学生奖学金评定办法
	国家、校、院奖，助贷、减免政策介绍	高等学校学生资助政策文件
	学生勤工助学办法介绍	学校关于开展学生勤工助学活动的若干意见
素质教育	大学生素质测评办法介绍	学校学生素质综合考评办法及院系大学生素质测评实施细则
	大学生科技创新活动管理办法介绍	校、院学生科技创新活动管理及奖励办法
党团教育	党团知识教育	(1) 高校党团组织机构及组织发展程序 (2) 校、院系团学活动内容及校园文化活动情况
心理健康教育	心理健康教育	(1) 心理健康的相关知识 (2) 心理沙龙和心理情景剧
	心理危机干预	(1) 心理健康辅导和教育资料 (2) 团体辅导案例资料
职业生涯教育	大学生活规划	大学生涯规划案例材料
	人生职业规划和职业素养教育	(1) 大学生职业生涯评估体系资料 (2) 学校关于学生就业创业工作实施细则

续表

教育内容		参考材料
适应性教育	大学生学习生活指导	(1) 图书馆使用指南和学生办事指南 (2) 介绍学校党、团和行政办事机构的分布情况 (3) 介绍校园及周边生活配套设施情况

2. 分散式养成教育

分散式养成教育是阶段式集中教育的继续和延伸，应贯穿于学生进入大学后较长的过程。分散式养成教育要根据新时期大学生的思想特点，开展形式多样的教育活动，帮助学生树立正确的世界观、人生观和价值观，养成遵纪守法、勤学创新的良好习惯和自立、自信、自强的良好品格，促进学生全面发展。

分散式养成教育的内容包含社会主义核心价值体系教育、公民道德规范教育、安全稳定教育、文明诚信教育、心理健康教育、学习能力教育等等。通过较为系统全面的大学入学教育，帮助学生了解、熟悉和融入大学的学习和生活，主动培养良好的人际关系，掌握大学学习技巧，努力成长成才。

（三）入学教育应注意的事项

新生对大学环境的了解、熟悉和适应需要一个过程，一个人良好习惯的养成也不是一蹴而就的，一个年级、班级和宿舍团结向上、勤学创新的良好风气更是需要全体师生长期不懈地努力。所以，在安排入学教育时一定要根据院系专业特色和新生特点，讲求方法方式，注重细节，循序渐进，才能达到预期效果。

一是制订系统周密的教育计划。新生入学教育时间紧、内容多、涉及面广，要求学院根据学生工作部门的安排，制订系统、详实、周密的计划。要求新生配合校院有计划、有步骤地开展入学教育活动，熟悉学校、学院各项规章制度和管理条例，将入学教育落到实处。

二是注意转变思想政治工作者的不同角色，做到教育管理和服务的统一。思想政治工作者要转变传统的教育管理者和学校规章制度执行者严厉刻板的形象，要做学生思想上的领航者、生活上的指导者、学习上的引路人，关心、理解和热爱学生。教育上做到和风细雨、循循善诱，管理上要依法办事、公正公平，服务工作要耐心细致、及时周到。注重解决学生的实际困难，努力帮助学生排疑解惑，为学生成长成才创设和谐健康的环境。

三是注意确立学生的主体意识，发挥学生的主观能动作用。新生进入校园，成为学校的一分子，要注意培养其主人翁精神。要让学生自觉参与到入学教育的每一项活动和每一个环节中，主动融入到大学的新集体中，发挥学生的主体作用。使学生能够以积极的态度学习各项规章制度，遵守纪律，注重文明礼仪，让自己的言行更加得体和美好；主动与老师同学交往，友善待人，培育良好的人际关系；自觉投入到学习中，培养刻苦钻研和努力探究的良好品质。

四是注意创新入学教育的方法方式。每个新生对大学都怀揣着美好的期望，教育管理者应该保护好新生的美好夙愿，在入学教育伊始，就要想方设法采取形式多样、学生喜闻乐见的教育活动来吸引学生，为他们的大学生活增辉添彩。第一，开展活动时，要注意结合当代大学生的特点，注重和学生的互动交流，以求实效。例如，院系在开设专题讲座前，可以从学生中搜集问题，分门别类，在课堂上和学生互动交流。可以通过参观校园各项设施后，举行“校园印象 我感我说”恳谈会，进行互动交流。第二，根据新生的热点问题和存在的心理困惑，召开“新生家长见面会”，及时沟通学校和学生的情况，构建社会、家庭、学校三位一体的育人模式。第三，发挥朋辈教育的作用。如，实行见习辅导员、助理辅导员制度，“学长导航制度”，进行新老生交流有利于发挥朋辈教育的作用。第四，采取深受学生欢迎的团体辅导活动，促进学生自我教育，增进同学间的交流、理解和信任。

二、大学生军事训练

（一）大学生军事训练的目的意义

一是大学生参加军事训练、学习军事科学是法定的公民义务。《中华人民共和国宪法》第 55 条规定：“保卫祖国、抵抗侵略是中华人民共和国每一个公民的神圣职责。依照法律服兵役和参加民兵组织是中华人民共和国公民的光荣义务。”《中华人民共和国国防教育法》第 15 条规定：“高等学校、高级中学和相当于高级中学的学校应当将课堂教学与军事训练相结合，对学生进行国防教育”，“高等学校应当设置适当的国防教育课程”。《中华人民共和国兵役法》第 43 条也规定：“高等院校的学生在就学期间，必须接受基本军事训练。根据国防建设需要，对适合担任军官职务的学生，再进行短期集中训练，考核合格的，经军事机关批准，服军官预备役。”这些规定从法律高度明确了高等学校学生在就学期间必须履行军政训练的义务，努力学好军事科学知识，胸怀“国家兴亡，匹夫有责”的伟大志向，随时承担起保卫祖国的神圣职责。

二是大学生参加军事训练是提高全民国防意识、加强国防后备力量的需要。青年学生是祖国的未来、民族的希望，对青年学生的国防教育关系到国家的强盛和民族的振兴。一方面，青年学生精力旺盛、可塑性强，组织青年学生参加军事训练、比较系统地学习军事科学，有利于学生尽快提高国防意识、增强国防观念。另一方面，青年学生是我国人口构成中科学文化素质较高的群体，抓好这一群体的军政教育和军事训练，有助于国家储备高素质的后备兵源，这对于我国在未来的信息化战争环境中抵抗外来侵略有着极其重要的意义。

三是大学生参加军事训练是提升学生综合素质、促进学生全面发展的需要。大学生参加军事训练是培养“有理想、有道德、有文化、有纪律”的中国特色社会主义建设者和接班人的客观要求。通过军事训练，使学生各方面的素质得到提高。第一，可以提升学生的思想道德素质。学生参加军训，可以系统地接受优良革命传统的教育、爱国主义教育，通过形式多样的教育活动，使学生从心底去体会国家和民族的荣辱兴衰，激发学生强烈的民族责任感和爱国热情。第二，可以增强学生的组织纪律观念。通过军队条例和条令的学习，通过严格的队列、战术训练和遵守内务、作息等要求，使学生深刻意识到军令如山，不断提升学生的团队意识，增强纪律观念。第三，可以开拓学生的视野。通过系统地学习军事理论和军事常识，使学生了解最新的军事科技成就及其在现代战争中的应用，拓展了学生的知识面，提升了学生的创造力和综合思维能力。第四，有助于学生锻炼身体，磨炼意志。通过较为紧张的军事技能训练，使学生增强体质，养成良好的锻炼身体的习惯，有助于以后较高强度的学习。同时，严格的军事技能训练，使学生的意志和品格得到锻炼，有助于培养意志坚定、品格顽强的中国特色社会主义建设者和接班人。

（二）军事训练的基本内容和教学目标

大学生的军事训练包括理论教学和技能训练两大类。教育部、总参谋部、总政治部 2007 年新颁布的《普通高等学校军事课教学大纲》指出：军事理论课教学时数为 36 学时，学校在完成规定的学时数外，应积极开设与军事课相关的选修课和举办讲座。军事技能训练时间为 2—3 周，实际训练时间不得少于 14 天。在组织军事技能训练时，要以中国人民解放军的条令、条例为依据，严格训练，严格要求，培养学生良好的军事素质。

1. 军事理论课教学的内容和目标

军事理论课主要内容		教学目标
序	(1) 军事科学概论 定义和研究对象；任务和性质；体系；地位和功能；大学生学习军事科学的意义和方法	了解军事科学及其研究对象、任务、性质、体系、地位和功能等，明确学习军事科学的意义，掌握学习军事科学的基本方法
军事思想	(2) 军事思想概述 基本概念；产生与发展；作用及其发展规律 (3) 毛泽东军事思想 毛泽东军事思想概述；战争论与方法论；人民军队思想；人民战争思想；战略战术思想 (4) 新时期党的军事指导理论 科学内涵；形成发展；主要内容；地位作用	了解军事思想的产生、发展过程及其发展规律，熟悉掌握新时期党的军事思想的主要指导理论，树立关于战争的正确的思想观点
军事科技	(5) 军事高科技概述 基本概念；对未来战争的影响；打赢高技术局部战争的对策 (6) 侦查监视技术 概述；现代侦查监视技术的主要类型；在军事上的应用；对抗侦查监视的技术措施 (7) 精确制导武器 作战特点；制导技术；主要种类；发展趋势 (8) 军事航天技术 航天技术概述；航天器的军事应用；对现代战争的影响 (9) 电子对抗技术 概述；无线电通信对抗；雷达对抗；光电对抗 (10) 军队指挥自动化系统 概述；构成；功能；对作战的影响	了解军事高科技的分类、构成及其对未来战争的巨大影响，激发学生热爱科技、学习科技的热情
战略环境	(11) 战略环境概述 战略；战略环境；战略环境与战略 (12) 国际战略格局 概述；国际战略格局演变的动因与规律性特点；冷战结束后战略形势的特点；未来国际战略格局的发展趋势 (13) 中国周边安全环境 中国地缘环境的基本情况；判断安全环境面临威胁的理论分析；中国周边安全存在的主要问题 (14) 信息化战争 概述；主要特征；发展趋势；对国防建设的新要求	了解我国当前的战略环境和国际的战略格局，熟悉我国周边的地缘环境情况，掌握信息化战争的特点，加强学生的国防意识

续表

军事理论课主要内容		教学目标
中国国防	(15) 国防概述 国防基本要素；中国的国防历史；现代国防的基本特征 (16) 国防建设 内涵；新中国国防建设取得的主要成就；国防领导体制和国防政策；武装力量建设 (17) 国防动员 意义；分类和内容；要求、方针和原则；准备与实施 (18) 国防法制 国防立法；国防法律制度；国防法律的实施	了解我国国防的历史和现代国防建设概况，熟悉国防的领导体制和基本政策法规，增强依法建设国防的观念

备注：上表内容依据吴温暖主编的《军事理论教程》（2012年修订）整理。该教程根据教育部、总参谋部、总政治部2007年新颁布的《普通高等学校军事课教学大纲》对军事理论课内容进行了调整和补充。

2. 军事技能训练的主要内容和目标

军事技能训练的主要内容		教学目标
《中国人民解放军条例》教育与训练	(1)《内务条令》教育 (2)《纪律条令》教育 (3)《队列条令》教育与训练 ①单人军人队列动作训练 ②分队队列动作训练	加强组织纪律性，养成良好的军姿和习惯，培养顽强拼搏的精神和集体主义精神
轻武器射击	(1) 轻武器理论常识 (2) 简易射击学原理 (3) 射击动作和方法 (4) 实弹射击训练	了解轻武器的战斗性能和射击学的一般原理，掌握射击的动作要领，完成轻武器实弹射击训练任务
战术训练	(1) 战斗类型和战斗样式 (2) 战术基本原则 (3) 单兵战术动作	了解战术的基本类型和样式，掌握战斗的基本原则，领会单兵战斗的动作要领
军事地形学	(1) 地形对军队战斗的影响 (2) 地形图基本知识 (3) 实地使用地图	了解地形在战斗中的作用和影响，掌握地形图的基本知识，学会识图用图
综合训练	(1) 行军 (2) 宿营 (3) 野外生存	了解行军宿营的主要程序和方法，锻炼行军、野营适应能力

备注：上表内容根据教育部、总参谋部、总政治部2007年新颁布的《普通高等学校军事课教学大纲》整理。

3. 军事训练的拓展性教学活动

在完成以上军事内容的基础上，可根据学校的具体情况进行拓展性教学。

在理论方面，举办学生喜欢的讲座，开展解放军优良传统教育，激发学生热爱军队、保卫祖国的热情。

在技能方面，开展颇具趣味性、实用性的军事技能训练项目。例如，战场救护训练，让学生了解战伤救护的作用，熟悉战伤救护的种类，通过包扎、止血、固定、搬运、人工呼吸训练，学会救治伤员以及自救的几种方法。例如，开展安全避险训练，通过防火险演习、防空袭演习、突发地震时的紧急疏散和安全避险演习，使学生提高防范风险的意识，掌握避险的能力技巧。

4. 大学生军事训练应注意的事项

大学新生对入学军训充满了期待，对穿上绿色军装的英姿充满了自豪感，但同时又要充分认识到军训中的艰辛，每位新生都应该做好充分的准备，以饱满的激情投入到军训生活中，收获健康、友谊和知识，让军训成为大学生涯中一个美好的回忆。

（1）思想认识要到位。一定要认识到军训安全无小事。军训过程中，持枪队列刀光闪闪、寒气逼人；实弹射击枪声雷鸣、枪枪致命；野营拉练跋山涉水、环境艰辛。不论是烈日炎炎下的队列训练，还是风雨中的定型和战术训练，都需要有强健的体魄作保障。因此，军训前一定要做好健康检查，防患于未然。对于不适合参训的学生，可以安排强度较小的后勤和宣传工作，让他们负责做好后勤服务，宣传好人好事，记下军训场上的美好瞬间，从另一层面参与军事训练活动，体会军训的艰辛与美好。总之，无论教官还是学生，都应本着对党、对人民、对学校、对家长、对自身高度负责的态度，认真分析研究军训过程中可能出现的安全隐患，切实加强领导，落实工作责任制，确保军训安全。如果每个人都牢固树立安全意识、隐患意识，克服麻痹心理，按照学校要求规范进行训练，安全事故是可以避免的。

（2）组织纪律要严明。军纪如铁，军令如山。军训生活中的队列训练、战术训练、内务要求、作息制度等都有一套完整统一的规定，强调步调一致，团结统一，目的就是为了培养学生令行禁止的纪律观念和雷厉风行的工作作风。因此，每一位参训者都必须严格遵守军事训练的条例条令，按照部队规定，认真训练，严格要求自己，在军训的火热生活中培养强烈的集体荣誉感和拼搏精神。

（3）物质准备要到位。入学军训时间较长、内容丰富、项目众多，特别是军事技能训练，始终离不开必要的思想准备和物质准备。

①做好衣物穿戴的课前准备。为使军训达到整齐划一的训练效果，按规定参训学生必须统一着装，穿戴规定的军服、军帽、军鞋（或者运动鞋），佩戴帽徽、肩章、领章和军种专业符号。因此，每个参训学生每天参训前都要认真检查自己是否穿戴整齐，切勿丢三落四，在每天军训结束后要及时清洗和晾晒衣服。在条件许可的情况下，还可多配备一至两套衣服作轮换。

②做好防暑御寒的课前准备。军训中的军事技能训练多在户外进行，为磨炼学生的意志品质，训练内容、场地、强度都不以自然环境的变化而调整。因此，若在炎热的夏季训练，参训学生应穿稍微宽松透气的棉质军服，并配备充足的防暑降温的凉茶或淡盐水，还要配备一些常用的治疗中暑、感冒等应急药品。若在严寒的冬季军训，参训学生在保证动作的灵活性的前提下应穿足够的衣服御寒，并准备一些热开水在休息时饮用，必要的话可在身体的暴露部位涂抹一些防冻药膏，以防冻伤。在室外训练，训练单位还需安排医务人员并配备必要的抢救医疗器械和药品，以防万一。

③做好饮食营养的工作准备。户外军训运动量大，强度高，学生容易疲劳，胃口不好，身体抵抗能力也将随之下降。因此，要特别注意军训期间的饮食卫生和营养摄取。建议到饮食卫生状况良好、饭菜新鲜干净的食堂餐厅就餐，多吃清淡、容易消化的高蛋白食品，多吃蔬菜和水果，少吃油腻、油炸、烧烤的食品，不要随意到卫生条件差的街边摊点吃大鱼大肉。

④营建良好舒适的生活环境。军训有一套严格的作息制度，要求每个成员严格遵守。经过长时间辛苦的军事技能训练，短暂的休息时间尤为宝贵。作为集体生活成员的大学生应该保持寝室的整洁、通风、安静，不在寝室聊天、大声喧哗，遵守作息制度，按时就寝，共同营造良好的休息生活环境。只有保证良好的休息睡眠，才能保持充沛的精力投入到紧张的军训生活中。

网络课堂

1. 李逸龙，《提升心理品质　创造成功人生》，http://v.youku.com/v_show/id_XNDA1Nzk0Mzg0.html

2. 王永旺，《心怀感恩　立志成长——大学新生学习生活指导》，http://v.youku.com/v_show/id_XMzAxMzQ0MDI0.html

3. 石海燕，《大学是人生发展新阶段》，http://www.doc88.com/p－188634672702.html

经典书目

1. 刘书林，《思想道德修养》（学生用书），清华大学出版社，2005 年。

2. 杨振斌、冯刚，《高等学校辅导员培训教程》，高等教育出版社，2006 年。

3. 教育部思想政治工作司，《新时期高校辅导员队伍专业化建设工作指导手册》，高等教育出版社，2011 年。

知识拓展

大学新生入学教育团体辅导示例

1. 我想认识你

场地：宽敞无障碍场地，足够使全班同学围成一圆圈。

道具：学生自备签字笔，白纸若干张。

项目步骤：全班同学围成一圆圈，辅导员为每位同学分发一张白纸，一支笔，然后站在圈中央给出指令：请在 10 分钟内通过先握手再留名的方式认识至少 15 名同学（至少 7 名异性）。请用眼睛注视对方，面带微笑，握手并说声“你好”，然后留下其姓名。没有完成任务的同学得到“惩罚”。

意义：初次见面的相互交流，主动认识他人，真诚对待同学，珍惜相聚机会。

2. 众志成城

场地：不限。

道具：4 张完整的报纸。

项目步骤：以分好的 4 组为单位，辅导员为每组分发一张全开的报纸，请各组成员均进入报纸上，无论用任何方式都可以，就是不可以脚踏报纸之外。保持 5 秒，即可进入下一轮。最终报纸折叠为最小面积的团队获胜。

意义：团队的成功需要每一位成员的配合和参与。发挥自己的作用，为班级争光。解决问题时，借团队合作与思考达到解决问题的目的，每个个人在团体中都有一定的重要性。

3. 解手链

场地：宽敞无障碍场地，足够使全班同学围成一圆圈。

道具：无。

项目步骤：让同学围成一个圈，请大家按照指示做。1. 举起左右手交叉放在胸前，握住身边那个人的右左手；2. 在不松手的情况下，将这张人网张开，成为一个组员之间手拉手的圆；3. 请同学共同想办法把圆理顺，使同学之间的手拉手形式变成正常情况下不交叉的方式，并且必须在不松手的情况下做到这一点。

意义：在团队合作里，当面对一个复杂的问题时大家会感到无从下手，但实际上只要有所行动就会有变化，只要有变化就会有成功的可能性。另外，问题难以解决，往往是因为都只从个人角度去考虑，实际上大家要有全局意识，站在整体角度解决问题，才能有进展。班级是一个整体，个人只有融入集体，参与集体，才能得到更好的发展。

4. 人椅

场地：宽敞无障碍场地，足够使全班同学围成一圆圈。

道具：无。

项目步骤：让同学围成一个圈，请大家按照指示做。1. 每个同学将他的手放在前面同学的肩上；2. 听从指挥，每位同学轻坐在他后面同学的大腿上，前后同学脚尖与脚跟相接；3. 按照口令，所有同学同时向前移动，看看能够坚持多久。

意义：阻碍游戏的一大原因是懈怠心理，认为这么多人一块做游戏，自己稍微少使点儿劲也不会产生什么影响。殊不知，如果每个人都这样想，这件事情是做不好的。在班级中，个人作为一分子，每个人都应该贡献自己最大的力量去帮助团队工作，只有这样才能达到个人利益和班级利益的统一，使得大家都获利。

5. 信任背摔

场地：有棉垫的空地或体育场。

道具：1.5 米左右的高台。

项目步骤：1. 学生分成 7 至 8 人 1 组，团队中的每名学生依次站上高台，其他学生在台下两两相对抬起双手；2. 站上高台的学生以站立的姿势，身体保持笔直后仰倒下，下面的学生以双臂托住。

意义：增加挑战者与其他同学间的交流与沟通，帮助挑战者克服恐惧心理的同时，增强同学间相互信任。在项目中，如果挑战者完全信任其他成员，笔直落下，那么下面的同学将受力均匀，安全平稳地接住挑战者；相反，如果挑战者不充分信任其他同学，落下时将下意识地将身体蜷缩，台下同学反而因为受力不均不容易接住。通过该项目，使学生在相互鼓励中彼此放下戒备心理。成功完成项目后，在增加自信的同时也增加了对团队其他成员的信任。（材料来自高琼：《大学新生团体辅导浅析》）

第三章　校园文化生活

文化是一个民族的凝聚力和创造力的重要源泉，是综合国力竞争的重要因素。高校的根本任务是培养人才，校园文化是高校育人不可或缺的宝贵资源，它对提高大学生的人文素质，塑造健康完美的人格，培养全面发展的人才，具有重要和积极的作用。校园文化是师生员工在教学、科研、管理、生活等各个领域的相互作用中所创造出来的物质成果，所汇同的精神追求，所形成的文化活动和所产生的管理制度。校园文化由校园物质文化、精神文化、活动文化、制度文化四个部分构成，其中，校园体育活动、艺术文化、社团文化和讲座文化等贴近学生生活，深受学生喜爱，是构成校园文化的主要内容，也是校园文化中最活跃的部分。

第一节　校园体育活动

一、体育与育人

大学是学生步入社会之前最后一个学习阶段，也是塑造一个人性格和品质的重要时期。党的教育方针明确指出要“培养德智体美全面发展的社会主义建设者和接班人”。当今世界范围的竞争日趋激烈，对高素质人才的需求更加迫切。高素质人才不仅要具备优秀的思想品德和专业知识技能，还必须拥有健康的体魄和心理素质。体育不仅能促进学生自觉锻炼，强身健体，更重要的是，对于锤炼学生坚强意志，培养团队精神、合作意识和竞争意识有着不可替代的作用。

重视体育，把它摆在与德育、智育同等重要地位，在许多高水平大学已成为办学理念。北京大学一直秉承着我国著名教育家蔡元培先生的“完全人格、首在体育”的育人思想。在体育教育上坚持“以育人至上、体魄与人格并重”，确立了“游泳、健美操、太极拳”等特色项目，并实现了“自选时间、自选项目、自选教师、自选学期、自主测评”的课程管理模式，使体育课成为学生们最喜欢上的课。高校体育应培育浓厚的体育运动氛围，让体育精神浸润校园。梅贻琦先生在任清华大学教务长时就明确告诉学生：“须知体育之目标，不单是造就几个跑多快，跳多高，臂腿多粗的选手，不单是要得若干银盾、锦标，除此之外，也许可以说在此之上，还有发展全人格的一个目标。”清华大学早在20世纪50年代就积极倡导“每天锻炼一小时，健康工作五十年”。如今这已成为全民健身的共识。世界著名科学家、中国科学院资深院士钱伟长先生就是清华大学体育教育的受益者和践行者。1931年，瘦小的钱伟长考入清华大学历史系时，身高才1.49米。在清华大学浓厚的体育氛围和著名体育家马约翰教授的熏陶下，他积极投身体育锻炼。两年后，在全国大学生运动会田径比赛中，钱伟长获得了100米跨栏的前三名。硕士毕业时，钱伟长身高达到了1.65米，摆脱了瘦弱体格，从此养成了终身坚持体育锻炼的习惯，并形成了对体育的独到见解。钱伟长曾深情地怀念马约翰教授：“马先生通过体育运动，培养了我们的人格，锻炼了我们的意志。六十多年来，在漫漫人生道路上，使我有勇气承担风雨，有毅力克服困难，有意志不断战胜自我。”他认为，“学校体育的重心，应以全体学生为本，增强学生体魄，让更多的青年学子参与并享受体育运动带来的乐趣”。

二、身心健康是成功的基石

由于应试教育片面追求升学率，我国中学和家庭不同程度地存在重智育轻体育、重营养轻锻炼、重技能轻健康的问题，许多学生在补习班里疲于奔命，休息和锻炼严重不足，青少年的耐力、力量、速度等体能指标持续下降，视力不良率居高不下，超重和肥胖青少年的比例明显增加，大学生体质普遍下降已是不争的事实。2012年，由于出现高校学生在参加长跑比赛时发生猝死事件，部分学校取消校运动会长跑项目。同时，在每年新生入学的军训过程中，从开幕式到训练场上，每天都有不少新生因身体虚弱无法坚持，被扶出场外或送医治疗、抢救；每年毕业时，总有部分学生因体育课不及格或体育锻炼未达标而不能按时毕业。我国大学生体质健康总体状况令人堪忧。

大学阶段，学生在学习、生活、择业等各个方面都面临诸多挑战和压力，不少学生因学业困难、情感受挫、疾病困扰、经济压力、求职碰壁等各种原因导致心理失衡，产生心理疾病。没有强健的体魄、健康的心理是难以担当重任的。这些问题如果没有充分重视并加以解决，将严重影响到我国人才培养的质量，甚至影响到国家和民族的未来。

三、体育世界五彩缤纷

高校的体育活动由课内课外两部分构成。体育课作为公共必修课是每个学生必须完成的。学生可以根据自己的兴趣爱好和特长，在球类、武术、艺术体操、田径、游泳等课程中自主选择课程、选择老师、选择时间。因身体疾病不能参加体育训练课的学生，可以申请到专门为这类特殊情况而开设的体育保健班学习。

课外体育活动的内容、形式更加丰富多彩。由学校组织的一年一度的校运会、体育节是学校的体育盛事，隆重的开幕式热闹非凡，入场式的表演体现出各个学院的专业特色和学生们的非凡创意；体育竞技项目则展示了挑战极限的精彩和竞争的激烈；趣味运动项目则更多地需要团队协作，参与的人数也较多；来自校电台广播鼓舞人心的宣传报道，各学院大本营拉拉队声嘶力竭的助威呐喊，同学们周到温暖的后勤服务等，构成了运动场上一道道亮丽的风景。体育节的比赛项目有健美操、啦啦操、篮球赛、排球赛、足球赛等。另外，学校通过招收高水平运动员，组织优秀体育人才参加省级、国家级的体育比赛，邀请奥运会金牌银牌运动员来学校举办体育表演、与学生交流互动等活动，有力地促进了学校体育事业的繁荣和发展。除此之外，由学生们自己组建的各种体育俱乐部、运动协会、体育社团，让热爱体育、志趣相投的同学们拥有了一片自由发展的天地。

为了鼓励师生参加体育运动，学校投入大量经费建设了室内、室外高水平体育场馆设施，不仅有综合体育楼、综合体育馆，室外塑胶田径场、篮球场、排球场、足球场、网球场、游泳池，还有室内田径馆、篮球馆、排球馆、武术馆、跆拳道馆、体操馆、乒乓球馆、羽毛球馆等，不但保证体育专业的教学和比赛需要，也能满足师生平时体育锻炼的需要。

四、生命在于运动

从生物学上说，适当的体育运动可以使细胞得到充分的氧气，加快新陈代谢；保持血管及肌肉的弹性，使血液循环顺畅，有利组织器官的代谢、修复和健壮；通过调整大脑皮层的兴奋与抑制平衡，可以调节心理平衡，消除疲劳，提高抗病能力和恢复身体机能。尤其是户外运动，在沐浴阳光、呼吸空气、拥抱自然中提高人体对外界环境的适应能力。此外，运动还能改善大脑的机能，提升睡眠质量，提高学习、工作的效率，促进思维敏捷，增强人体应变能力和耐受能力。

如果活动过少或常常处在静止状态，机体功能就会退化，积累疲劳，累积生理垃圾，最终导致疾病或寿命缩短。许多学生由于不重视体育锻炼，偏爱“宅”生活，在宿舍玩游戏、上网聊天、看片或睡懒觉，作息时间混乱，身心健康受到极大威胁。据有关调查资料表明：平时不运动或很少运动的人，患感冒的几率是经常运动的人的 5 倍；由于偏食、挑食、暴饮暴食又不爱运动，造成体虚、瘦弱或肥胖，诱发低血糖、高血压、心肺疾病猝死的可能性大大增加。

既然体育运动对青年学生的身心都起到了非常重要的作用，那么应该如何进行体育运动呢？

（一）体育运动贵在坚持

把体育运动当做生活中不可缺少的内容，每天抽出 30—60 分钟进行适合于自身的体育运动。养成体育锻炼的习惯，在运动中体验快乐，同时有利于养成持之以恒的良好品质。

常规运动可分为两大类：一类是无氧代谢运动，另一类是有氧代谢运动。无氧运动是指肌肉在得不到持续的氧气供应情况下的激烈运动，如百米赛跑、举重、跳远、跳高等。这种靠肌肉爆发力支撑的运动，比较适合于参加竞技性体育活动的运动员。有氧运动是指能增强人体内氧气的吸入、输送和利用的耐久性运动。它运动强度低、有节奏、时间长，不但对人体没有损耗，而且可以提高对氧气的使用度，使身体各脏器得到血氧补充。如慢跑、健身步、球类运动、游泳、滑冰、登山、体操、跳舞、骑自行车、打太极拳、跳绳、放风筝、荡秋千、舞剑等，这些可以为大多数人所接受的运动。

有氧运动有许多优点：增加血液输送氧气的能力，肺活量和血液总量都会得到提高；改善心脏功能，降低血液中胆固醇含量，防止心脏病的发生；通过不断的运动刺激，防止骨骼中钙质流失，预防骨质疏松症；有效消耗多余的脂肪，是最理想的减肥方法；增强肠胃蠕动，加速营养物质的消化吸收和废物的排泄；提高人体免疫力，预防致癌因素对机体的侵袭；有效改善人的精神状态，使人轻松快乐。

（二）运动无处不在

美国斯坦福大学的德巴斯克教授经研究得出结论：如果每天工作之余能抽出30分钟时间进行锻炼，其结果与每天分三次运动、每次仅锻炼10分钟的健身作用是相同的。因此，小量运动，不需太多时间，不需特别器械场地，只要让自己运动起来，甩手、踢腿、弯腰、下蹲、转颈、按摩头颈部及四肢、捶背、摩腹、原地跑、跳绳、跳舞、仰卧撑、倒立、叩齿、活动眼肌、爬楼梯等同样可以起到健身作用。如果连续工作、学习，每间隔1小时起来活动10分钟以上，可以减轻疲劳，增进血氧交换，利于身体健康。

（三）运动的注意事项

一要循序渐进。从简单做起，小运动量开始，由简入繁、由易到难、由弱到强。二要做好运动前的热身。通过伸展四肢、转腰、压腿、下蹲等拉长参加运动的各部位肌肉，特别是容易受伤的部位的肌肉，预防锻炼中出现损伤。三要适当饮食和补水。体育锻炼不要空腹进行，因为空腹容易出现低血糖。运动前后和运动中都需要适量饮水。运动前1小时左右喝一杯白开水、牛奶或糖水，可提高血糖浓度，补充能量，增加耐力；运动中可分次少量喝一些水；运动后不要立即大量喝水，不宜喝冷饮。运动锻炼消耗了人体很多能量，运动后应及时补充营养。四要合理安排运动时间。一是遵循人体的生物钟，二是避开污染时段。无论是身体的适应能力还是体力，均以下午或接近黄昏时分最适宜。人的味觉、视觉、听觉等这时最敏感，全身协调能力强，尤其是心率与血压都较平稳，最适宜参加体育锻炼。对大学生来说，上午课间9—10时和下午4时，是进行健身锻炼并促进提高学习效率的最佳时间。五要掌握好运动强度。人体的心血管系统只有在适度的运动刺激下才能得到改善。运动时间过长会造成筋骨和肌肉酸软，大运动量会导致心律不齐。专家认为，较适宜的运动量应为每天30—60分钟的中等强度活动。锻炼快结束前，宜逐步趋缓，不宜“急刹车”，应稍微放松、整理，由紧张的运动状态过渡到安静状态，不要立即蹲、坐或躺下，也不要随即抽烟、洗浴、游泳、就餐等。

第二节　校园艺术文化

高校育人离不开文化建设的积极参与和融入，离不开“文以化人”的点滴积累和长期熏陶。文化育人的意义在于把具有灌输性特征的教育转化为教育目标明确的校园氛围，通过文化的熏陶，使人文知识转化为受教育者一种内在的人文精神。艺术文化是校园文化的核心内容之一，对于大学生人生观、价值观的形成，激发创新思维，培养审美能力、审美情趣，陶冶高尚情操，具有重要的意义，是提升人文素养的重要途径。因其内涵丰富、形式多样，具有思想性、艺术性、娱乐性和多样性，符合大学生年龄特征、文化知识水平，能满足大学生追求时尚、标新立异、情感表达等精神需求，因而深受广大青年学生的喜爱。

一、重新认识人文素质的价值

人文素质是指人们在人文方面所具有的综合品质或达到的发展程度，包括具备人文知识，理解人文思想，掌握人文方法，遵循人文精神四个方面。其中，人文知识是基础；人文思想是存在和渗透于人文知识之中的更高层次；人文方法是人文思想所体现并提炼出来的认识方法和实践方法；而人文精神是核心，是人文知识、思想和方法的总结和升华，也是人类文明和文化成果的具体体现。人文素质是大学生成长过程中最根本、最基础的素质。不但可以促进知识和能力的扩展，而且对其他素质的形成和发展具有很强的渗透力和影响力。

高校不仅是学习、传播科学知识技术的殿堂，而且是崇尚美德、追求高尚的精神家园。如果说科学教育侧重于传授知识技能，主要教人如何做事，那么人文教育则更主要教人如何做人、如何思想。二者共同构成人的综合素质。在人的整体素质中，人文素质居核心主导地位。然而，在现实情况中，应试教育、唯分数论导致应试而教，应试而学，使得人文知识体系变得支离破碎，人文思想和人文精神更是被大大削弱。大学生正处在身心成长的关键时期，也是人生观、世界观形成的重要时期。他们对新事物的感知比较敏锐，模仿能力强，接受快，喜欢标新立异。但由于他们社会阅历浅，见识少，对事物的判断能力、鉴别能力有较大的局限性。一些大学生追捧明星、甘当粉丝，追逐潮流、崇拜名牌，往往带有一定的盲目性，缺乏审美能力和鉴赏水平；一些学生表达能力、人际交往能力较差，常常被心理问题、情感问题所困扰；一些大学生修养不足、责任心不够，在就业求职过程中屡屡受挫。

由于人文素质教育的缺失，导致一些学生人生观、价值观偏离方向，盲目崇拜、追逐名利、情感淡漠、缺乏责任。“钱学森之问”道出了当今教育存在的突出问题：片面强调科学知识学习，忽视人文教育的急功近利，是难以培养出具有科学创新能力的人才的。因此，要重新认识人文教育的重要性，把人文教育和科学教育融入到人才培养的全过程，通过文理交叉、学科融合，促进大学生综合素质的全面提高。

二、在艺术文化活动中提升人文素质

人文素质的形成主要依靠人文素质教育，即通过人文知识传授、环境熏陶以及亲身体验，将人类优秀的文化成果转化为人格、气质、修养，成为人相对稳定的内在品质。校园艺术文化教育包括艺术专业课程学习和课外艺术文化实践活动。在综合性大学中，艺术专业大致有音乐学、舞蹈学、美术学、摄影、艺术设计、戏剧学、播音与主持、影视学、艺术学等。艺术专业学生按照培养目标设置的人才培养方案，全面、系统地学习本专业课，同时还可以选修其他公共选修课。非艺术专业学生可根据自己的兴趣和特长选修公共艺术类课程，通过学习相关艺术专业理论和技能，了解基本的专业知识、艺术表现手段、形式、风格，艺术欣赏的方法，艺术流派、艺术家及代表作等，提升艺术理论修养；在人文知识学习的基础上，通过观赏专业的艺术实践，如美术作品展、服装展、音乐会、舞蹈专场、摄影展等提升审美能力和艺术鉴赏水平。此外，学生还可以通过策划、参与或创作艺术文化作品等活动，亲身体验和感受艺术文化的魅力。学校每年举办内容丰富、形式多样“大学生文化艺术节”，包括大型文艺晚会、歌手赛、舞蹈比赛、主题征文比赛、经典诵读比赛、经典影视作品欣赏、名家讲坛、前沿学科知识讲座等；组织学生参加全国“大学生艺术展演”活动；各学院也会组织富有专业特色的迎新晚会、入学周年庆祝活动、心理情景剧、才艺展示、宿舍文化节等；还有专业艺术团体的“高雅艺术进校园”活动，艺术家们表演的交响乐、歌剧、话剧、杂技、民间艺术等视听盛宴，盛况空前，给大学校园生活增添了更加浓厚的艺术文化气息。随着高校开放办学，国内外大学交流及留学生也带来了不同的异域文化，世界优秀文化的相互交流和影响，使校园文化更加多元、异彩纷呈。通过艺术文化的学习和实践，学生们的人文知识得到丰富，艺术素养得到提升，对真善美的认识和精神追求也进一步充实和升华。

三、艺术文化与专业学习的相互促进

钱学森曾说："艺术上的修养，不仅加深了我对艺术作品中那些诗情画意和人生哲理的深刻理解，也让我学会了艺术上大跨度的宏观形象思维……科学上的创新光靠严密的逻辑思维不行，创新的思想往往开始于形象思维，从大跨度的联系中得到启迪，然后再用严密的逻辑加以验证。"

大学生在学习过程中，要注重艺术文化与专业学习的融合，将外在与内在、环境与本能、规律与感受组合起来，向无限的疆域延伸。科学研究表明，人的大脑有几个功能分区，有的记忆信息，有的作出判断，有的产生联想，有的创造创新。记忆、判断的功能用得较多，联想、创造用得相对较少。理工科的学生逻辑思维能力较强，形象思维相对较弱。因此，理工科学生在学好本专业课程的前提下，应尽可能多汲取人文艺术类的知识，拓展知识面，丰富感性认识，增强形象思维，有利于调节呆板的科学演算、公式、符号，通过生动、形象的语言来表达逻辑思维，有利于理解和记忆知识，从而更好地激发想象，增强专业学习的兴趣。而对于文科学生来说，在学习之余，应主动涉猎一些科学知识，了解广博的自然科学的奥秘和美妙，增加和拓宽知识面，丰富和优化知识结构，在无拘无束的想象空间和感性认识的基础上，增加严密的逻辑推理和理性的思考，不仅有助于对人类优秀文化的学习、理解和传承，而且能够深入探究更深层次的问题，在前人的基础上创作出更多的精品，从而把来源于生活又高于生活的文学、戏剧、艺术表达得更加符合人文思想，达到更高的人文精神境界。

四、艺术素养与科学创造的结合

达·芬奇是科学与艺术结合的典范。他不仅思想深邃、学识渊博，而且多才多艺，是一位科学巨匠、工程师和发明家，还是大哲学家、诗人、艺术大师，被称作"文艺复兴时期人类智慧的象征"。为了塑造真实感人的艺术形象，达·

芬奇广泛地研究与绘画有关的光学、数学、地质学、生物学等多种学科，将各门类知识融会贯通。这不但需要艺术家非凡的想象力，又要兼备科学家敏锐的创造力，所有的奇思妙想和富于前瞻的发明创造还得益于他那精道的绘画基础。历经不同时代，百多年来仍能保持魅力的画作《蒙娜丽莎》《最后的晚餐》之所以永恒，是因为其中包含了众多的科学元素以及深厚的艺术实践积累和不懈的科学探索精神。

当代伟大的物理学家爱因斯坦 6 岁时学拉小提琴，对音乐渐渐入迷，当他懂得和声和曲式结构，当他体验到演奏莫扎特的奏鸣曲所带来那种无法言喻的快乐，音乐就成为他一生的至爱。他十分强调直觉想象在科学研究中的作用，他说："想象力比知识更重要，因为知识是有限的，而想象力概括着世界上的一切，推动着进步，并且是知识进化的源泉。"

李政道是诺贝尔物理学奖获得者，但他对历史、诗词、绘画、音乐等文化艺术，特别是中国的传统文化艺术十分喜好。他积极倡导将科学与艺术结合。他认为：科学和艺术是不可分割的，就像一个硬币的两面。它们共同的基础是人类的创造力。它们追求的目标都是真理的普遍性。艺术，例如诗歌、绘画、雕塑、音乐等，用创新的手法去唤起每个人的意识或潜意识中深藏着的已经存在的情感。情感越珍贵，唤起越强烈，反响越普遍，艺术就越优秀。科学，例如天文学、物理学、化学、生物学等，对自然界的现象进行新的准确的抽象。科学家抽象的阐述越简单，应用越广泛，科学创造就越深刻。

通过上面的案例不难看出，艺术和科学并不是相互对立的两个方面，而是相辅相成、密不可分的整体，它们相互促进，共同发展。

五、对艺术文化建设的思考

有人说"生活中不缺少美，而是缺少发现美的眼睛"。人文素养是一个长期积累的过程。大学的艺术文化建设任重道远。在关注大学生年龄特征和审美需求的同时，在丰富美学知识的同时，更要丰富学生的情感体验，培养学生的思辨意识。优秀的艺术作品不仅具有很高的审美价值，它所蕴涵的人文精神、美学思想、哲学思想等价值，能帮助学生在思考和理解问题的过程中，塑造正确的世界观、人生观和价值观，进一步完善人格。

校园艺术文化活动很重要，但不是越多越好。如果活动过于频繁，学生成天忙于活动，无暇顾及学业或没法专心读书，就会本末倒置。其次，要注重质量，避免形式大于内容。有些活动看起来热热闹闹，场面火爆，但艺术性、思想性、文化层次不高。再次，不要误入歧途。有的学生急功近利，热衷于参加比赛拿回奖项换取加分，或满足哗众取宠的虚荣心，结果是自欺欺人、得不偿失。另外，艺术专业学生中较普遍存在“重技轻艺”的现象，如对钢琴水平考级、绘画技法、电脑制图水平等很重视，而对艺术理论及审美教育相关的理论不重视，阅读面太窄、阅读量太少，凡事只知其然而不知其所以然，长此以往，将导致缺乏创造力，成为机械的弹琴工匠、画匠、制图员，而非艺术家和设计师。

作为高校，应在办学理念中渗透艺术教育，将艺术文化融入校园生活，融入育人的各个方面，营造良好的人文艺术氛围、环境艺术氛围，用优秀的精神文化、物质文化熏陶、培育学生，使学生成为具有深厚的文化素质内涵、鲜明的文化创新观念的优秀人才，让学生在潜移默化中受到感染，并内化为成长成才道路上持久的动力。作为学生，要在学习中培养清醒的文化自觉意识，注意文理交融，拓宽视野，培养学习兴趣。在参与各种校园艺术文化活动中，提升艺术修养，培养观察、思考和想象力，感受艺术的文化内涵以及独特魅力。

第三节　校园社团文化

一、什么是大学生社团

丰富多彩的校园文化有助于学生快速融入大学生活，更好地了解校园情况。其中校园文化最主要的载体就是大学生社团。大学生社团（简称“社团”）是由具有共同兴趣爱好的学生，按照一定的宗旨和章程，自愿组织的相对独立开展活动的学生群众性组织。高校学生社团活动是实施素质教育的重要途径和有效方式，在加强校园文化建设、提高学生综合素质、引导学生适应社会、促进学生成才就业等方面发挥着重要作用，是新形势下有效凝聚学生、开展思想政治教育的重要组织动员方式，是以班级为主开展学生思想政治教育的重要补充。

大学生社团是高校社会实践和第二课堂活动的主要形式。充分了解大学校园中的社团文化，根据大学生自身的兴趣、爱好、特长积极参加多种有益的社团活动，对每一位大学生都是大有裨益的。

二、大学生社团有哪些

目前，大学生社团的类型有很多种，但总的来说可以分为以下四种：学术科技类社团、文化艺术类社团、实践服务类社团、体育运动类社团。

学术科技类社团主要是指那些与专业学习结合得比较紧密的、学术性较强、具有专业实践性质的社团，这些社团是大学生进行学术探讨、科技研究、知识普及的重要载体。例如：文学社、历史学社、影评协会、英语俱乐部、计算机协会等。这类社团旨在拓展成员相关方面的专业知识和技能，完善知识体系，提高科技创新能力和水平。

文化艺术类社团主要是指娱乐性较强、具有培养和发展个人业余爱好性质的社团。主要包括一些非专业类文化、艺术社团。例如：美食社、手工协会、动漫协会、吉他协会、交谊舞协会等。这类社团的宗旨是调节生活节奏，在培养个人业余爱好的同时，求得自身的身心愉悦。同时在一定程度上提高个人的审美情趣，陶冶情操，丰富精神世界，从而满足大学生情感迅速发展和深化的要求。

实践服务类社团是以服务社会为形式，以自我锻炼、增强自我的独立能力为目的的社会实践类社团。例如：绿色环保协会、慈善协会、经理人协会、社会工作协会、青年志愿者协会等。这类社团旨在为大学生提供一个良好的社会实践的机会，通过参加社团活动继而服务社会，增强自力、自强的能力，培养劳动意识、就业意识、开拓精神等。

体育运动类社团顾名思义就是那些与体育运动息息相关的社团。通过参加这类社团，增强个人的身体素质，培养自身的兴趣爱好。例如：篮球协会、跆拳道协会、网球协会、排球协会等。这类社团旨在提高社团成员的身体素质、增强坚韧不拔的耐力和勇往直前的毅力。

三、大学生社团有哪些功能

大学生社团作为校园文化建设的重要组成部分，为大学生综合素质的提升起到了积极作用。其功能大体有以下几点：

一是思想教育功能。社团在其活动中具有道德规范的养成、集体观念的养成、精神文明的陶冶等教育功能。与正式群体活动具有明确的教育灌输性和导向性相比较，社团活动更多地体现了学生的自发要求，隐伏于具有学生乐意接受的生动形式之中，具有潜移默化的效用。

二是群体凝聚功能。由于社团具有能够满足成员某一方面目标需要的特点，有着为学生乐意接受的灵活、多样、生动的活动方式和依靠成员之间的友谊、信任、推崇而建立的组织形式，因此，它对于拥有某一共同特性的学生群体来说更具凝聚性。

三是社会适求功能。21 世纪需求的人才，必须拥有多方面知识、技能，善于人际交往，关心社会和他人，有较强的社会适应性。社团正日益适应这一社会需求，不仅其组织本身为学生提供了锻炼技能、增进交往的机会，而且其活动内容和方式与社会的接轨，也为学生认识社会、培养公关能力、增强社会适应、促进自我社会化提供了良好的机会。

四是文化再殖功能。如果说校园文化建设主要渠道是第一课堂——文化专业课程，那么日益发展的社团活动则成为校园文化建设中的第二课堂，它不仅具有其独特的组织和表现形式，还具有对校园文化的再殖功能：一是将三类课堂（文化专业课、课外校园文化活动、学生假期社会实践）的内容和形式综合连接为一体，成为专业学习、课余兴趣、社会应有功能的连接枢纽；二是不断拓展社会功能，力求与社会文化接轨、融合，从中获取作用力并向社会发挥反作用力。

五是教育导向功能。由于社团活动紧贴学生生活，特别是其活动的非功利性，学生参与完全是基于内在需要，容易对学生产生深刻影响，起到教育导向作用。

四、参加社团活动应注意哪些问题

大学生在参加社团活动中应该注意的以下几个问题。

一是如何挑选适合自己的社团。现在的大学校园大学生社团的数量和种类都十分丰富，少则十几个，多则上百个。由于社团的性质种类不同，如何挑选适合自己的社团，对于大多数刚踏入校门的大学生来说比较迷茫。不少学生会盲目跟风随大流加入许多社团，导致无法兼顾自己的学习，同时在社团当中也并没有得到真正的锻炼。因而选择社团的时候一定要慎重，在协调好学习时间的前提下选择一到两个自己感兴趣的社团。那么如何挑选自己感兴趣的社团呢？北京大学团委在专门为新生准备的电子书《预习北大》中给出了一个测试（具体内容见章后的知识拓展），通过测试或许会找到适合自己的社团。

二是社团活动和学习的关系如何协调。学生积极参加社团活动，能提高自身的综合素质，有利于学好专业知识。同时，大学生必须合理安排时间，兼顾学习和社团活动，做到二者相辅相成，互相促进。一些同学在社团活动上花过多时间，影响了学习成绩，是不可取的。

三是社团活动与职业能力的培养。大学生在选择社团的时候应基于两点考虑：一是符合自身的兴趣爱好，二是能兼顾自身的职业生涯规划和职业能力的培养。这样的社团活动对自身今后的发展能够起到良好的促进作用。大学阶段作为进入社会的准备阶段，选择加入相关的社团组织，学习技能、培养个人综合能力，甚至借助社团活动获得实习锻炼的机会。有位学生刚上大学时就树立了当职业经理人的志向，他在选择社团的时候就有针对性地选择了经理人协会和演辩协会。通过参加“挑战经理人”等社团活动，既使自己对今后职业目标有更加清晰的认识，培养了相关方面的技能，又与社团的其他成员交流心得，彼此相互鼓励。最终，在大四毕业找工作时，他如愿进入当地一家很不错的大公司。根据自身的职业目标，选择相关的社团进行锻炼，能对自身职业能力的培养起到积极的作用。

第四节　校园讲座文化

一、校园讲座的类型

校园讲座大致可以分为四类：学术类、名人类、人文类、时事类。

学术类——学术的饕餮盛宴。这类讲座处于专业知识层面上，是针对学术上的某一领域或者某一问题的进展情况、研究成果进行讲解和汇报，从而达到使学生进一步对这一领域的知识有更加深入的了解。这类讲座拓展了学生的知识结构，深化了学生的知识层面，完善了学生的知识体系。这类讲座的内容通常有较高的学术价值，主讲人也大多是该领域的专家。

名人类——讲座的票房灵药。这类讲座的主讲人通常是政要或知名专家、知名企业家、影视明星等。一些外国政要来华访问时，常会选择前往高校，以讲座的形式与学子近距离接触，例如美国前总统克林顿、德国前总理科尔等。这类讲座的听众群体相对广泛，讲座主题也比较大众，具有较高的亲和力，容易吸引听众，加之主讲人自身的名气和声誉的影响，讲座人气旺盛。

人文类——高度的人文关怀。这类讲座的主讲人在讲坛上充分展现和激发他们的智慧和思想，表现出强烈的人文精神关怀，即对人的尊严和价值的尊重、对命运的维护和关切，对人类精神文化遗产的高度珍视等。这类讲座通过帮助学生树立正确的世界观、人生观和价值观，从而对学生的社会生活、身体状态、心灵成长产生一定的积极影响。这类讲座有成长起航讲座、心灵鸡汤讲座、社会问题讲座等。

时事类——时事的精准剖析。这类讲座通常关注时事，针对社会上的一些现状和热点问题，约请相关专家进行解读和探讨。这类讲座内容大多贴近大学生关注的话题，有广泛的群众基础。例如钓鱼岛问题，关注的大学生很多，就可邀请相关专家开讲座，增强大学生的政治敏锐性，激发大学生的爱国热情。

二、校园讲座的功能和作用

一是提高大学生的道德修养。校园讲座上主讲人的言传身教，使学生可以切身感受人生道路的艰辛和成功后的喜悦。这有利于大学生树立正确的奋斗目标，构建正确的人生观、价值观和世界观，促进大学生道德的修养。

二是促进学生社会化进程。校园讲座，使学生有机会与社会各界杰出人士接触，进而了解社会各领域的动态和规则，形成自己的职业倾向和职业规划，加速社会化进程。

三是提高大学生的专业水平。校园讲座，使学生可以在第一时间了解到自己所学专业的前沿动态和热点问题，与主讲人的互动交流也进一步扩展和深化了专业知识的广度与深度。

四是丰富业余生活。校园讲座作为一种独立于课程计划之外的活动，它所涉及的内容十分宽泛，丰富多彩，有自然科学、文学历史、社会热点、艺术体育、哲学经济、心理健康等。学生在获取专业知识增益的同时，还可以获得视觉、听觉上的满足，是紧张的课程生活中的良好的精神调剂。

五是提高大学生的综合素质。通过校园讲座，学生可以提高自己的道德修养，了解社会动态，促进自身社会化的进程，提高自己专业水平，培养良好的心理素质，从而使自己在具备较强的知识技能的同时，还具备优秀的综合素质。

三、参与校园讲座的注意事项

（一）讲座开始前的准备工作

在确定好讲座的内容、时间、地点等信息后，应该做一些相关的准备工作。

首先，在大学里的讲座的内容和场次都是十分丰富的，如果每一位同学都能够很好消化和吸收讲座所带来的知识和方法，那么大学四年坚持下来将是一笔相当可观的财富。因此，在进入大学后，应该准备一个专用的笔记本用来记录大学四年所听的讲座的内容以及自己的一些心得体会。特别是心得体会将可能成为今后学术灵感的起点。当然，笔记本也可以用它来让主讲的名人、嘉宾签名，留下一段美好的回忆。

其次，在听讲座前，需要对即将听的讲座进行“备课”，也就是对讲述的内容进行大致的了解。如果是学术类讲座，主要需要了解该问题的研究重点、难点，以及该领域的热点问题和研究现状等；如果是名人类讲座，“备课”的重点就侧重于该名人的生平经历、心路历程等的了解；如果是时政类讲座，就应该对当前的时事政治有较清楚的了解。在时间、精力允许的情况下，还应该对每一个讲座的大致内容、背景、原因、主讲人的简介等都有所了解。这样，在听讲座的过程中才能够做到有的放矢，听讲座的效果才会事半功倍。

（二）听讲座时的注意事项

首先，在听讲座时要认真记录笔记，讲座的笔记与课堂笔记稍有不同。在笔记本的页首处最好注明讲座的时间、地点、主题，以及主讲人的相关信息（姓名、单位、联系方式、研究领域等）。同时，需要简明扼要记录讲座的理论框架和基本内容，讲座中出现的一些新概念、新观点，值得进一步思考、研究的问题或空间，以及自己在听讲过程中的感悟与思考。建议同学们可以采用康内尔记笔记法，也就是留出笔记本边界部分的空白处，以便听后整理和小结。

其次，通常在讲座即将结束时，主讲人会留有一定的时间为听众答疑解惑。如果在听讲的过程中有任何的疑问，在这一阶段不妨大胆提问，可以针对讲座内容的不解之处，也可以结合自身所学的专业或者联系现实，当然也可以提出与主讲人不同的观点、见解。这既是与主讲人面对面交流的机会，又能在提问的基础上引发出更多值得思考的问题。这种提问对于思维的拓展和表达能力的提高都十分有益，得到的回答也有助于解决疑问，扩展思路。

再次，听讲座的过程中要注意基本的礼貌、礼仪。子曰：人无礼，无以立。中国自古以来就是一个重视礼仪的国度，礼仪是一个人是否有道德的基本评价标准。因此听讲座要做到以下几点：衣着整洁、仪表大方，以示对主讲人的尊重；进入会场后关闭手机或调为振动，避免喧哗；如要中途离场，请轻轻起身，以免发生声响；主讲人发言结束时应鼓掌致意。

（三）讲座后的整理工作

听讲座结束后，要及时对讲座的内容进行整理和归纳，这对于优化自身的知识结构、完善学术思考有很重要的作用，千万不可小看这一步骤。整理讲座笔记，对于回顾讲座内容来说是一个良好的方法。对于指导性强的讲座，通过整理，看看哪些内容对自己的学习、生活有指导、借鉴作用，并尽可能实践之；而对于学术性强的讲座，则侧重于对所讲内容的梳理、挖掘，或许能从中得到启发，发现新的学术兴趣领域，完善、优化知识结构和理论的理解。讲座内容中推荐的书目，也应根据自身的需要阅读，进而更深入理解讲座内容，加深对问题、理论的认识、思考和掌握，从而提高讲座的利用率。

四、校园讲座信息的获取

搜索大学校园里的讲座信息，除了看校园里宣传栏上的通知和学院老师的转达外，有相当多的大学生则依靠网络搜索来获得。学校的主页、学生论坛等也是各类信息的集中散布地。各个大学的校园主页上，通常设有讲座信息一栏。这里可以看到最新的讲座信息，包括时间、地点和主讲嘉宾介绍等，一目了然。学生论坛是传播信息最快的渠道，在论坛上的相关版面上也可以获得一些相关信息。

网络课堂

1. 徐向艺：山东大学公开课：管理学与领导艺术，

http://v.163.com/special/cuvocw/guanlixuelingdao.html

2. Longdon Hammer：耶鲁大学公开课：现代诗歌，

http：//v. 163. com/special/sp/modernpoetry. html

3. Craig Wright：耶鲁大学公开课：聆听音乐

http：//v. 163. com/special/sp/listeningtomusic. html

4. Prof. Irving Singer：麻省理工学院公开课：电影哲学

http：//v. 163. com/special/sp/mitphilosophyoffilm. html

经典书目

1. 邹庆华，《大学生健康教育》，中航出版传媒有限责任公司，2011 年。

2. 夏培玲、王正树，《大学生体能锻炼指南》，大连理工大学出版社，2012 年。

3. 李泽厚，《美的历程》，天津社会科学院出版社，2001 年。

4. 李约瑟，《中国科学技术史》，科学出版社，2010 年。

知识拓展

如何选择适合自己的社团[①]

一、题目篇

指导语：以下有 60 道题目。如果你认为自己是属于这一类人，便在序号上画个圈，反之，便不必做记号。答题时不需要做反复思考。

1. 我喜欢自己动手干一些具体的能直接看到效果的活。
2. 我喜欢弄清楚有关做一件事情的具体要求，以明确如何去做。
3. 我认为追求的目标应该尽量高些，这样才可能在实践中多获成功。
4. 我很看重人与人之间的友情。
5. 我常常想寻找独特的方式来表现自己的创造力。
6. 我喜欢阅读比较理性的书籍。
7. 我喜欢生活与工作场所布置得朴实些、实用些。

① 朱林彬，《测试适合你的社团类型》，http：//blog. renren. com/share/262130403/826846163

8. 在开始做一件事情以前，我喜欢有条不紊地做好所有准备工作。
9. 我善于带动他人、影响他人。
10. 为了帮助他人，我愿意做些自我牺牲。
11. 当我进入创造性工作时，我会忘却一切。
12. 在我找到解决困难的办法之前，通常我不会罢手。
13. 我喜欢直截了当，不喜欢说话婉转。
14. 我比较善于注意和检查细节。
15. 我乐于在所从事的工作中承当主要责任人。
16. 在解决我个人问题时，我喜欢找他人商量。
17. 我的情绪容易激动。
18. 一接触到有关新发明、新发现的信息，我就会感到兴奋。
19. 我喜欢在户外工作与活动。
20. 我喜欢有规律、干净整洁。
21. 每当我要做重大的决定之前，总觉得异常兴奋。
22. 当别人叙述个人烦恼时，我能做一个很好的倾听者。
23. 我喜欢观赏艺术展和好的戏剧与电影。
24. 我喜欢先研究所有的细节，然后再做出合乎逻辑的决定。
25. 我认为手工操作和体力劳动永远不会过时。
26. 我不大喜欢由我一个人负责来做重大决定。
27. 我善于和能为我提供好处的人交往。
28. 我善于调节他人相互之间的矛盾。
29. 我喜欢比较别致的着装，喜欢新颖的色彩与风格。
30. 我对各种大自然的奥秘充满好奇。
31. 我不怕干体力活，通常还知道如何巧干体力活。
32. 在做决定时，我喜欢保险系数比较高的方案，不喜欢冒险。
33. 我喜欢竞争与挑战。
34. 我喜欢与人交往，以丰富自己的阅历。
35. 我善于用自己的工作来体现自己的情感。
36. 在动手做一件事情之前，我喜欢先在脑中仔细思索几遍。
37. 我不喜欢购买现存的物品，希望能购买到材料自做。

38. 只要我按照规则做了，心里就会踏实。

39. 只要成果大，我愿意冒险。

40. 我通常能比较敏感地觉察到他人的需求。

41. 音乐、绘画、文字，任何优美的东西都特别容易给我带来好心情。

42. 我把受教育看成是不断提高自我的一辈子的过程。

43. 我喜欢把东西拆开，然后再使之复原。

44. 我喜欢每一分钟都花得要有名堂。

45. 我喜欢启动一项项工作，具体的细节让其他人去负责。

46. 我喜欢帮助他人，提高他人的学习能力。

47. 我很善于想象。

48. 有时候我能独坐很长时间来阅读、思考或做一件难对付的事情。

49. 我不怎么在乎干活时弄脏自己。

50. 只要能仔细地完整地做完一件事情，我就感到十分满足。

51. 我喜欢在团体中担当主角。

52. 如果我与他人有了矛盾，我喜欢采取平和的方式加以解决。

53. 我对环境布置比较讲究，哪怕是一般的色彩、图案都希望能赏心悦目。

54. 哪怕我明知结果会与我的期盼相悖，我也要探究到底。

55. 我很看重有健壮的灵活的身体。

56. 如果我说了我来干，我就会把这件事情彻底干好。

57. 我喜欢谈判，喜欢讨价还价。

58. 人们喜欢向我倾诉他们的烦恼。

59. 我喜欢尝试有创意的新主意。

60. 凡事我都喜欢问一个“为什么”。

二、推荐表

	R	C	E	S	A	I
Group 0	1	2	3	4	5	6
Group 1	7	8	9	10	11	12
Group 2	13	14	15	16	17	18
Group 3	19	20	21	22	23	24

续表

	R	C	E	S	A	I
Group 4	25	26	27	28	29	30
Group 5	31	32	33	34	35	36
Group 6	37	38	39	40	41	42
Group 7	43	44	45	46	47	48
Group 8	49	50	51	52	53	54
Group 9	55	56	57	58	59	60
Summation						

请根据你在上面自测过程中画圈子的序号，在推荐表中相同的数字上同样画圈。

接着，根据每一栏所画圈的多少将排在前三位的栏目顶上的字母填在下面。

第一：

第二：

第三：

（1）实际型（R）

实际型性格者喜欢使用工具，从事具体而细致的工作，做起事来手脚灵活、动作协调，但略不善言辞、不善交际，在社交场合往往觉得很不自在，最不喜欢教育工作与接待他人的工作。

建议：你能够在实践促进类社团中大显身手；同时，建议你参加文化艺术类社团，这些社团也许能够在提高人际交往能力方面给你助益。

（2）探索型（I）

探索型性格者乐于解决抽象问题，非常好奇，急于了解周围的未知世界。宁愿思考问题而不愿动手去处理问题，喜欢独立的和富有创造性的工作，而不喜欢从事社会性的和重复性的活动。通常不愿意受人督促，也不愿意督促别人。知识渊博，为自己的学识和才能感到自豪，而对自己的领导能力缺乏信心。

建议：学术科技类社团无疑适合你的性格；不过，你可以通过实践促进类社团培育更强的领导力，它会帮助你在未来的职场中一显身手。

（3）艺术型（A）

艺术型性格者喜欢在以写作、作曲、绘画、摄影、建筑等各种艺术形式表现自己的环境里生活和学习。乐于创造新颖的与众不同的东西，渴望表现自己的个性。比较敏感，易动感情，喜欢独立工作，而不过多关心社会纠纷。

建议：文化艺术类社团是属于你的天空；实践服务类社团有助于帮助你更好地了解社会、关注民生。

(4) 社会型 (S)

社会型性格者喜欢参加为人服务和教育他人的活动，喜欢参与解决人们关心的社会问题。热情慷慨，善于交际，关心他人，人际关系很融洽。总是在寻求与群众接触的机会，渴望发挥自己的社会作用。平时，比较看重社会义务与社会道德。

建议：你可以成为公益志愿类社团中的出色一员；同时，也许你也需要在政治理论类社团中进一步提升自己对问题的宏观把握和全局意识。

(5) 事业型 (E)

事业型性格者喜欢竞争，敢冒风险，精力充沛，乐观自信，善于交际，能说会道，具有领导才能；喜爱权力、地位与物质财富。一般不擅长科学研究，对系统而复杂的思维工作比较不耐烦。

建议：实践促进类、体育健身类社团会是你的所爱；学术科创类社团培养的科学精神、严谨态度同样会成为你成长成才过程中的宝贵财富。

(6) 常规型 (C)

常规型性格者喜欢按计划办事，乐于完成指令性的任务。总希望知道别人期望他干什么，自己从不谋求领导职务。不喜欢冒风险，对复杂的人际关系问题不感兴趣。工作踏实，忠实可靠，遵守纪律。

建议：你的踏实让你能够在政治理论类社团中脱颖而出；别忘了，你也要在实践促进类、文化艺术类、体育健身类社团中展现你不同的一面，展现你的青春风采！

第四章　学会学习

学会学习是每个大学生生存和发展的基本要求，也是每个大学新生都必须经历的过程，这一过程完成的好坏直接影响到今后的大学生活和后续发展。要实现大学学习生活与自身学习习惯的顺利对接，首先就必须了解大学学习的内容，掌握大学学习的基本规律和基本方法，理解大学学习的实质和精髓，进而养成良好的学习习惯。

第一节　大学学习的基本内容

大学到底要学什么？又能够学到什么？这问题一直困扰着许多刚踏入大学校门的新生和他们的家长，尽管在填报志愿前，家长和孩子已经咨询了许多人，但当孩子们真正踏入大学校门后，这个话题又再次被热议。

大学学习的基本内容包含知识和技能两个部分，不同的课本、专家论述的大学学习内容尽管会有所不同，但都大同小异。通俗地说，大学就是学习做人、做事、做学问的过程，是真正意义上的“成人”教育。

一、知识的学习

大学知识的学习包含课本知识和课本以外的其他知识的学习，这里所讲的知识的学习是狭义的知识学习。由于大学的教学过程具有明显的专业性和阶段性，因此课本知识的学习又包含基础知识和专业知识的学习，马克思主义基本原理、毛泽东思想与中国特色社会主义理论、军事概论、体育、思想品德修养与法律基础、计算机、外语、近现代史纲等课程就是公共基础知识课程；而涉及具体专业设立的各项课程学习的就是专业知识，例如化学专业学习的有机化学、无机化学、高数、物理化学、分析化学等课程就是专业课程知识。

现代大学教育的组织形式和方法一般是围绕着具体专业的要求进行、展开的，是各个专业的教育；课程的结构安排呈现层次性，从基础课到专业基础课再到专业课，课程的类型呈现递进性。

课本以外的其他知识指的是课堂教学外的各类知识，简单地说就是课外知识，比如科普知识、文学、历史、文艺知识等非本专业的课堂教学内容，由于专业不同，课外知识的涵盖面和指向会有所不同，但总的定义没有变化。

古人云：纸上得来终觉浅，绝知此事要躬行。知识的学习不仅仅局限于书面知识的学习，还可以通过参加生产劳动、社会实践、实战训练、案例推演等来获得。理论知识从实践中来，还必须回到实践中去，只有经过实践的洗礼，才能真正掌握知识的精髓。

二、技能的学习

大学技能的学习是大学生成长、成才至关重要的一环，这里的技能指的是技术和能力，包含了专业技能、学习能力、社交能力、管理能力、实践能力等五项主要内容。

（一）专业技能

大学学习的专业技能主要是对所学的专业而言，比如航海专业中的船舶驾驶技术，公共运输专业的机动车驾驶技术，化工等专业中的制作生产操作技术，师范类专业的课堂教学技巧、教学规范等技能。这些技能在课堂实操教学中都会涉及，是大学教育中各个专业的具体要求。只要认真学习，按照专业要求进行，都能很好掌握。专业技能的学习，在认真学习的基础上，还要多参加实践，在“学中干，干中学”，不能仅止于“纸上谈兵”。

（二）学习能力

学习能力的培养，应从小事做起，养成时刻学习的习惯。“未来的文盲不再是目不识丁的人，而是那些没有学会怎样学习的人”。在大学，学习能力的培养是每个学生都必须摆在第一位的功课，“授人以鱼，不如授人以渔”；学会学习必将成为你“改变未来人生的力量”，成为你“个人通向 21 世纪的交互式护照”。

由于大学的学习生活与高中不同，随着课堂学习时间的减少和课外自学时间的增多，教师、家长在耳边唠叨督促学习次数的减少，主动学习和自学成为了每个学生都必须学会的学习方法。但在大学的专业课程学习中一般没有设置专门的培养学习能力的课程，而合理安排和利用课堂以外的学习时间，提高学习效率，将直接影响到学生学习的好坏。因此，学习能力的提升成为大学生最重要的基本素质。

（三）社交能力

大学是大部分同学进入社会前的最后一站，在这阶段同学们离开了熟悉的家庭生活和学习环境，来到了一个相对陌生的新环境，从心理上说，既有新鲜感，又有陌生感，周围都是陌生的同学和老师，因此建立新的社交圈成为必须完成的首要任务。

社交能力的培养是大学技能中非常重要的知识，学会沟通交流的知识和能力，对学生而言是今后走向社会的立足之本。大学是“亚社会”，一个没有沟通交流能力的人，是无法立足于社会的，甚至会被时代抛弃；只要掌握了社交的知识，那大学将会为你带来无穷无尽的社会资源，包括真诚的友谊，甚至爱情。目前大学生在学习期间遇到最多、谈论最多的恋爱，其实就是社交的一种特殊形式。能否处理好与同学、与老师、与异性的交往，处理好在课堂学习中、在宿舍生活中、在课余交往中与其他人的相处，就是社交能力最基本的体现，也是同学们今后走向社会，参加工作必须完成的课程。

（四）管理能力

管理能力是大学生必须掌握的本领。在大学这个“亚社会”里，每个同学都是相对的“独立法人”，时间、金钱、感情、空间等都由自己决定，因此如何科学管理和使用时间、金钱、感情、空间就成为了每个同学都必须掌握的知识。

在大学，管理能力的学习，还体现在自我管理中，如何掌握科学的自我管理知识，实现管理能力的提升，对大学生的发展有着重要意义。以时间管理为例，由于大学平时的自学时间多，因而要合理组合，减少和控制时间的浪费，把平时被无端浪费或不经意间浪费的时间积累为可利用时间，增加或扩大自学时量。“时间是一个伟大的立法人兼平等论者，它静静地停立，从我们身边溜边式过去，我们可以节省它或失掉它，利用它或浪费它，甚至打它或杀死它。”“学习效果是效率对时间的正积分。”我们也可以通过提高时间使用效率来提高学习效率。这就是管理能力。

（五）实践能力

作为一个大学生，接触最多的是学校，大学生能掌握很多科学文化知识，却不见得能将科学知识准确应用于现实生活中。大学生缺乏的是社会实践，为了更好地融入社会，在掌握过硬的专业技能的同时必须具备丰富的社会实践能力。

从近几年高校毕业生就业情况来看，大多数学生把主要的精力放在纯课本理论知识的学习上，忽略了专业知识与社会需求的结合。这种学习可能导致学生对课本以外的东西一无所知，成为企业眼中的书呆子。要知道，理论与现实是有差距的，只有理论结合实际，盘活理论，它才能成为自己的知识。人的思想要跟得上社会的发展，要学会用实际的信息去丰富书本上的理论，学以致用才能有所提高，有所成就。

三、为人处世的学习

大学学习的意义在于学会做人，只有明白如何做人，才能有正确的做事态度，才能真正融入社会，实现自己的梦想。

（一）学会感恩

羊有跪乳之恩，鸦有反哺之义，作为大学生更应该怀一颗赤热的感恩之心来看待周围的一切。感恩是一种责任、自立、自尊和追求一种阳光人生的精神境界，是积极向上的思考和谦卑的态度。从成长的规律看，心理学家们普遍认同这样一个法则：心的改变，态度就跟着改变；态度的改变，习惯就跟着改变；习惯的改变，性格就跟着改变；性格的改变，人生就跟着改变。爱因斯坦说过：“每天我都要无数次地提醒自己，我的内心和外在的生活，都是建立在其他人的劳动的基础上。我必须竭尽全力，像我曾经得到的和正在得到的那样，作出同样的贡献。”

有一首诗曾写到：在感谢所有生你、养你、爱你、帮助你的亲人、朋友的同时，还要感谢你的敌人，感激伤害、欺骗、中伤、鞭打、遗弃、绊倒、斥责你的人，因为他们使你变得坚强。俗话说“滴水之恩，当涌泉相报。”学会感恩，能让你看到一个崭新的世界，始终保有一颗感恩的心能够帮助你很好地度过在大学的学习生活，帮助你结交更多的朋友，更好地完成学业，为走上工作岗位打下良好的基础。

（二）学会宽容

宽容是一种修养，更是一种美德。有道是“大肚能容，容天下难容之事；笑口常开，笑世间可笑之人”。宽容，就是视万物于自然，视大爱于己任；宽容不是胆小怕事，而是海纳百川的大度；它是一种爱，是一种成熟，一种豁达与大度，一种浩然之气，是容人之量的高志向。宽容是门学问，对于小过失，小错误，你可以快乐地宽容对方；但宽容并非包庇、隐瞒，而是帮助。

做人要学会宽容，作为大学生更要懂得宽容。在大学校园，由于对小利益、小冲突处置不当，导致恶性案件时有发生，如马加爵案、校园投毒案等。究其原因，就在于不健康的心理情感。同学们来自五湖四海，有着不同的学习、生活背景，不同的学习、生活习惯，不同的思维方式、做事方法和原则。大家住在同一屋檐下，肯定会有不和谐的时候。大学生要懂得“退一步海阔天空，忍一时风平浪静”的道理，要学会宽容，学会“严于律己，宽以待人”。

（三）学会自律

自律，就是“自己约束自己”、控制自己情绪与行为的能力。生活中，一个有自律能力的人，才能够成为自己真正的主人，为人处世才能够进退有度，并保持宁静中的“大气”或“静气”。美国有个心理学家曾做过这样的实验：把一群小孩集中在一个房间内，工作人员送上糖果，离开前告诉小孩糖果只能等工作人员回来才能吃。用隐藏的摄像头观察，发现只有小部分孩子抵挡住糖果的诱惑，而大多数都吃下了糖果。以后工作人员跟踪调查，发现没吃糖的孩子成人后在事业上大多很成功，而吃了糖的那部分孩子却少有成就，并且失业率很高。

大学生活是相对自由的，但作为在校的大学生，处在迈进社会的过渡时期，必须自觉遵守纪律和规则，决定自己该怎么做不该怎么做。要学会把大学当作社会，在校园里每件事都要按照社会要求来做。“千里之堤溃于蚁穴”，大学生对自己做的每件事都得负责。快乐源于自律，成功也源于自律。一个能自律的人，一定是一个令人折服的人。只有做到自律，你才会心安理得，才会快乐和幸福。

（四）学会做事

学会做事，不仅是指通过开发技能和实践专门技术以创新的方式将知识和学习融入到实践中，而且还要发展各种能力，包括生活技能、个人素质、兴趣和态度。学会做事，最关键的是要从小事做起。有些人一心只想做大事，不愿从小事做起，结果什么事也做不成。古人云：一屋不扫，何以扫天下。小事是大事的基础，大事是小事的积累。

作为大学生一定要胸怀抱负，仰望星空，但更要脚踏实地，要从各类活动、各项评比、日常工作中学习如何做事，要学会发现问题、总结经验，从做中学，从学中做，不断提升自己的工作能力和水平。

第二节　大学学习的基本特征和基本规律

对于刚迈入大学校园的同学来说，大学教育与以往接受的教育在形式上有很大的区别。面对学习环境的变化，大学生该如何适应呢？了解、掌握大学学习的基本特征和基本规律就显得尤为重要。大学学习有研究探索性和学习的独立自主性的特点，大学的教学工作总是在研究的气氛下进行。大学生学习独立自主性强，教学方式由中学以“满堂灌”为主的知识传授型转为以“学会学习”、“自主学习”为主的新教学模式。因此对于刚迈进大学校园的大学生来说，必须把握这些变化，转变学习方式，学会自主、合作、探究式学习。

一、大学学习的基本特征

大学学习与中学时期的学习相比，最主要的区别在于学习内容、学习方式、学习方法、学习要求、学习时间等方面发生了较大变化，具体来说有以下基本特征。

（一）知识容量大

知识容量大、学习内容多是学生的第一感觉。不仅要学习课本知识，还要学习课外知识；不仅学习的课程科目数比中学多，而且每堂课讲授的内容也多；不仅讲授课本内的知识，还添加许多课外的相关内容，或者老师自己的研究成果。中学阶段，学生一般只学习十门左右的课程，并且老师主要讲授一般性的基础知识。大学里所开设的课程分公共课、基础课、专业基础课、专业课等四个层次，每一个层次又由许多门课程综合而成。一般来说，大学四年学习的课程在40门以上，每个学期学习的课程都不相同，内容量大，学习任务比中学要重得多。大学一、二年级主要学习公共课程和基础课程，大学三年级主要学习专业基础课和部分专业课，大学四年级重点学习专业课和进行毕业设计、做毕业论文等。此外，为了全面提高学生素质，学校还开设了各类选修课程，学生只有按规定选修完相关课程、取得相应学分后，才能毕业。

（二）授课方法新

在中学，学习的主要方式是教师“满堂灌”的课堂讲授，教学过程中每一节课老师都安排得非常具体，海量的作业和课堂提问，紧凑的课堂教学，充斥了整个学习过程。在大学，教学环境发生了改变，尽管课堂讲授的时间相对减少，但授课进度加快，内容增加，授课方式多样化，不少教师使用投影机、多媒体授课，还安排了大量的教学实验、实习、社会调查、毕业设计等教学环节，部分课程从教室转移到实验室、工厂甚至野外。

（三）学习方法活

由于授课方法的改变，学生的学习方法也发生了质的变化。在中学，老师教学生是“手拉手”领着教，安排得详细周到，不少同学依赖老师，缺乏思维，只会记忆和背诵。在大学，实行的是“老师在前，学生在后，引着走”的教学模式，教学具有以下特点：一是介绍思路多，详细讲解少，主要讲授重点、难点内容，一节课可能要讲授一章或几章的内容；二是抽象理论多，直观内容少；三是课堂讨论多，课外答疑少；四是参考书目多，课外习题少。大学有藏书丰富的图书馆、设备先进的实验室，经常开展丰富多彩的课外科研活动，提倡学生自主学习，要求同学们逐渐从“要我学”向“我要学”转变，不采用题海战术和死记硬背的方法，提倡探究性、生动活泼地学习，提倡勤于思考。因此，在大学的学习过程中，要求学生主动获取资源，主动学习。

（四）学习自主性强

中学时期，学生有固定的教室、固定的座位、固定的学习时间、实行小班授课，但是在大学里，大多没有固定的属于自己独享的教室，有时 1、2 节课在这一栋楼的某个教室学习，但 3、4 节课又会到另一栋楼去听课，与自己一起上课的可能还会有不同专业的同学，课程的安排也不尽相同，也较少出现从早到晚的授课，自学时间多。因此，如何合理地安排学习时间，有效地管理自己，提升自律能力就显得尤为重要。部分学生学业失败，其重要因素是由于学习“散漫”与“无序”，没有合理科学的学习计划。大学学习中自学时间分散，因而更要变“分散”为集中，提高使用效率。在大学学习过程中，科学而合理地制订计划，可使自己的学习有明确的目标，学习活动井然有序，使自己的学习活动有一种监督。

（五）学习要求高

由于大学学习量的增加，教师授课方法的改变，以及对学习方法提出了新的要求，无形中提高了对新入学大学生学习的要求和难度。对于新生而言，既要迅速地改变学习方式，同时又要尽快适应新的学习、生活环境，更要懂得如何进行有效信息的获取，在学习过程中掌握主动权。具体来说，应把握以下几点。

第一，要熟悉学习环境，搞清楚学校建筑布局和建筑名称，特别是要搞清楚课程表上“一教×××”等以简称出现的建筑物的准确位置，避免找不到上课地点。

第二，要认真学习教学计划指导书上有关本专业公共课程、专业课程、专业基础课、选修课的设置情况，了解本专业培养目标、培养计划和获得学位证书、毕业证书的必要条件，做到有的放矢。

第三，要充分利用教学环节。首先是要做到主动预习，通过预习，发现课程重点和难点，了解课程的前后关系及内在联系，做到心中有数，掌握听课的主动权；其次是要认真听课，努力提高听课质量，紧跟老师的思路，适时做好笔记；再次是要重视作业，大学的作业相对高中而言量少而精，着眼于加深对原理的理解和思考方法的培养，必须认真对待；最后，要做到自觉复习，及时消化课堂教学内容，使所学知识成为自己知识链条中的一个有机组成部分，最终达到开阔思路、扩展知识领域、为进一步学习创造条件的目的。

第四，科学安排学习时间。新的学习方式为学生安排时间提供了较大的自由度。为了避免出现时间空白带，新生可以制订一张时间计划表，认真落实时间计划表的安排内容，合理地确定时间计划表中各个时间段的学习内容，努力提高单位时间内的学习效率。

二、大学学习的基本规律

（一）自主性强

大学学习与中学学习截然不同的特点是主动性学习替代了依赖性学习。大学教育的内容是既传授基础知识，又传授专业知识，还要介绍本专业、本行业最新的前沿知识和技术发展状况，教育的专业性很强。知识的深度和广度比中学要大为扩展。课堂教学往往是提纲挈领式的，教师在课堂上只讲难点、疑点、重点或者是教师最有心得的一部分，其余部分就要由学生自己去攻读、理解、掌握。大部分时间是留给学生自学的。因此，培养和提高自学能力，是大学生必须具备的本领。这种充分体现自主性的学习方式，将贯穿于大学学习的全过程，并反映在大学生活的各个方面。如学习的自主安排、学习内容和学习方法的自主选择等。

自学能力的培养，是适应大学学习自主性特点的一个重要方面，每个大学生都要养成自学的习惯。正如钱伟长所说：一个人在大学四年里，能不能养成自学的习惯，学会自学的习惯，不但在很大程度上决定了他能否学好大学的课程，把知识真正学通、学活，而且影响到大学毕业以后能否不断地吸收新的知识，进行创造性的工作，为国家作出更大的贡献。当今社会，知识更新越来越快，大学毕业了，不会自学或没能养成自学的本领，不会更新知识，是难以在社会上立足的。因此，培养和提高自学能力，是大学生必须完成的一项重要任务，也是进行终身学习的基本条件。

在学习方法的选择上，大学生更应发挥自主性，一般来说大学生学习活动的主要形式有四种：按教育大纲规定的课堂学习活动；补充课堂学习的自学活动；独立钻研的创造性活动；相互讨论、相互启发的学习活动。在各种不同的学习形式中，都要发挥学习的自主性，并根据自己的情况，选择适合于自己的最有效的学习方法。

（二）专业性强

大学教育具有最明显的专业性特点。从报考大学的那一刻起，专业方向的选择就提到了考生面前，被录取上大学，专业方向就已经确定了。四年大学学习的内容都是围绕着这一大方向来安排的。大学的学习实际上是一种高层次的专业学习，这种专业性，是随着社会对本专业要求的变化和发展而不断深入的，知识不断更新，知识面也越来越宽。为适应当代科技发展既高度分化又高度综合的特点，这种专业性通常只能是一个大致的方向，而更具体、更细致的专业目标是在大学四年的学习过程中或是在将来走向社会后，才能最终确定下来。因此，大学在进行专业教育的同时，还要兼顾适应科技发展特点和社会对人才综合性知识要求的特点，尽可能扩大综合性，以增强学生毕业后对社会工作的适应性。一般来讲，专业对口是相对的，不可能达到专业完全对口，这样，在大学期间除了要学好专业知识外，还应根据自己的能力、兴趣和爱好，选修或自学其他课程，扩大自己的知识面，为毕业后更好地适应工作打下良好的基础。

（三）注重全面发展

全面发展是我国教育方针对学生提出的基本要求。全面发展的要求是以马克思对未来社会关于人才全面发展的学说为依据，结合我国社会主义建设对人才的需要所提出的。马克思认为：个人劳动能力的全面发展，即不仅要有良好的科学文化素质、身体素质、思想道德素质，而且还要有能妥善处理人际关系和适应社会变化的能力；个人的才能获得充分的多方面的发展，作到人尽其才，各显其能，社会要提供个人能力充分发展的环境。我国教育历来都强调德、识、才、学、体五个方面的全面发展，或简称为德才兼备。人才的五要素是一个统一的有机体，五个方面对人才的成长互相促进、相互制约，缺一不可。

（四）注重能力培养

由于一些大学生存在高分低能的现象，使得大学生的能力培养成为高等教育中十分重要的问题。获取知识和培养能力是人才成长的两个基本方面，它们的关系是相辅相成的。广博的知识积累，是培养和发挥能力的基础，而良好的能力又可以促进知识的掌握。人才的根本标志不在于积累了多少知识，而是看其是否具有利用知识进行创造的能力。创造能力体现了识、才、学等智能结构中诸要素的综合运用，大学生要想学有所成，将来在工作中有所发明、有所创造，对人类社会的进步有所贡献，就必须注意各种能力的培养，如科学研究能力、发明创造能力、捕捉信息的能力、组织管理的能力、社会活动的能力、仪器设备的操作能力、语言文字的表达能力等。

在当今世界激烈竞争中，最根本的是知识竞争，而知识的竞争则主要表现在人才的培养和能力的发挥上。大学教育从某种意义上讲，正是培养有知识、有能力的高科技人才的重要环节。这就要求大学生在校学习期间必须在全面掌握专业知识和其他有关知识的基础上，加强专业技能的培养和智力的开发，在学习书本知识的过程中重视教学实践环节的锻炼和学习。要认真搞好专业实习和毕业设计，积极参加社会调查和生产实践活动，努力运用现代化科学知识和科学手段研究并解决社会发展和生产实践中的各种实际问题，克服在学习中存在的理论脱离实际和“高分低能”的不良倾向。

第三节　大学学习的方法和途径

从中学到大学，不仅仅是学习内容上的深入和发展，更重要的是学习方法的变更和提升，是一种思维训练。在大学新的环境里，每一位新同学都面临着这样一个任务：必须尽快实现由教师指导为主的学习向自主学习转变，由接受型学习为主向接受型与创造型相结合的学习转变，由运用模仿性思维为主的学习向运用创造性思维为主的学习转变。

中学阶段的学习是在老师的直接组织和指导下进行的，学习时间集中，考试范围固定，目标的指向性明确，内容的重复性机械性较强，老师的辅导监管严格。在大学里，学习的课程繁多，选择空间大，教师教学以引导启发为主，很少直接辅导和监管；考查考试形式多样，要求学生针对自身特点和老师要求学会利用学习资源自主学习和探究。这种学习方式会让初入大学的新生很不适应。对新生来说，就必须从学长的成功经验中获得启发，转变应试教育下形成的学习观念，找到适合自己的学习方法，学会选课，学会利用学习资源，学会实践创新，提高独立学习、科学安排时间的能力，尽快适应大学的学习生活。

一、你是一个怎样的学习者

（一）学习类型的涵义及构成

学习类型（learning style）又叫学习风格或学习方式。学习类型的概念最初是由美国纽约州圣约翰大学的 Dunn & Dunn 夫妇提出来的。关于学习类型的涵义，研究者的观点不尽一致。但大体可以做以下理解。

一是学习类型直接参与学习活动，并影响学习效果。学习类型不同于其他个性心理特征的特点，学习活动的进行必须借助于学习类型的中介，才能对学习活动产生间接的影响。

二是学习类型是个人对学习情境的一种特殊反应倾向或习惯方式。由于个人身心特点的差异，不同的人对不同的学习刺激会表现出不同的偏向和习惯化的方式，比如有的喜欢合作学习，有的则喜欢独立学习；有的喜欢听觉刺激，有的喜欢视觉刺激等。

三是学习类型上的差异通过人的认知、情意、行为习惯等方面表现出来。

四是学习类型具有独特性、稳定性。由于学习类型是一种习惯的学习方式，所以它具有一致性、稳定性；而且每个人的学习方式都有其特殊的特点，表现出人与人之间的独特差异。

学习是认知重组的过程，因此学习风格中有许多认知要素存在，其实质是一个人的认知风格在学习中的体现。所谓认知风格，也称认知方式，指个体偏爱的加工信息方式，表现在个体对外界信息的感知、注意、思维、记忆和解决问题的方式上。学习者的学习风格很大程度上是由学习者的心理特征和性格特征来决定的，而对学习者的心理特征和性格特征分析对教学意义重大。所以对于学习的主体——学习者本人，了解自己的学习风格、总结自己的学习特点，可以有效地为学习者调整学习方法、安排合理的学习计划提供参考依据，最大限度地挖掘学习者的学习潜力，以优化学习者的学习过程。

（二）学习类型的划分

1. 根据学习对象和内容划分学习类型

从学校教育的现实来看，学习的主要对象和内容基本上可以划分为知识的学习、动作技能的学习以及社会规范的学习三种类型。知识学习包括对语言文字符号所构成的关于自然和社会的运动规律和原理的理论体系的学习、原理的学习和问题解决的学习三个部分。知识的学习属于人的认知活动，动作技能的学习则属于人的实践活动。动作技能是借助神经系统的活动而实现的外显肌肉反应。它是运用概念、规则支配与协调人的各种复杂的外部动作，实现预期的目的。社会规范学习不仅包括价值与审美观念等情感态度的学习，而且包括意志力、自我控制能力的培养和锻炼，需要创设与他人交往、合作的学习环境，需要巧妙地设置价值观的冲突，并获得丰富、强烈的情感体验，包括正反两面的情感体验。

2. 根据学习方式划分学习类型

美国心理学家奥苏贝尔在认知领域对学习从两个维度进行分类，一是根据学习材料的性质及学习者对材料的理解程度，将学习分为机械学习和有意义学习；二是根据学习进行的方式，把学习分为接受学习和发现学习。

机械学习是指学习一系列相互之间不存在意义联系的材料，或是学习者在学习中未理解材料间的意义联系。有意义学习是指通过理解学习材料的意义联系而掌握学习内容的学习，其中的意义是学习的产物或结果，而不仅仅是所学材料内容的意义。教学中，必须以基础性为前提发挥学生主动性的作用，以主动性为指导发挥学生基础性的作用，这样，学生才能既学得主动，又学得扎实。

接受学习是指学生接受现成的概念、结论、原理，它是课堂学习中教师讲、学生听的学习方式。在接受学习中，所学的全部内容都是以确定的形式传授给学习者。学习者不需要独立发现学习对象的特征和联系，仅需对学习材料加以组织、理解和记忆，然后把学习材料归纳于自己的知识和操作方式的认知结构即可。发现学习中要学习的内容不是以定论的形式传授给学生，而是由教师启发学生独立发现事物意义，然后对意义进行理解、记忆。它既是通过发现过程进行学习，也把学习发现的方法作为学习的目标。所以发现学习是以培养探究性思维方法为目标，利用基本教材使学生通过一定的发现步骤进行学习的一种方式。其主要特点是学习的主要内容必须由学生自我发现。

3. 如何判断自己的学习类型

所罗门（Barbara A. Soloman）从信息加工、感知、输入、理解四个方面将学习风格分为 4 个组对 8 种类型，它们是：活跃型与沉思型、感悟型与直觉型、视觉型与言语型、序列型与综合型。同时，他设计了具有很强操作性的学习风格量表，可以较好地进行学习风格的测试。

4. 不同类型学习者的学习策略

从感知方式上，根据不同学习者的特点应选择相应的学习策略。如：视觉型喜欢图形、图表、图片等，喜欢使用卡片、录像和其他的视觉辅助；听觉型喜欢听讲座、录音带和谈话，喜欢参加讨论等。从认知方式上，根据不同学习者的特点也应选择相应的学习策略。如：综合型善于发现和归纳要点，喜欢猜测意思，预测结果，能够很快发现事物间的相似点，发挥整合信息的能力；活跃型工作速度快，但准确性低，愿意冒险和猜测；沉思型速度慢，但准确性高；避免冒险和猜测。

从个性特点上，根据学习者的特点也应选择相应的学习策略。如：活跃型对外部世界感兴趣，积极，善于交际，性格外向，通常兴趣广泛；沉思型对内部世界感兴趣，能够集中注意力，善于理解概念；直觉型喜欢学习抽象的概念和建构模型，面向未来，爱推测可能性，喜欢随机的方式；序列型喜欢按部就班地学习，严格按指令办事，有很强的感性和程序性。

二、大学生常用的学习方法

多数大学生都有很强的求知欲，希望好好学习，掌握知识，但却感到不知道该学什么和如何学习，较为茫然，学习效率较低。其实，和中小学阶段的学习生活相比，大学生的学习生活有着鲜明的特点，相应地，学习方法也要做调整。

下面列举几种常用的学习方法，以供同学们参考。

（一）五步学习方法

第一步，对所学的某一学科或某一章节，先要弄明白这一学科或这一章节的学习目的要求与重点、难点，从而合理地分配学习时间，提高学习效率。

第二步，对即将要学习的内容进行预习。预习并非只是简单地将内容读一遍，而是要带着目的带着问题去看书：学习这部分内容要达到什么目的？掌握什么知识和技能？要解决什么问题？预习完之后，还要想一想：理解了多少问题？还有哪些问题尚未理解？等等。

第三步，认真听课，做好笔记。大学课堂一般多采用启发式、参与式、案例式等教学。因此，学生一方面要认真听老师的讲解，对不懂的问题要看老师是如何分析、思考和解决的，对已理解的问题，也要看老师的讲解和方法与自己的方法有何异同，从而培养自己对问题的分析、思考和解决的能力，为创新打下坚实的基础。另一方面，要认真做好笔记，不仅要将老师所讲的内容听清吃透，还要将主要内容及线索认真地记录下来，以便复习巩固。

做听课笔记时，不仅要记录下老师板书的内容，更要记录下老师在讲解中阐发的重点内容、主要观点和关键词语，特别是对自己启发最大的那部分内容。为方便复习，课堂笔记可采用自己习惯的符号进行标识，同时页边上最好留下一些空白，以便梳理和整理。

第四步，做好作业，注重课后复习和自习。课后做好作业和复习、自习是对所学知识的巩固和提升，也是检验学生学习效果的重要措施，必须认真对待。复习时还要对所学的知识加以总结。

信息输入大脑后，遗忘也就随之开始了。遗忘率随时间的流逝而先快后慢，特别是在刚刚识记的短时间里，遗忘最快，这就是著名的艾宾浩斯遗忘曲线。

遵循艾宾浩斯遗忘曲线所揭示的记忆规律，对所学知识及时进行复习，这种记忆方法即为艾宾浩斯记忆法。对所学知识和记忆效果及时进行复习和自测是艾宾浩斯记忆法的主要方式。及时复习，可以抓住记忆的最好时机；经常自测，可以弄清哪些知识没学好、没记住，哪些地方容易混淆、有误差，以便马上核实校正。及时复习和经常自测，可以培养我们的随机应变能力。在考试中，考题往往变换了角度，与原来学习时的不大一样。如果经常运用自我测验法，对所学知识从多方面理解消化，必然会胸有成竹，临阵不慌。

考虑到在大学课堂老师授课不会再像中学那样面面俱到，有时候只是将问题的重点提出来，学生难以在课堂内消化全部内容，所以课后自习非常重要。通过自学，独立思考，提出问题，才能真正学到知识。

第五步，多看一些参考书。大学生除了学好课本知识外，还要利用课余时间到图书馆去，到书店去，多读一些参考书籍，多涉猎一些有用的知识，更加丰富自己的学习内容，开拓自己的视野。

总之，大学的学习就是要多问、多听、多思，掌握分析问题和解决问题的方法，提高创新的能力，达到最佳的学习效果。

学习中，要克服一种所谓的“三步曲”学习法，即只有“上课—作业—突击迎考”三个环节，“课前不预习，课后不复习，考前大突击”并非是个别现象。这种为应付考试而学习的学习法，只能算是急功近利的学习法，不能效法。

（二）文科学生的学习方法

文科包括汉语言文学、艺术、历史、外语、法律、经济、管理等系科，每一个系又分为若干专业和学科。应该说，各个学科和专业都有其特定的学习规律和与之相适应的学习方法。在这里，我们只对文科这一类的共同学习方法进行介绍。

1. 大学文科课程的特点

（1）大学文科的学习偏重于分析和理解

这一点与中小学大相径庭。总的来说，大学课程内容大大丰富、艰深了，许多问题要经过深入钻研才能领悟，某些真知灼见要经过反复实践、认识才能获得，所以不能靠死记硬背来学习，应当着重于分析理解，在充分理解的基础上有选择、有重点地记忆。

（2）大学文科的学习更多地强调自学

大学里课时少，但容量大，往往是同一门课连上几节，内容比较集中而且广泛。在课堂上要当堂消化、吸收所学的内容很难，教师讲课实际上起一个指引、示范的作用，真正要想学到知识还须循教师的指引通过自学去获得。因此，文科大学生需要培养和锻炼自学能力。和中学不同的是，大学文科的学习往往课本少、笔记多，在一门大学课程的第一节课上，老师可能这样开场：我这门课没有固定的课本，以笔记为主。有的老师还会开出一大堆参考书目，并再三申明这些不是课本，仅供参考。到了上专业课时，还会有更多的课程以笔记为主，再辅之以课外参考书，之所以如此，是因为大学里讲授的大多是本领域最前沿的知识，单纯的一本课本难以集中、全面、及时反映出来，这就要求学生要记好笔记。可以说，记好笔记是学习成功的关键之一。

(3) 大学文科要求学习者有一定的社会经验和生活阅历，并在学习中关注、研究社会现实问题。

由于文科涉及的是上层建筑、意识形态领域的知识，这就对文科学生提出了不能死读书而要积极从事社会实践的要求。尤其在当今改革开放之际，社会面临许多新的问题，如何解决这些问题，对文科大学生来说，是一个学习和研究的绝好机会，也是一个严峻的考验。

(4) 大学文科学习的伸缩性较大

同学们都有这样一种体会，理科的学习，如果前边有几堂课没有去听，后面的课往往就无法听懂；而文科的课，即使是几个星期没去听课，还是可以听懂后面的内容，甚至平时不听课，考试前突击一下，也能应付过去。所以，文科学习的伸缩性较理科学习的伸缩性要大得多。但靠考试前突击的学习方法是不能够扎实、牢固掌握知识的，要想真正学到知识，文科学生就应在高度重视和高度自觉性的基础上灵活安排自己的学习。

2. 大学文科学习应注意的几个问题

根据上面所讲的文科学生学习的特点，一般来说文科生在学习中应注意把握以下“五个结合”：

(1) 听课与自学的结合

大学的课堂上，老师主要是讲基本点、重点和难点，大部分知识得靠自己通过查阅书籍自学而获得。有些学生课后仅仅是复习老师所讲的内容，这是学不到多少知识的。正确的做法是，把听课作为基本脉络，围绕这个脉络，自己去钻研，这样获得的知识要比教师所讲的多得多。同时，自学获得的知识可以使学习者深入研究形成与教师不完全一样的观点，这就是自学与听课的关系。要搞好自学，就要科学地安排好自学时间，较好的方式是每周订立学习计划，定期进行学习小结。把本周内上课和社会活动、文体活动的时间先确定下来，剩下的时间按这周的学习要求安排不同的自学内容，每周末检查学习计划的执行情况，在这一基础上再订下周计划。制订计划时，要确保基础课预习和复习时间，安排各时段的学习内容，最好列出具体的任务指标。如复习某某章，并作札记等。计划不要排得太满，应留有余地，一般可在每周安排两个机动时段，以供应急、缓冲之用。计划中应排列出所需的各种参考书和课外书籍的书目，基本上按计划去完成任务。争取每学期对自己的情况作一两次总结，不仅要检查计划执行情况，还要检查学习效率和学习方法，并根据这一情况拟定下一阶段的计划。

（2）观点与材料的结合

学文科，不外乎是掌握观点和材料。观点问题是带根本性的问题，观点掌握不好，就不可能做出正确的分析和判断，不能得出正确的结论。学好观点，关键是打好理论基础，通过对原著的学习，掌握辩证唯物主义的立场、观点和方法。有些学生看了不少的书和材料，别人讲起来他知道，但一到让他来讲或写时，就无从下手，问题的要害就是他没有观点，所记住的只是一堆没有在一定观点下组织起来的死材料。在注意提高思想、掌握观点的同时，也要重视材料的作用。材料是研究问题的依据和基础，没有扎实的材料，是难以分析问题的，也得不出正确的结论。

（3）理论和实践的结合

理论联系实践是大学文科学习的重要方法之一。理论来源于实践，实践是理论的基础。在学习一个原理时，不仅要弄清原理的含义，而且要了解原理是从哪些事实中概括出来的。要用原理来分析社会实际问题，这样才能真正掌握原理。为此，文科大学生应广泛参加社会实践，扩大自己的视野，要特别加强深入社会调查研究。如学经济的到企业、商店、银行等地进行经济调查，学法律的可以作犯罪情况和安全调查，等等。除教学计划安排的社会调查外，学生还应利用假期深入工厂、商店、农村，进行各种形式的参观访问等调查活动，回校后在同学中交流调查报告。另外，要做好练习和实习工作。练习和实习因学科的性质、内容而不同。对于理论性课程，主要是做好思考题、复习题，写好读书报告或读书心得，搞好课堂讨论等。对于汉语、外语、逻辑、写作等工具性质的课程，则要做好练习、作业等。有些实践性强的课程要结合课程内容搞好实习，如学习考古的，就要适当进行考古实习；新闻系学生要到报社或电台、电视台做实习记者，进行采访报道；文艺创作专业的学生要进行创作实习；等等。

（4）知识与能力的结合

大学生的学习任务应该包括两个方面：一方面是获得知识，另一方面是培养获取知识的能力，这种能力包括思维能力、研究能力、表达能力、自学能力、组织管理能力等。一般来说，一个人的知识增长了，分析问题和解决问题的能力也会有所提高。但是，知识与能力是两回事，如不注意培养能力，即使知识再多，也不一定成为有用人才。所以说，注重锻炼能力，提高学习效益，本身就是一个学习方法问题。如何培养能力呢？只有一个诀窍：勤于思考。文科学生要善于从学习活动的各个环节中去培养思考问题的能力。如在上课、看书、讨论、作业、实习、调查等各个教学环节中，注意进行分析与综合、抽象与概括、判断与推理活动；对每一个问题要作具体的分析，弄清主要和次要、现象和本质、历史根据和社会根源，探究事物的本质和规律。要学会用联系的、全面的观点去思考问题，既要看到正面，又要看到反面、侧面，并研究各个方面的相互关系；要学会系统地、发展地思考问题，研究一个问题是怎样发展变化的，研究它的过去、现在和将来之间的关系，分析为什么会有这些变化和发展，等等。培养分析问题和解决问题能力的有效途径主要有两个：一是积极参加讨论。讨论的过程就是知识转化为能力的过程。所以，大学生应该活跃一些，勤于思考，勤于讨论，无论在什么时间，什么场合，都可以随时随地与同学交流学习体会。二是进行专题研究。大学生进行这类研究，不要抱急切出成果的想法，而应把进行专题研究看成是学习研究方法、提高能力、为将来发展打下坚实基础的途径。专题研究可以教会大学生怎样选题，怎样拟提纲，怎样查资料，怎样综合和分析材料，怎样写成论文等。大学生可以组织专门的学术团体、研究小组、兴趣小组等，开展专题研究，进行学术报告和讨论，这对培养学生的独立工作能力是大有裨益的。

（三）理工科学生的实践学习法

1. 实践学习的方式和途径

实验实践是学习活动中理论联系实际的重要环节。理工科学生的实践学习可分为课内的和课外的。课内实践，包括习题课、实验课、创作课、设计课等，一般是在教师指导下进行，但自主性很大，最终要靠学生自己独立完成；除此外，还包括学生教学计划所规定的实习、社会调查等。课外实践，包括课外习题、作业、科技创新和各种形式的第二课堂活动，有些是课程学习规定的，有些是学生自选的，独立性、自主性更强。大学里的实验可分为验证性实验、训练性实验、综合性实验和设计性实验。不管哪种实验，都要练好实验的基本功。

2. 做好实验预习和准备

明确实验课题和目的，吃透实验方法和步骤，设计记录表格等，做好预习报告。

3. 学会掌握实验用的仪器设备

工欲善其事，必先利其器。实验的成功，与新的实验工具的创制和应用有很大关系。大学生必须熟悉实验仪器设备的性能、精度、装调、养护、特殊要求及常见故障的排除，能够熟练使用。

4. 注意观察实验过程中出现的各种现象

实验过程中实验对象会发生这样或那样的变化，甚或出现一些新现象。实验者一定要认真、仔细、耐心地观察这些现象及其变化。一是要用感官去观察这些现象，二是要借助于仪器设备观察其变化。然后将这些现象、变化及各种具体的数字详细地记录下来。不能只记录与预测结果相近或等同的一两个现象或数值，或者按主观意愿任意编造和涂改某些数值。应当以实事求是、一丝不苟的科学态度对待这些结果。

5. 正确而完整地分析和综合实验结果

要检验实验结果和已知理论的相符性、相符程序；出现偏差，要找出原因，思考改进措施。必要时，要重做实验。只有实验与思维结合，才能发现真理。

6. 写好实验报告

要重视定量分析，处理好实验数据，认真计算，绘制曲线图表，找出误差原因，阐明实验意义和实验结果。要用自己的语言表达，力求简练清楚，尽量使用数学方法。

7. 学习设计新实验

设计实验对于发现和解决问题是极其有效的。

第四节　养成良好的学习习惯

面对高校在教学要求、教学环境和教学计划等方面与中学阶段完全不同的情况，学生往往感到不知所措。通过前面内容的学习，学生了解到高校的教学特点和教学方式、方法以及培养目标，懂得学习是感受、理解知识产生和发展的过程，培养收集、处理信息从而获得新知识的能力，进而有效利用信息社会的资源，创造性地学习。

一、养成良好学习习惯的意义

习惯是行为的自动化，不需要特别的意志努力，不需要别人的监控，在什么情况下就按什么规则去行动。习惯一旦养成，就会成为支配人生的一种力量。良好的学习习惯会对学习者学习产生积极的影响，使学习者自觉实施学习行为，主动选择有效的学习方法，用较少的时间和精力，取得较好的学习效果。不良的学习习惯会对学习者学习产生消极的影响，不仅事倍功半，收效甚微，而且会习非成是，贻害无穷。叶圣陶把语文教育的目标任务与养成良好的习惯直接联系起来，认为“教育的本旨原来如此，养成能力，养成习惯，使学生终生以之”。良好的学习习惯是有效学习的重要条件。

国内外教学研究统计资料表明，对于绝大多数学生来说，学习的好坏，20％与智力因素相关，80％与非智力因素相关。而在信心、意志、习惯、兴趣、性格等主要非智力因素中，习惯又占有重要位置。古今中外在学术上有所建树者，无一不具有良好的学习习惯。进化论的创始人达尔文说：“我的生活过得像钟表的机器那样有规则，当我的生命告终时，我就会停在一处不动了。”达尔文所说的“规则”，便是指良好的习惯，当然也包括学习习惯。就连智力超群的中国科技大学少年班的学生，在谈到自己成绩优异的原因时，都强调自己有良好的学习习惯。其中，13 岁就进入中国科技大学的周峰，认为自己成功的秘诀就是从小养成了良好的学习习惯。周峰认识汉字，记忆英语单词，都是每天 10

个，即使走亲访友也从不间断。就这样，一年下来，便记住了3000多个汉字和3000多个英语单词。这是他量化的学习习惯。周峰该学习的时候就一心一意学习，该玩的时候就轻轻松松地玩，自觉性极强，从不需要别人提醒，更不需要别人强制。他听英语广播学英语，一到点便准时打开收音机。这是他定时的学习习惯。周峰学习时总是全神贯注，思想从不开小差，精神略有溜号，便立即作出调整。这是他专心致志的学习习惯。

若能长期有规律地安排学习，便可养成良好的学习习惯。这种良好的学习习惯的形成，至少有三个方面的好处。

一是可以通过生物钟、通过条件反射自动提醒你自觉地去做应该做的事。比如每天早晨及时起床，自觉地为上学做好准备；上课铃声一响自觉跑进教室；放学回家，每到广播英语或电视英语节目时间，就自觉及时地打开收音或电视机。这些事情，对于一个有良好习惯的人来说，几乎都是靠生物钟、靠条件反射来自动控制的。如果不是靠习惯，这许许多多看似平常的事做起来就会显得手忙脚乱，甚至丢三落四。

二是可以发挥下意识的作用。下意识的特点是直接受习惯的支配。一般人有这样的体验：吃完早饭准备上学，刚一走近自行车便随手掏出钥匙，接着打开车锁，然后朝着学校的方向前进。这些动作几乎连想都没有去想。这是下意识在发挥作用。同样道理，一个具有良好学习习惯的人，他的下意识会随时随地支配他按照平时习惯了的套路做那些与学习相关的事，使之在不知不觉中完成得轻轻松松、有条有理。好的习惯一旦养成，便可终身受益。英国前首相撒切尔夫人在谈及习惯时说："有时事务太忙，我也可能感到吃不消，但生活的秘诀实际上在于把90%的生活变成习惯，这样你就可以习惯成自然了。毕竟你想都不用想就去刷牙，这是习惯。"撒切尔所说的"想都不用想"，实际上就是受习惯支配着的下意识在发挥作用。

三是可以调动潜意识为学习服务。潜意识的特点是直接受人的情感和需要支配，受情景因素的影响。大多数学生有这样的体验：心里已经清醒地意识到，嘴上也在说"贪玩不利于学习，今后不再贪玩了"，可是鬼使神差地又贪玩了。为什么会这样？这实际是潜意识在支配他，是他的潜意识中有一种强烈的玩的渴望。一个养成了良好学习习惯的人，他对学习有一种亲合心理，他从心底里把学习当成了第一需要，当成了乐趣，不学习便难受。那些愿意玩的人拖他去玩，他会感到没意思、无聊、难受，他的心思始终在学习上，甚至连睡眠做梦的内容也都与学习相关。这就是潜意识在发挥作用。潜意识的作用非常大，一些科学家、文学家、艺术家之所以能在休息的时候，甚至在睡眠的时候产生灵感，都是因为他的潜意识与外界刺激，与自己不懈寻觅、孜孜以求、长期探索的问题之间保持着必然的联系。剑桥大学的哈钦森在他的调查材料中说：有70％的学者承认在自己创造性的科研活动中，梦境发挥了重要的启示作用。现代科学之父——笛卡尔认为，自己1619年11月10日晚上3个互不联系的梦造成了他生活的转折，梦境使他形成了关于方法论和数学物理方面的基本概念。1865年，德国的化学家凯库莱坐在颠簸的马车上打瞌睡，梦中的情境，让他揭开了苯的分子结构之谜。1869年，俄国化学家门捷列夫也是在梦中看见他日思夜想的元素周期表的。这些都说明潜意识发挥了重要作用。

二、应当着力养成的良好学习习惯

在大学里，有些科目的学习还是比较难的，我们要养成良好的学习习惯，以达到事半功倍的效果。

一是要认真安排好时间。首先要清楚一周内所要做的事情，然后制订一张作息时间表。在表上填上那些非花不可的时间，如吃饭、睡觉、上课等，然后选定合适的、固定的时间用于学习。必须留出足够的时间来完成正常的阅读和课后作业。当然，学习不应该占据作息时间表上全部的空闲时间，总得给休息、业余爱好、娱乐留出一些时间。一张作息时间表也许不能解决你所有的问题，但是它能让你了解如何支配你这一周的时间，从而使你有充足的时间学习和娱乐。

二是要课前预习。这就意味着在认真投入学习之前，先把要学习的内容快速浏览一遍，了解学习的大致内容及结构，以便能及时理解和消化学习内容。当然，要注意轻重详略，在不太重要的地方可以少花点时间，在重要的地方就要多下点功夫。

三是要提高课堂效率。学习成绩好的学生很大程度上得益于课堂效率。课堂上要及时配合老师，做好笔记来帮助自己记住老师讲授的内容，尤其重要的是要积极独立思考，跟上老师的思维，做到教学互动。

四是要定期复习。课堂上做的笔记在课后要及时复习，不仅要复习老师在课堂上讲授的重要内容，还要复习那些仍感模糊的知识。如果能坚持定期复习笔记和课本，并做一些相关的习题，定能更深刻地理解这些内容。定期复习能有效地提高学习成绩。

五是要静心学习。如果可能的话，找一个安静的、舒适的地方学习，比如安静的教室或图书馆。学习应该全神贯注，切忌“身在曹营心在汉”。

六是要树立正确的考试观。平时测验的目的主要看你掌握功课程度如何，所以千万不要弄虚作假，而应心平气和地对待它。或许，你有一两次考试成绩不尽如人意，但是这不要紧，只要学习扎实，认真对待，下一次一定会考出好成绩来。通过测验，可了解下一步学习更需要用功夫的地方，更有助于把新学的知识记得牢固。

三、怎样养成良好的学习习惯，提高学习效率

学习必须讲究方法，而改进学习方法的本质目的，就是为了提高学习效率。学习效率的高低，是一个学生综合学习能力的体现。在学生时代，学习效率的高低主要对学习成绩产生影响。当一个人进入社会之后，还要在工作中不断学习新的知识和技能，这时候，一个人学习效率的高低则会影响他的工作成绩，继而影响他的事业和前途。

当然，提高学习效率并非一朝一夕之事，需要长期的探索和积累。前人的经验是可以借鉴的，但必须充分结合自己的特点。影响学习效率的因素较多，主要有学习习惯、学习方法等。特别是良好的学习习惯的养成，对提高学习效率将起到积极的作用。

而要养成良好的学习习惯，首先就要说到做到，坚定不移。如计划每天要记 10 个英语单词，就一天不落地去记。俗话说：有志者，立长志；无志者，长立志。持之以恒，定有收获。

其次是学会认识自己，约束自己。人的行为，很大程度上受情景因素的影响。比如，每个人都知道沉溺于网游的负作用，可是一上网就把握不住自己了。因此，在习惯形成的过程中，在自己的自制力还不十分强的情况下，应从控制自己的活动时间和活动空间入手来约束自己的行为。在时间上，从早上起床一直到晚上就寝，把时间多安排在学习和有意义的活动上，不让一日虚度，不让一时空耗。在空间上，严格控制自己的活动范围，不应该去的地方，无论自己

多么好奇，无论别人怎么引诱，也不要去。

再次要学会及时调整。有的学生自制力比较差，在好的学习习惯形成过程中，容易出现反复、拖拉、敷衍、放任等现象。这就要求自己要严格监督自己，发现偏离了，立即作出调整。培养习惯，也像走路一样，发现走的路线不对了，应及时调整到正确的轨道上去。

最后要学会消除干扰，排除故障。良好学习习惯的养成，就像火箭的发射，先是启动，继而逐渐加速，在行进中不断调整，最后进入轨道。一旦进入轨道，一切就顺利了。当然，在这过程中还要注意两件事：一是要消除外部干扰，二是要排除内部故障。外部干扰主要是那些可能使你偏离甚至脱离轨道的引力，如同学的干扰。内部故障主要是受挫折时情绪不佳而放纵自己。这两点都要学会克服，这样才能保持良好学习习惯的始终如一。

好习惯将伴随着人的一生，影响人的生活方式和个人成长的道路。习惯对人极为重要。请记住英国的一句谚语：行动养成习惯，习惯形成性格，性格决定命运。

网络课堂

1.《初识思维导图》，http：// wenku. baidu. com/course/view/57260722192e45361066f504

2.《学习力和创造力课程》，http：// wenku. baidu. com/course/view/8a0c6c85ec3a87c24028c404

经典书目

1. 郝贵生，《大学生学习理论与方法》，人民出版社，2010 年。

2. 周宗奎，《大学生学习指南》，高等教育出版社，2005 年。

3. 约翰·N. 加德纳（John N. Gardner）、A. 杰罗姆·朱厄尔（A. Jerome Jewler）著，黄义军译，《大学生学习与生活全攻略》，首都师范大学出版社，2005 年。

4. B. R. 赫根汉（B. R. Hergenhahn）、马修·H. 奥尔森（Matthew H. Olson）著，郭本禹等译，《学习理论导论》，上海教育出版社，2011 年。

知识拓展

经验一：过来人的学习经验

如何提高学习效率呢？我认为最重要的一条就是劳逸结合。学习效率的提高最需要的是要有清醒敏捷的头脑，所以适当的休息、娱乐不仅是有好处的，更是必要的，是提高各项学习效率的基础。那么上课时的听课效率如何提高呢？以我的经历来看，课前要有一定的预习，这是必要的。不过我的预习比较粗略，无非是走马观花地看一下课本，这样课本上讲的内容、重点大致在心里有个谱了，听起课来就比较有针对性。预习时，不必搞得太细，如果过细，一是浪费时间，二是上课时未免会有些松懈，有时反而忽略了最有用的东西。上课时认真听课当然是必需的，但就像我以前一个老师讲的，任何人也无法集中精力一节课，就是说，连续四十多分钟集中精神不走神，是不太可能的，所以上课期间也有一个时间分配的问题，老师讲到很熟悉的东西时，可以适当地放松一下。另外，记笔记有时也会妨碍课堂听课效率。有时一节课就忙着记笔记了，这样做有时会忽略一些很重要的东西。但这并不等于说可以不记笔记，不记笔记是不行的，人人都会遗忘，有了笔记，复习时才有基础。有时老师讲得很多，在黑板上写得也很多，但并不需要全记，书上有的东西当然不要记，要记一些书上没有的定理定律、典型例题与典型解法，这些才是真正有价值去记的东西。否则见啥记啥，势必影响听课的效率，得不偿失。

作题的效率如何提高呢？最重要的是选“好题”，千万不能见题就作，不分青红皂白，那样的话往往会事倍功半。题都是围绕着知识点进行的，而且很多题是相当类似的，首先选择想要得到强化的知识点，然后围绕这个知识点来选择题目。题并不需要多，类似的题只要一个就足够，选好题后就可以认真地去做了。作题效率的提高，很大程度上还取决于作题之后的过程，对于做错的题，应当认真思考错误的原因，是知识点掌握不清还是因为马虎大意，分析过之后再做一遍以加深印象，这样作题效率就会高得多。

经验二：

很多学生看上去很用功，可成绩总是不理想。原因之一是学习效率太低。同样的时间内，只能掌握别人学到知识的一半，这样怎么能学好？学习要讲究效率，提高效率，途径大致有以下几点：

一是每天保证8小时睡眠。晚上不要熬夜，定时就寝。中午坚持午睡。充足的睡眠、饱满的精神是提高效率的基本要求。

二是学习时要全神贯注。玩的时候痛快玩，学的时候认真学。一天到晚伏案苦读，不是良策。学习到一定程度就得休息、补充能量。学习之余，一定要注意休息。但学习时，一定要全身心地投入，手脑并用。我学习的时候常有陶渊明的“虽处闹市，而无车马喧嚣”的境界，只有我的手和脑与课本交流。

三是要坚持体育锻炼。身体是学习的本钱。没有一个好的身体，再大的能耐也无法发挥。因而，再繁忙的学习，也不可忽视放松锻炼。有的同学为了学习而忽视锻炼，身体越来越弱，学习越来越感到力不从心。这样怎么能提高学习效率呢？

四是学习要主动。只有积极主动地学习，才能感受到其中的乐趣，才能对学习越发有兴趣。有了兴趣，效率就会在不知不觉中得到提高。有的同学基础不好，学习过程中老是有不懂的问题，又羞于向人请教，结果是郁郁寡欢，心不在焉，从何谈起提高学习效率。这时，唯一的方法是向人请教，不懂的地方一定要弄懂，一点一滴地积累，才能进步。如此，才能逐步地提高效率。

五是要保持愉快的心情，和同学融洽相处。每天有个好心情，做事干净利落，学习积极投入，效率自然高。另一方面，把个人和集体结合起来，和同学保持互助关系，团结进取，也能提高学习效率。

六是注意整理。学习过程中，把各科课本、作业和资料有规律地放在一起，用时一看便知在哪。有的学生查阅某本书时，东找西翻，不见踪影，时间就在忙碌而焦急的寻找中逝去。我认为，没有条理的学生不会学得很好。

经验三：

如何学好英语，这似乎是一个很古老的话题了，我总结出了以下几点，以供参考。

首先，要学好英语，最关键的是要有兴趣。俗话说：兴趣是最好的老师。教我们英语的是一位年轻的老师，他讲课很风趣，还总是让我们上台讲课，演小品。生动的英语教学，让我对英语产生了浓厚的兴趣。

光有兴趣还不行，我们还得知道如何去学。

先说说背单词吧！对很多同学来说背单词无疑是件很痛苦的事了。我在背单词时，不是按照书上的单词一个一个背下来，这样很容易让人产生厌倦心理，而且很容易忘。我是在每一页随机抽几个背，在平时，我们可以制作一些小卡片，把很难记的写在上面，一有空就拿出来看一下，或者可以在床头放一些卡片，每天睡觉前看几眼。更有效的就是在睡前和寝室的同学进行猜字竞赛。每次大家互相把当天学的单词猜一遍，这样就记得牢了。当然，背单词最重要的是要不间断地进行温习。

对阅读理解，要把每次的练习当作考试，自己限定时间，做不完的就猜。久而久之，你的心中就会有一只无形的闹钟，使你在做题时总有一种紧迫感。练习时间长了，你也就习惯了。对于理解，我觉得我们应该扩大阅读的范围。我们可以看英文报或杂志。在大一时我看的是中英文对照的《英语沙龙》。以后随着词汇量的增加，我就开始看英文报。在看报纸的时候，我不喜欢逐个字去查，碰到生词就猜，遇到好的词句就顺手抄下来。三年下来，这样的小小摘录本我已有好几本了。总之，看英文报，不仅可以摄取更多的知识，而且可以培养语感，练习阅读速度。

听力也是大家头疼的一个问题。我觉得要提高听力能力，光用听力磁带是不够的。我们可以采用其他的方法啊！比如我们可以听英语新闻等。另一个方法便是去英语角。在那里一大群的英语爱好者在一起，大家用英语聊天，发表言论，有时也有机会和老外来个亲密接触。多说多听，你的听力和口语的能力就在不知不觉中提高了。到英语角去说，去听，去感受，你会发现原来讲英语并不是一件难事哦！

第五章　学会交往

当今社会，人际交往能力已经成为人才素质的重要标志之一。美国著名的人际关系学大师、西方现代人际关系教育的奠基人卡耐基曾说：一个人的成功，15%取决于他的智商，85%取决于他的人际交往能力。人际交往的能力对一个人的事业成功和生活幸福起到了至关重要的作用。大学生的成长、成才与发展都有赖于良好的人际交往。正常的人际交往对大学生的学习、生活、工作和心理健康都有重要的意义。如何认知人际关系与人际交往？如何掌握人际交往的技巧与艺术？如何克服人际交往中的障碍？如何尽快融入集体？这些都是每个大学生迫切希望解决的问题。

第一节　人际交往与人际关系

人是社会性动物，正如马克思所说：人是各种社会关系的总和，每个人都不是孤立存在的，他必定存在于各种社会关系之中。社会生活中的每个人都生活在人际关系网中，每个人的成长和发展都依存于人际交往。交往已成为人们在社会生活中不可缺少的重要组成部分。大学生是社会主义建设的主力军，必须培养分工合作精神和人际交往能力，适应经济社会发展的需要，才能满足社会所需。

一、人际交往

（一）人际交往的概念

“交往”从词源上看，来自于拉丁语的Comunis，起初的意思是共同的、通常的；《现代汉语词典》对交往的解释是“互相来往”。现在人们一般把交往理解为分享思想与感觉，交流情感、观念与信息。在社会活动中，人们与生活在自己周边的人群之间进行的一种思想上和行动上的沟通和交流的一系列过程就是人际交往。

1. 人际交往的分类

交往从规模来看可分为群众性交往与个人交往；从途径来看可分为直接交往和间接交往；从目的看分为自由交往（情谊交往）、公务交往（工作性交往）；从时间看分为长期交往、短期交往；从工具看分为口头交往、书面交往或语言交往与非语言交往。

2. 人际交往的功能

人际交往的功能在社会心理学中有不同的提法。苏联学者洛莫夫认为交往的功能分为三类：信息沟通、思想沟通、情绪沟通。西方社会心理学家一般认为交往有两种功能，即传达情报和满足个人精神需要。概括起来大致有以下几方面。

一是信息功能。人与人之间的交往就是信息交流的过程，交往可以使人获得大量的信息资料。

二是情绪互动功能。人们需要交往，需要人际温暖如同生物体需要空气、阳光和水分一样。

三是人际协调功能。人际交往是群体生活中不可缺少的调节工具。

四是自我调节功能。人的个性，是在一定社会条件下，与人接触，参与社会实践活动，通过交往逐渐形成和发展的。正是交往，使人获得社会历史经验，掌握社会行为规范，不断进行自我调节，以适应社会生活的要求。

3. 影响人际交往的因素

影响人际交往的因素大致有以下几个方面。

一是文化背景。主要包括交往的语言、语意差异，交往态度差异，以及接受教育程度、文化素质和文明水平差异等。

二是社会背景。主要包括社会地位、社会角色、个人身份以及年龄、性别等。

三是思想观念。主要包括认知、情绪、行为方式以及个性特征等。

（二）大学生人际交往的涵义

大学生人际交往就是指大学同学之间交往以及与学生圈以外的人交流思想、沟通情感、传达信息、相互合作的过程。广义上的大学生人际交往是指大学生在上学这个年纪与其有关的一切周边人群的相处关系，包括老师、同学、家长以及社会人员的交往；狭义的大学生人际交往是指大学生在大学期间与他们生活有关的周边个体或群体相处，主要指的是和同学、老师的交往。

1. 影响大学生人际交往的因素

一是社会因素。当今社会，人们的交往环境显得更加复杂和充满挑战。社会激烈的竞争、错综复杂的人际关系影响大学生交往的价值取向。

二是学校因素。我国目前的教育现状仍处于应试教育阶段，学生大部分时间还花在学习上，人际交往比较单一。

三是家庭因素。家庭是大学生逐渐走向社会的起点，是大学生交往的基础。任何在家庭中生活的人，几乎都无法摆脱家庭对他的熏陶和影响。父母的教育对大学生将来走向社会、对他们的人际交往方式都会起到决定性的影响。

四是自身因素。个体的认知、情感、性格等主观因素影响了个体对别人的认识。正确的认知、恰当的情感反应和健康的人格特征是决定人际交往的主观因素。

2. 大学生人际交往的特点

随着社会的不断发展，现代社会中的人际交往范围不断扩大，交往内容不断增多，交往频率不断提高。大学生作为社会的一分子，与中学生相比，其人际交往更为复杂、广泛，独立性更强，更具社会性。个体开始独立地步入了准社会群体的交际圈。大学生们开始尝试独立的人际交往，并试图发展这方面的能力。当前，交际能力越来越成为大学生心目中衡量个人能力的一项重要标准。大学生人际交往主要呈现以下特点。

一是交往方式的多样性。随着大众传播媒介的迅猛发展，为大学生在传统的交往方式基础上又增加了许多新的内容，短信息，手机通话，网络（例如QQ、MSN、开心网、人人网等），电子邮件等被当代大学生广泛应用。

二是交往对象、范围、内容的开放性。大学生思想活跃、情感丰富，为了更好地认识社会、适应社会，他们在人际交往中大多采取积极的心态，积极主动与他人进行交往。交往对象从过去的同学、教师扩大到社会的各个层面；交往的范围也从寝室、班级、学校扩大到社会领域；交往的内容丰富多彩，涉及政治、经济、文化等社会生活各个领域，就日常具体交往内容而言则包括爱好兴趣、文化知识、生活常识、情感、政治思想、人生哲学、学习经验、恋爱观点、文体生活等，可谓应有尽有，包罗万象。交往方式也发生了天翻地覆的变化，随着手机通信和网络等媒介的介入，直接打破了人际交流的时间和空间的限制，使大学生的人际交往具有更大的开放性，大学生的交往范围延伸到了校园之外。

三是交往界限淡化。由于社会的发展和来自多方面相关因素的影响，与以往的大学生相比，当代大学生对与异性交往的认同度更高，交往意识更强烈。

四是交际圈的固定性。大学生根据自身性格、兴趣、喜好、生活习惯、学习习惯等形成相对固定的交往圈子，如寝室、社团、协会、老乡会等。

五是理想性和实惠性交织。大学生的人际交往与中学阶段相比较，有了一定的实用性和功利性，但是主体上还是以情感性、精神性为主。

二、人际关系

人总是处于一定的社会关系之中的。人与人之间，因彼此的思想、感情、行为表现为吸引、排拒、合作、竞争、领导、服从等相互作用的关系，但每个人又有其独特的思想、背景、态度、个性、行为模式及价值观，从而形成了极其复杂的人际关系。

（一）人际关系的概念

《中国大百科全书·心理学》对人际关系的定义是，人们在共同活动中建立起来的心理关系，通过这种关系满足彼此的心理需要。人际关系是社会关系的最一般形式，它是人们通过交际活动而形成的交际主体之间直接的心理关系，具体表现为交际主体之间的心灵碰撞、思想沟通和情感交流，表现了人与人之间在交际过程中关系的深度、亲密性、融洽性和协调性等心理方面联系的程度。

1. 人际关系的分类

人际关系是错综复杂的，按最基本的交际范围分类，人际关系可分为个体和个体、个体与群体、群体与群体三种基本类型。按人际关系的性质又可分两类：一是相容型人际关系，其中又可分为协调、友好、亲热等不同情况；二是不相容型人际关系，其中又可分为紧张、对立、仇视等。按社会学角度也可分为三类：血缘关系、地缘关系、业缘关系。

2. 人际交往和人际关系

人际交往和人际关系是两个既有联系、又有区别的概念。人际关系是在人际交往的基础上形成和发展的，是人际交往多次反复并凝结为一定的模式的结果。人际关系的性质、亲密程度既从交往中表现出来，也影响着交往的内容和交往的频率。人际交往和人际关系各有侧重点和特定的内容。人际交往着重反映社会群体中人与人之间相互联系的过程和形式，而人际关系则侧重反映交往联系后建立的各种心理状态和行为特征。

因此，人际交往是一个人形成一定人际关系的前提。没有交往就不可能建立人际关系。交往使人们彼此传达思想、交换意见、表达情感和需要。人际交往多次反复，凝结成一种模式，就构成相对稳定的关系。

（二）大学生人际关系的涵义

大学生人际关系是大学生在校学习、工作、生活的过程中和周围与之有关的个体或群体的相处及交往的关系，主要表现为学习、竞争、合作、交流等各种各样的关系。从外延上来看，它包括大学生与各级领导、老师、父母之间，大学生与学校工作人员之间，以及大学生之间的人际关系。良好的人际关系有利于大学生与他人的良好沟通，利于他们的团结协作，利于他们适应社会生活，利于他们的身心健康。

1. 大学生人际关系的特点

大学生正处在思想走向成熟的过渡阶段，大学生人际关系的特点具有与其他社会关系不同的特点。

一是建立人际关系的迫切性。大学生由于环境的变化、知识的增长和成人感的增强，急于了解他人和社会，同时也希望别人了解自己，渴望得到他人的尊重和承认。因此，对人际关系的建立抱有积极良好的愿望。

二是人际相处的平等性。大学生的交往对象主要是同龄人，人际关系主要是同学关系。由于大学生个人阅历、社会经验、认知能力、思想观念都大致相同，这就比较容易产生平等的心理和意识。

三是人际交往对象的易变性。大学生由于心理发展的不完善，情绪不稳定，做事较冲动，因此，在选择交往对象上也表现出明显的易变性，使得人际关系不稳定，难以形成亲密的人际关系。

2. 大学生的基本人际关系

对大学生来说，在各种各样的人际关系中，家庭关系、同学关系、师生关系及亲友关系构成了最基本也是最重要的人际关系。

家庭关系。是一种特殊的社会形式，是人们生命过程中最早参与的人际关系，也是人一生中最为持久的人际关系。

同学关系。同学关系是大学生人际关系的基本关系，也是大学生人际交往的主要对象。大学生来自四面八方，在日常生活、学习中同学之间的关系有亲情化、家庭化的趋势。大学生与同学间的交往最普遍、也最微妙与复杂。一方面，大学生年龄相仿、经历相似，兴趣爱好相近，又共同生活在一个集体，学习相同的专业，沟通较容易；另一方面，大学生来自不同地域，有着不同家庭背景、生活习惯，个性气质差异，再加上大学生空间距离小，交往密度高，自我空间相对狭小，而对人际交往的期望较高，一旦得不到满足，容易采取消极退避的态度。

大学生同学间交往比较频繁的关系有三个，即班级内的同学关系、宿舍关系与社团关系。班级同学交往以学习与班级活动为主；宿舍同学关系以情感交往与生活交往为主，社团关系以兴趣与工作交往为主。

师生关系。老师与学生，是大学校园里两大基本群体。老师是学生人际交往的重要对象，师生关系是大学生最重要的人际关系之一，对大学生的成长成才具有举足轻重的作用。教师是知识的传授者，是大学生人格模仿的对象。与教师的交往是大学生知识获取的重要途径，教师与学生的平等交往也是师生共同成长的前提；与此同时，师生关系又是一种业缘关系，师生之间心理距离小，心理相容度高，教师对学生充满关爱，学生对教师充满敬仰，师生关系是一种纯洁而无私的人际关系。然而，由于大学授课的流动性，师生之间缺乏直接的沟通与必要的情感交流，师生信息的对流与沟通明显不足，因而师生关系作为大学生的主要人际关系，需要进一步加强。

大学生与辅导员的交往是师生交往的一个特殊层面，是最经常、最直接的师生交往。辅导员担负着学生的日常思想政治工作和一些管理工作，从新生入学的第一天起直到毕业，辅导员与学生朝夕相处，承当学生思想上的“引路人”、生活上的“关心人”和活动中的“有心人”等角色。大学生要积极配合辅导员做好各项工作和自我管理，把每次活动都当作是锻炼的舞台，大胆实践，真诚投入，从而建立起与辅导员之间亦师亦友的关系。

此外，大学生的师生关系中还包括与管理育人的干部和服务育人的职工之间的关系，他们在各自的岗位上默默为大学生的成长提供各种服务，大学生同样要尊重和珍惜他们的劳动。

三、积极的人际交往和良好的人际关系的作用

积极的人际交往和良好的人际关系能产生积极的作用。

一是有助于大学生身心健康的发展。良好的人际关系使大学生在心理上有安全感。有困难时能得到帮助，在思想上能保持与他人交流，这是心理健康的前提条件。良好的人际交往，和谐的同学关系、师生关系，能满足大学生心理、生理上的需要，也能补偿大学生与父母兄弟姐妹的亲情，从而减少或消除大学生成长过程中的失落感、孤独感与焦虑等不良情绪，起到稳定情绪的作用，促进身心健康。

二是有助于大学生学习知识、掌握技能。人际交往是获取新知识的有效途径。大学生的主要任务是学习科学文化知识，这不仅离不开老师的“传道、授业、解惑”，也需要同学之间的互帮互助。拥有良好人际关系的大学生，情绪稳定，学习上有同伴，能够积极投入学习，提高学习效率，并在竞争与合作中提升学习成绩。

三是有助于大学生良好个性的发展和完善。人的个性除了受先天因素影响外，更重要的是受后天环境的影响。大学生在交往过程中，学会了待人接物，学会了如何评价自己和他人，使个体逐渐地理解和掌握一定的道德规范、社会价值观念，并以社会公认的准则来调整自己的认识和行为方式，从而形成与他人不同的心理品质和个性特征。

四是有助于促进大学生的社会化进程。大学阶段是个体社会化的重要阶段。大学生社会化指大学生不断认识社会、适应社会从而形成、发展和完美自己的人格并积极作用于社会的过程，是大学生向社会人转变的过程。参加各种交往活动是大学生社会化非常重要的途径。在与他人的交往中，大学生完成思想道德社会化、角色扮演社会化，使自己成为一个满足社会需求的人才。

第二节　人际交往技巧与艺术

成功的人际交往是一种智慧和能力。人际交往不仅是一门学问，而且是一

种艺术，只有将科学性和艺术性结合起来，才能提高交往的效果，才能改善人际关系。因此，在人际交往中，我们不仅要遵循人际交往的一些基本原则，还必须掌握成功交往的基本技巧与艺术。

一、大学生人际交往的原则

良好的人际交往和沟通能力不是与生俱来的，它需要在社会交往实践中学习、锻炼和提高。大学生在交往过程中也有它内在的规律性，即依据一定的交往原则。大学生只有遵循一定的交往原则，进行积极的人际交往，才能在交往中收到良好的效果，从而建立和谐亲近的人际关系。

（一）平等交往原则

平等，是人与人之间建立情感的基础，是协调个人与他人关系的前提，交往必须平等，平等才能深交。这是人际交往的一项基本原则。形成和谐的人际交往关系，关键要做到两点：一是交往双方相互尊重，二是交往双方相互理解。人之所以发生交往，是因为各自有对对方的需要。

大学生来自全国各地，年龄、经历、文化水平等都大体相同，虽然在气质、性格、能力、知识、家庭背景等方面存在差异，但在人格上都是平等的，并无尊卑贵贱之分。无论何时何地，无论年龄大小，都要自觉做到平等待人，任何人自视特殊，居高临下，傲视他人，就会成为脱离群体的孤家寡人，势必会造成心理上的孤独感。因此，在交往中要对自己有信心，对别人有诚心，彼此尊重，平等交往，人际关系才可能持久。

（二）尊重他人原则

孟子说："敬人者，人恒敬之。"一般来说，人都有自尊，自尊心表现出人把自己作为一个人来尊重的一种道德情感，这种情感的基础是承认自己的尊严，是人的自我意识的一种表现，并以特定的方式指导着人的行动。因此，能否尊重他人和受到他人的尊重，是人际交往的主要条件。尊重是双向的，主要是尊重他人的人格、感情、劳动、爱好、愿望、风俗和习惯等，同时还包括对他人的谅解和信任。在交往中，一个人如果不能平等待人，不尊重他人的人格，伤害他人的自尊心，盛气凌人，甚至侮辱他人，必然会导致人际交往的挫折和失败、人际关系的紧张和破裂。也只有懂得尊重他人的人，才能赢得他人真正的尊重。

（三）真诚待人原则

真诚待人，是友好交往的开端和基石，也是人际交往得以延续和深化的保证。只有彼此以心换心，才能相互理解、相互接纳、相互信任。“精诚所至，金石为开”。唯有真诚待人，才能产生磁石般的影响，激起对方的信任和热情。要培养真诚，就要从日常的生活中做起，要时时事事检点自己是否感情用事，是否本位主义，是否具有理性。要经常反省自己是否做到言而有信，胸怀坦荡，言行一致。当然，真诚并不等于把自己的心迹毫无保留地袒露给对方。

（四）互惠互利原则

互惠互利就是指人们在交往中考虑双方的共同价值和共同利益，满足共同的心理需要，使彼此都能从交往中得到实惠。它是人际交往得以继续和发展的前提。

古人云：来而不往，非礼也。在现实生活中，人人都需要被肯定、被接纳、被认可，都需要得到关心、体贴、友好。互惠互利就是满足人的这些心理需要。因而，大学生在人际交往中，在主动关心和帮助别人的同时，切忌忽略对助人者的热情回报，比如给助人者一个真诚的微笑、简单的口头致谢等。在交往中要克服两种现象：一是以物易物的交往，二是因未获回报而放弃助人。

（五）讲究信用原则

诚信是中国人的传统美德之一，也是现代社会的基本要求。人际交往中的诚信原则，主要表现在为人处事言行一致、表里如一，是协调个人与他人关系的保证，是一个非常重要的交往原则。诚是信的内在思想基础，信是诚的外在表现。一个心地坦诚、纯洁无私的人，对朋友应该永远心口如一。只有这样，才能得到别人的信任。那种矫饰、伪装、抑制自己的真情，闪烁其词、敷衍搪塞的人，是难以获得美好的真情的。在各种美好的人际关系中莫不体现这种以诚待诚、以心换心的原则。当然，大学生也应该看到社会环境、人际关系的复杂性，不仅要学会善于表达自己的真情实感，还必须学会分辨那些虚情假意。

（六）宽容大度原则

宽容就是心胸宽广，大度容人，是协调个人与他人关系必不可少的条件。在人际交往中由于各自成长环境、道德修养、个性特征等差异的存在，交往中出现认识不一致或因误会、不理解而产生矛盾是不可避免的，这就要求遵循宽容原则。大学生在交往中要做到严以律己，宽以待人，求同存异。常言道，“退一步海阔天空”，“有理也须让人”。宽容是一种高尚和美德，它可以使摩擦减少到最低限度，甚至可以化冲突为祥和，化干戈为玉帛。当然，宽容不等于怯懦、退让，更不等于拿原则作交易，大学生在实际交往中要学会把宽容与对坏人坏事的姑息迁就区别开来。

二、人际交往技巧

人际交往的技巧大体可以归纳为以下几个方面。

一是留下美好的第一印象。第一印象在人际交往中有心理定势的作用。第一印象首先来自于外部特征，因此，在与人交往过程中要适应不同的场合和文化氛围，注意仪表，衣着整洁，以透视身份、修养、品德等。要巧用称谓，尽量用“我们”代替“我”，以缩短交往双方的心理距离；要了解对方，以便在交往中寻求共鸣，达成共识和情感交融；言谈要高雅，内容要丰富有趣，举止要得体，充分表现自身的内在气质和修养。

二是记住对方的名字。一位心理学家曾说，在人们的心目中，唯有自己的姓名是最美好的、最动听的。记住人家的名字，而且很轻易地叫出来，等于给予一个巧妙而有效的赞美，并使两人之间的距离一下子缩小了很多。如果有一天你把朋友的名字忘掉了，那朋友也会忘掉你的。

三是积极的心理暗示。生活中不难发现，有的人身上仿佛有一种魔力，周围人都乐意围绕在他身边，这类人往往能够在短时间内结识很多人。心理学研究表明，这类人大多具有良好的自我表象和自我认识：“我是一个受人欢迎的人，我喜欢与人交往。”这样的心态会使人以开放的方式走向人群。他们心地坦然，很少有先入为主的心理防御，因而言谈举止轻松自在，挥洒自如。在这种人面前，很少人会感到紧张或不自在，即使一些防御心理较强的人也会受其感染而变得轻松、开放起来。同学之间的交往，很多时候是在紧张的学习之余求得一种轻松感，所以能满足这一愿望的人自然会有一种吸引力。

四是学会幽默。幽默使世界充满微笑，是男人的风度，女人的魅力，是美德和智慧的结晶，是知识和能力的展现。在人际交往中幽默是一种润滑剂，它能使矛盾的双方摆脱困境，创造一种轻松和谐的交际氛围。大学生要学会幽默，就要注意培养自己敏锐的观察力、丰富的想象力、灵活的应变力、巧妙的语言表达能力和获取广博知识的能力。

五是热情待人。热情是最能打动人的，是对人最具有吸引力的特质之一。一个充满热情的人很容易把自己的良好情绪传染给人。要做到热情待人，首先自己必须变得愉快。一个面带微笑的人很容易地被他人接纳。每个人在生活中都会遇到许多烦恼的事，但我们不应被它们所奴役，而应像鲁迅所说的那样：敢于直面惨淡的人生。大学生应当乐观地面对生活，积极地去做事，以微笑去待人。

六是对别人感兴趣。卡耐基曾经说过："对别人不感兴趣的人，他的一生中困难最多，对别人的伤害最大。所有人类失败都出自于这种人。""只要你对别人真心地感兴趣，在两个月之内，你所得到的朋友，就会比一个要别人对他感兴趣的人，在两年内所交的朋友还要多。"因而，要使别人对自己感兴趣，首先应对别人感兴趣。事实上，人们更容易喜欢那些对自己感兴趣的人。

七是发现和赞扬别人的优点。威廉·詹姆斯说："人生中最深切的质，是被人赏识的渴望。"我们应努力发现他人的长处，赞赏他人的优点，而不是一味地寻找他人的缺陷。在日常生活中，最为人渴望而不用花钱费力就能给予的就是真诚的赞赏。当然，赞赏必须发自肺腑，而不是恭维或"拍马屁"。

八是做一个好的听众。做一个听众，在对方说话时认真地听。学会倾听本身就是一种素养。因为跟你谈话的人，对自己的需求和问题更感兴趣。在倾听的时候要用态度表示关心；用微笑表示兴趣；适当询问，表示你用心听；不要打断别人的说话；忠实于对方的话题。如此这般，说与听的位置也就自然而然会相互交换。记住，鼓励他人谈论自己，谈论他们的感受，他们的成就，做一个好的听众，会使你得到更多的朋友。

九是主动帮助他人。交往中"给"与"取"是相互的。如果你要别人喜欢你，并且希望获得他人的帮助，首先要学会为他人效力，真心诚意地帮助他人。帮助他人并不是吃亏，相反，你不仅会从中学到很多东西，还能得到他人更多更好的关心和帮助。

三、人际交往艺术

大学生人际交往的原则，是借鉴我国人际交往的优秀传统，马克思主义哲学当中符合社会主义市场经济生活、政治生活、文化生活的基本准则而确定的。

高校教师要指导大学生在人际交往过程中正确合理地待人接物，并逐步帮助大学生掌握人际交往艺术。

（一）准确定位

学会给自己准确定位，这是成功交往、建立友善关系的前提。定位指的就是大学生要时刻明确自己的身份、地位、学历水平，要明白自己在扮演什么样的角色。定位准确了，学习生活可能就会一帆风顺；定位不准确，可能四处碰壁，饱经挫折。另外，人际关系是个动态的关系。在老师、辅导员面前，你是学生；在父母、长辈面前，你是儿女、晚辈；在兄长、姐姐面前，你是弟妹；在弟弟妹妹面前，你是哥哥姐姐；在裁判面前，你是队员；在警察面前，你是公民……这些不同的人际关系，都需要你摆正自己的位置，确定好自己的角色。

（二）塑造形象

1. 积极实践人际交往

要积极参与人际交往，才能让自己在实践中不断纠正各种不正确的人际交往的认知，进一步塑造良好的个人形象。大学生在人际交往的学习和接受阶段更是如此，要树立自信，敢于接受挑战，才能克服在人际交往上的自卑封闭心态。一方面，了解自己的优点，明确自己的不足，才能在构建良好的人际关系中奠定好自我认识基础，而后知己知彼，给他人留下良好的印象。另一方面，要克服片面的评价，不要用第一印象来衡量一个人的好坏，学会从全方位的角度认识、评价他人。同时，要树立好良好的形象就要以平等、热情、真诚、团结友爱、亲和的态度以及优雅大方的仪表、风度、气质来感染人。当然，还要注重自己的着装和言行，既注重内在美，也注重外在美。

2. 培养良好的性格

性格是指在待人接物的时候所表现出来的稳定的态度和与之相适应的行为方式。培养良好的性格在人际交往中具有十分重要的意义。大学生的性格在大学阶段已相对稳定，但还具有可塑性。良好的性格是人际交往顺利进行的基础，大学生要懂得对自己的性格进行分析，认识到哪些是好的性格特征，需要继续保持和进一步完善；哪些是不好的性格特征，需要改正。

（三）掌握说、听的艺术

1. 语言艺术

大学生来自不同的地域，或属于不同的民族，语言表达上有一定的差异，特别相对于北方的学生来说，南方的学生普通话不标准，语言交流有一定的障碍。因此，南方的同学要加强普通话训练，尽量克服地方口音，让语言表达更规范、准确。讲好一口流利标准的普通话，是一个人处理好人际交往的法宝之一。

2. 倾听艺术

倾听是人际交往中一门艺术。心理学上说，一个人内心苦闷的时候，就等于心中堆满了垃圾，需要倾诉来清理，所以在他人需要帮助或者遇到挫折的时候，身边有一个倾听者是很重要的。有些人见到别人有困难的时候认为自己能说会道就能够帮助他人解决问题，不管他人愿不愿意接受，结果往往适得其反。因此，要懂得学会倾听，在别人倾诉心中苦闷的时候，倾听者能耐心认真地听，听的过程中懂得肯定、反问、提问、回答、沉默的技巧，让对方在你倾听时得到心理上的抚慰。

此外，人际交往中还要懂得换位思考。多从别人的角度、立场来考虑问题，以增进互相理解，化解矛盾。

第三节　大学生常见的人际交往障碍

一、大学生常见的人际交往障碍

大学是人际关系走向社会化的一个极其重要的转折时期。由于主客观的原因，处于成长期的大学生对社会、对自我、对他人的认知存在一定程度的偏差，使得一些大学生存在不同程度的人际交往障碍，尤其是大学新生。其主要表现在以下三个方面。

（一）不敢与人交往

有的同学在与人交往时缺乏自信，对自己的言行举止过分敏感，生怕在别人面前丢丑，形成一种消极的心理暗示，尤其是见到陌生人时显得特别紧张，不敢正视对方，交谈时说不出话或语无伦次、词不达意。这就是社交恐惧症。社交恐惧症是大学生中较常见的心理障碍。有这种心理障碍的学生意识清楚，分析问题、解决问题的能力都不差，心里明明知道没什么可怕的，可偏偏心不由己，就是对某事、某物或某人有莫名其妙的紧张感和恐惧感，越是提醒自己不要紧张，偏又紧张得厉害。长此以往，形成了一种条件反射，怯于交往，自我封闭，独来独往。另外，有这种心理的同学还容易产生较强的猜疑心，总是以一种怀疑的眼光看人，对他人抱有成见，存有戒心，总怀疑别人在议论自己、算计自己，甚至觉得对方的一举一动都带有挑衅色彩。这样，不仅影响了正常的人际交往，而且还影响了自己学习与生活，严重者还会诱发心理疾病。

（二）不善与人交往

这类同学一般渴望与人交往，渴望与同学处理好关系，渴望在大学里交到知心朋友，但对人际交往的艺术和技巧、人际冲突和矛盾的应对知之甚少，往往凭直觉、凭情绪、凭经验来处理人际问题，结果经常弄巧成拙，甚至发生人际冲突。有的同学习惯以自我为中心，“我”字优先，目中无人，常常忽视平等、互助这样的基本交往原则，在与别人交往时只顾及自己的需要和利益，强调自己的看法和感受，不会站在别人的角度去考虑别人的情绪和需要，不尊重他人，漠视他人的处境和利益，自己高兴时就高谈阔论眉飞色舞，不高兴时就郁郁寡欢乱发脾气。有的同学不注意把握沟通交往的方式，在劝说他人、批评他人、拒绝他人时，有什么说什么，不讲究场合和说话的技巧。有些同学不懂得人际交往的目的在于满足交往双方的需要，是在互相尊重、互谅互让、以诚相见的基础上得以实现的，却总希望别人主动与自己交往，而自己总是处于被动地位。有些同学总是不自觉地扮演领导者的角色，以居高临下的口吻和心态与同学进行交流，并且有较强的权利欲与自尊心，常常在不经意中伤害了别人，造成了人与人之间的摩擦和冲突。有的同学不注意自己的生活细节和卫生习惯，不尊重别人的隐私和信仰等，导致别人产生反感。

（三）不愿与人交往

有这种心理的同学主要是对人际关系过度理想化，对校园人际关系的复杂性和多样性缺乏足够的思想准备和心理准备，缺乏对良好人际关系的科学认知。他们理想地认为：一个人际关系好的人一定是与周围任何人没有任何隔膜，被周围所有的人所喜欢；良好的人际关系必须建立在自己对周围的人喜欢的基础上。在人际交往中，常常先入为主，按照理想的模式去现实生活中寻找知己，一旦发现大学里人际交往中的现状与自己的理想目标相去甚远，或自己所追求的人际关系理想目标无法实现时，就感到茫茫校园，知音难觅，于是产生失望与不满的情绪，甚至离群索居，孤芳自赏。有的同学认为自己在任何方面都优越于他人，过高地评价自己，产生自傲心理，不屑与别人来往。有的同学在进入大学之后发现自己不如在中学时那么出类拔萃了，自信心有所减低，进而形成自卑心理，认为自己不如别人，怕别人瞧不起自己，因害怕失败而不愿与人交往。有的同学猜疑心或戒备心太强，对周围的人不信任，缺乏与同学基本的合作精神，觉得别人都不可靠，觉得接近自己的人都是别有用心的，而不愿和他人交往，甚至视同学为对手。有些同学缺乏基本的人际宽容，待人不随和，缺乏对彼此差异的包容，总是以自己的标准苛求别人，有时为一些鸡毛蒜皮的小事而伤害他人，进而严重地影响彼此交往的愿望。

二、形成人际交往障碍的原因

从共性方面看，大学生人际交往障碍形成的主要原因有：

（一）认知上的偏差

认知是人基于客观环境对自身及周围人的一种主观感受与评价。正确的认知会促进大学生的人际交往，而偏差的认知会妨碍大学生人际交往，造成人际交往的障碍。认知偏差主要体现在三个方面：一是对自我，二是对他人，三是对人际交往过程。对大学生来讲，由于受家庭背景、成长环境、生活阅历等因素的影响，往往不能用全面的、发展的、客观的眼光看待周围的人和事，经常以偏概全、以点代面，甚至全盘否定。有些同学无法客观地、准确地评价自己，往往夸大了自己的优点和长处，看不到自己的缺点和短处，或夸大了自己的缺点和短处。对自己无法全面客观地进行评价，对他人亦如此。很多大学生在人际交往中会不自觉地产生“首因效应”、“光环效应”、“投射效应”或“刻板效应”，并据此去评价他人。认知上的偏差影响了一些同学对交往对象的正确判断，导致了交往障碍，使得人际关系紧张。同样，很多同学对人际交往的过程过度理想化。很多同学对校园里人际关系的复杂性和多样性缺乏足够的心理准备，一旦接触到人际交往中的矛盾或不足，就感到与自己的理想相差甚远，产生失望与不满的情绪。

（二）性格上的缺陷

性格因素是影响大学生能否成功地进行交往的重要因素，由性格导致的交往障碍是一种由交往双方的个性倾向（需要、兴趣、动机、理想、信念）和个性心理特征（气质、性格、能力）的差异而引起的障碍。由于人的个性比较稳固，且具有习惯化的特点，因此由个性心理特征引起的障碍较之其他障碍更难消除。许多大学生的人际交往障碍是因为其不良的个性品质和有缺陷的性格导致的，如自我、骄傲、固执、虚伪、冷淡、猜疑、自卑、不尊重人、缺乏责任感、自私自利、急躁冲动、心胸狭窄、报复心强、嫉妒等。性格有缺陷的人通常不喜欢与人打交道，不善言谈，在公开场合或人多的地方总误以为别人不了解自己，觉得人际关系太复杂，把自己与周围的人隔离起来，不去表现自己，结果常常在孤独中顾影自怜。

（三）客观上的差异

一是学习上的差异。一般来说，能够走进大学殿堂的人往往在中学时期是学习上的佼佼者，他们很自信、很自豪。但大学里人才济济，原来中学的佼佼者在这里可能很一般，这很容易使一些一时不适应大学学习生活的学生产生自卑心理。

二是能力上的差异。有些大学生在琴棋书画等文体方面有专长，而有的大学生却缺乏这方面的特长，由于没有这些特长而产生自己不如人的自卑心理。

三是相貌、身高、家庭经济条件等的差异。由于大学生正值青春年少、风华正茂、精力旺盛之际，爱美之心人皆有之，他们需要打扮自己，突出自己，但有的人会因为相貌平平、身材不够高大、家庭经济困难而自卑。

（四）能力上的不足

要成功地进行人际交往，就要有较强的人际交往能力。有些大学生的人际交往失败与其人际交往能力欠缺有很大关系。一些大学生在中学时只顾埋头读书，学习成绩拔尖，但很少注意与他人的交往、沟通。到了大学以后，面对多样化的大学生活，他们人际交往能力的不足就暴露出来了，并成为影响他们融入集体的障碍。虽然他们很快就意识到人际交往的重要，内心也有很强烈的交往愿望，但由于以前没有学会怎样与人交往，缺乏人际交往的必要技巧和方法，出现人际交往不适应和人际交往不顺，逐步导致自卑心理的形成，或干脆退缩逃避。

第四节　学会融入集体

大学是一个小社会。因此，培养大学生的集体意识非常重要，其中最重要的是树立集体观念，增强合作意识，培养团队精神。大学的集体主要有班团组织、宿舍、社团等。如何尽快、愉快地融入各种类型、各种层次的集体，需要每一位同学认真思考、努力实践。

一、正确认识自己，合理定位自己在集体中的位置

人贵有自知之明，但“知己”往往最难。能否正确、客观地评价自己，是大学生走向成熟的重要标志之一。首先，要全面客观地认识自我，即对自己的个性、能力、兴趣、需要、行为以及心理状态要有一个全面的认识。有四种途径可以帮助认知自我：一是通过分析他人对自己的评价来认识自我，这是自我认识的一条重要途径。旁观者清，别人就是一面镜子，能照出自己的长处和短处。大学生应正确对待他人对自己的评价，从分析他人对自己的评价中进一步认识自我。二是通过与他人的比较来认识自我。通过比较来认清自己的优势和劣势、长处和短处，达到取长补短、缩小差距的目的。三是通过自我比较来认识自我。通过比较自己的过去、现在和将来来认识自我。四是通过自己的活动表现和成果来认识自我。大学生可以通过自己参加各种活动时的动机、态度，在活动中的表现，以及取得的成效、成果来分析认识自己。其次，积极准确地评价自我。同学们如果以积极的态度认可自己，便会形成自尊，如果以消极的态度拒绝自我，便会形成自卑。要以平和的心态评价自我，对自己的长处要充满信心，对自己的短处要正确对待，既不能护短，也不应因某些短处而灰心。同时，要正确对待挫折和失败。一个人在成长过程中难免会有失败和挫折，要有勇气面对，认真总结教训，树立胜不骄、败不馁的意志和信心。只有正确认识自己，并在这基础上给自己一个合理的定位，才能积极融入集体。

二、客观评价他人，理性看待他人的长处和不足

要建立良好的人际关系，既要知己，更要知彼。与别人交往时首先只想到自己的人，很少能建立良好而持久的人际关系。当你学会把注意力集中到别人身上时，建立良好人际关系的可能性就大大增加。无论你有什么本领、特长，也不论你受教育程度有多高，都不如真心实意关心他人给人留下印象的深刻。知彼，就是在社会交往中对他人的认识和了解，通过他人的行为表现和外部特征来全面判断其个性、兴趣、情感、需要、动机等。只有对他人有正确认识和

深刻理解，才能够在人际交往中正确、得体、恰当地选择自己的态度、方式和行为，从而与他人建立起和谐的关系。要学会综合、客观地评价他人。不要低估任何人的价值，把每个人都当作重要人物看待。如在宿舍里，每个人都是独立的个体，人各有别，人各有志，在交往中不能要求他人都按照自己的意志去做。不能苛求他人，责怪他人，要学会容忍，要善于发现别人的长处和优点，宽以待人。以自我为中心是集体生活的大忌。同学们要从最基本的宿舍生活、班级生活开始，学习与人相处之道，正确处理好个人与集体的关系。

三、主动与人交往，让对方感受到你的真诚

心动不如行动。人际关系是通过高质量、有效的交往建立起来的。经常交往，有助于加深相互了解，不断融洽人际关系，即使两个人的关系比较紧张，通过交往，也有可能逐步消除猜疑、误会。很多同学之所以缺乏成功的人际交往，很多时候是因为他们在人际交往中采取消极的、被动的退缩方式，总是期待友情从天而降。根据人际交往的交互性原则，别人是没有理由无缘无故对你感兴趣的。因此，如果你想与别人建立良好的人际关系，就必须主动。主动大胆地与人交往，这不仅能够锻炼自己的胆量，还有利于消除自卑、性格内向所带来的交往障碍。俗话说“一回生，二回熟”，第一次主动与人交往后要大胆地持续进行，并不断总结、积累经验，找出不足，在以后交往中发挥优点，克服不足，使自己在交往中做得越来越好。只有大胆地尝试，主动参与社交活动，才能逐步消除社交恐惧症、孤独感、自卑感。主动交往需要热情和真诚，只有在热情和真诚的基础上才能获得理解信任和心灵共鸣。“浇花浇根，交人交心。”只有交心才能使人感到真诚。在交往中切忌虚伪，要以诚相待。如在班级新生见面会上，要用心听同学的自我介绍，努力记住每位同学的样子和名字，这是一种礼貌和尊重，也是为今后的交往打下好的基础。

四、注意交往技巧，让交往助力你的成功

大学集体生活是一种全新的体验。除了正确认识自己、客观评价他人、主动与人交往之外，还必须掌握一定的人际交往技巧。首先要建立良好的第一印象。第一印象在人际交往中具有重要作用。人们会在初次交往的短短几分钟内形成对交往对象的一个总体印象，如果这个第一印象是良好的，那么人际吸引

的强度就大；如果第一印象不是很好，则人际吸引的强度就小。而在人际关系的建立与稳定的过程中，最初的印象同样会深刻地影响交往的深度。建立良好的第一印象大体有这六条途径：真诚地对别人感兴趣；微笑；多提别人的名字；做一个耐心的听者，鼓励别人谈他自己；谈符合别人兴趣的话题；以真诚的方式让别人感到他很重要。其次要学会交谈。交谈是一门大有学问的艺术，所以交谈之前要有所准备，要了解清楚交谈的对象、交谈的环境以及交谈的内容。交谈中尤其要注意人际交往中的语言技巧，所谓“良言一句三冬暖，恶语伤人六月寒”就是这个道理。大学生在人际交往中应掌握谈话要领：语言表达要有条理、准确、简练、生动；要善于聆听、有效聆听，做到耐心、虚心、会心；说话得体，注意分寸，最好不要谈论对方的隐私或忌讳的话题；人多时，不要把注意力集中在一个人身上，要注意平衡；不能打断对方的谈话或抢接对方的话头，忽视对方反应。听比说更重要，善于倾听的人，人际关系一定是融洽的，因为倾听本身就等于告诉对方你是一个懂得尊重他人的人。倾听对方谈话时应掌握以下要领：注意力集中，表情专注；用微笑、点头、感叹等表示自己的情感体验，表示你在倾听；尊重对方、平等交流、注重情感沟通。

五、提高自身素质，让集体知道你的价值

人的素质是多方面的，除了身体素质和生理素质具有一定的遗传因素外，其他的素质大多可以在后天的努力中加以历练和养成。成功人士总是设法在实践中不断丰富知识、锤炼品格，提高自身的综合素质。事实证明，在人际交往中，后天培养的内在素质的魅力比先天的魅力更具持久性和感召力。提高自身的素质，养成良好的性格，对建立和发展良好人际关系具有重要的积极意义。具有优秀素质和良好性格的大学生，容易使人产生可亲可爱之感，因而极大地促进了人际关系的发展，使其成为人际交往的成功者。大学生要努力完善自我，增强自身人格魅力，打牢成功人际交往的基础。在自我认识、自我认可的基础上，按照社会的需要和个人的特点来确立自我发展的目标，并通过实现这一目标而努力地完善自我，培养良好的交往品质，增强个人的素质和魅力，建立良好的人际关系。

总之，人际交往不是“选修课”，而是“必修课”，是大学生活不可或缺的组成部分。当代青年大学生要想成就一番事业，应学会融入集体、融入团队、

融入社会，学会交往、主动交往、善于交往，只有这样，才能让大学生活更加美好，才能助力将来的发展和成功。

网络课堂

1. 鞠强，《沟通心理学》，http：//video.sina.com.cn/v/b/45855834－1780654740.html

2. 张晋岗，《大学生人际交往与自我认知》，http：//www.tudou.com/programs/view/mCmRZgxnIN4/? union _ id＝100501 _ 100500 _ 01 _ 01

经典书目

1. 戴尔·卡耐基，《卡内基沟通与人际关系》，中信出版社，2008 年。

2. 戴尔·卡耐基，《人际关系学》，中国画报出版社，2011 年。

3. 李强，《成功人际关系》，吉林出版集团有限责任公司，2010 年。

4. 吕翠凤主编，《人际交往与成功》，南京大学出版社，2012 年。

5. 李明等主编，《人际关系与沟通艺术》，清华大学出版社，2012 年。

知识拓展

故事一：给与取

法国文学家雨果说：“最高的圣德便是为旁人着想。”做事情之前先站在他人的角度想一想：这一行为对他人会产生什么样的影响和后果。

有这样一个故事，经过重重筛选后，5 个应聘者终于从数百名竞争对手中脱颖而出，成为进入最后一轮面试的佼佼者。按照公司的规定，他们要在面试那天上午 9 点到达面试现场。他们不约而同地提前半个多小时就赶到现场。忽然，一个男青年急急忙忙地赶来了。他们纳闷地看着他，因为在前几轮面试中不曾见过这个人。他似乎感到有些尴尬，然后就主动迎上前开口自我介绍说也是前来参加面试的，只是由于太匆忙，忘记带钢笔了。他问他们几个是否有笔，想借来填写个人简历表。他们面面相觑，心想，本来竞争就够激烈的了，半路还要杀出一个“程咬金”，岂不是会使竞争更加激烈吗？要是不借笔给他，那不就减少了一个竞争对手，从而加大了成功的可能？大家像有心灵感应似的你看着我、我看着你，都不出声，尽管每个人都带有钢笔。终于，一直沉默寡言的“眼镜”走了过来，递过一支钢笔给他，并礼貌地说：“我的钢笔不太好用，但还可以写字。”他接过笔，感激地握了握“眼镜”的手。其余的人则用白眼瞟了瞟“眼镜”，不同的眼神传递着相同的意思——埋怨、责怪，甚至愤怒。一转眼，规定的面试时间已经过去 20 分钟了，却不见任何动静。有人按捺不住了，找到有关负责人询问情况。谁料里面走出来的却是那个似曾相识的面孔：“结果已经出来了，这位先生被聘用了。作为一家追求上进的公司，我们不愿意失去任何一个人才。但是很遗憾，你们的私心使自己失去了机会！”

故事二：度的把握

一位外语专业的大学生，掌握的词汇量大，语法基础牢固，而且口语水平也很高。他引以为自豪，平常说话时常不分场合地冒出几句英语来。有一次，他与部门经理谈话，不时冒出几句英语，使那位不懂外语的经理很是尴尬，谈话进行得很不愉快。造成这样的局面，只因为他把自己的才华表现得不是地方。

一位女大学生，联系了一家报社实习。主编与她交谈了一次就不乐意接收她了。原因是她在交谈中一会儿说认识市长的秘书，一会儿又讲曾经和哪位名人吃过饭、合过影，炫耀自己社交面的宽广。主编担心这样的女孩到单位实习时会不会搬弄是非，闹出什么乱子。多一事不如少一事，还是请她另谋高就吧。挺有希望成功的事就因为表现过分而告吹了。掌握好表现的度，是交往的一个原则，超过了这个度，就有可能聪明反被聪明误。

第六章　学会创新

随着经济的快速发展，全球化进程的加快，以及知识经济的到来，日益要求创新能力的提高，而知识与技术的创新都有赖于教育对创新人才的培养。创新是一个民族进步的灵魂，是一个国家兴旺发达的不竭动力。创新的关键在人才，人才的成长靠教育。当今社会的竞争，与其说是人才的竞争，不如说是人的创造力的竞争。因此，培养创新型人才是高校基本的、重要的任务，也是时代发展的要求。

第一节　创新意识与创新能力

创新，顾名思义，创造新的事物。创新是以新思维、新发明和新描述为特征的一种概念化过程。起源于拉丁语，它原意有三层含义：第一，更新；第二，创造新的东西；第三，改变。创新是人类特有的认识能力和实践能力，是人类主观能动性的高级表现形式，是推动民族进步和社会发展的不竭动力。一个民族要想走在时代前列，就一刻也不能停止创新。

一、创新意识与创新能力概述

（一）创新意识的内涵

所谓创新意识是指人们根据社会和个体生活发展的需要，引起创造前所未有的事物或观念的动机，并在创造活动中表现出的意向、愿望和设想。它是人类意识活动中的一种积极的、富有成果性的表现形式，是人们进行创造活动的出发点和内在动力，是创造性思维和创造力的前提。创新意识具有以下三种特征：一是新颖性。创新意识或是为了满足新的社会需求，或是用新的方式更好地满足原来的社会需求。创新意识是求新意识。二是社会历史性。创新意识是以提高物质生活和精神生活水平需要为出发点的，而这种需要很大程度上受具体的社会历史条件制约，在阶级社会里，创新意识受阶级性和道德观影响制约。三是个体差异性。人们的创新意识和他们的社会地位、文化素质、兴趣爱好、情感志趣等相应。而这些方面每个人都会有所不同，因此对于创新意识既要考察社会背景，又要考察其文化素养和志趣动机。

创新意识与创造性思维不同，创新意识是引起创造性思维的前提和条件，创造性思维是创新意识的必然结果，二者之间具有密不可分的联系。通常说来，创新意识包括创新动机、创新兴趣、创新理想、创新意志。创新动机是指引起和维持主体进行创新的动力因素，是产生创新行为的前提和基础。创新兴趣是促使主体积极探求新奇事物的一种积极情绪和态度定向。创新理想是主体对创新实践活动未来奋斗目标的持久向往和追求。创新意志是在创造中克服困难、冲破阻碍的心理因素，创造意志具有目的性、顽强性和自制性。

（二）创新能力的内涵

我国上千年的教育发展史，闪烁着一些简单而朴素的创新能力培养的思想和方法。例如，两千多年前，老子就在《道德经》中提出“天下万物生于有，有生于无”的创造思想。孔子提出要“因材施教”以及“不愤不启，不悱不发，举一隅不以三隅反，则不复也”的思想。1919年，我国著名教育家陶行知先生第一次把“创造”引入教育领域，他在《第一流教育家》一文中提出要培养具有“创造精神”和“开辟精神”的人才，认为培养学生的创新能力对国家富强和民族兴亡有重要意义。

何谓创新能力？所谓创新能力就是个体对已知的信息和知识的重组和应用或以此为基础产生具有新颖独特、有社会和个人价值的产品的能力。创新能力是在创新活动中体现出来的一种显性能力，创新活动的性质决定了创新能力主要由提出问题和解决问题两种能力构成。提出问题。爱因斯坦曾说过：“提出一个问题往往比解决一个问题更重要。因为解决一个问题也许仅仅是数学或者实验上的技能而已，而提出新的问题，从新的角度去看旧问题，确需要有创造性的想象力。”提出问题是由创新者在已有的知识、信息、经验和价值观的基础上，对创新对象的情景、状态和性质进行新的认识，它通常经历“发现问题——寻找资料——弄清问题”这样一个完整的过程。解决问题。解决问题的能力体现在创新者能够集中精力关注问题，应用各种认知活动、技能，从各个角度思考、尝试，使问题得以个性化解决。

二、创新意识是决定创新能力的关键因素

在今天，创新能力实际上就是一个国家和民族发展能力的代名词，是一个国家综合国力的同义语。虽然创新意识不是影响创新能力的唯一因素，但创新意识必定是决定创新能力的关键因素。如果一个民族认识不到创新是当代人类解决社会发展问题的最有效方式，不能把创新视为社会发展的主导性价值取向，不采取有力措施树立创新在社会发展中的合法地位，创新意识淡薄，这个社会必将失去发展的机遇。

（一）创新意识能够进一步推动人的思想解放

一旦人们形成开拓进取、敢为天下先的精神品质，就能大胆突破、推陈出新，而且“有所发现、有所发明、有所创造、有所前进”。在人类的创造领域，许多原来看似比某项技术的发明者和创造者聪明得多的人，其最终却无任何创造成果或成果寥寥，究其原因，就在于创造成果的产生，不仅需要深厚扎实的知识基础和较强的研究能力，而且需要特别强烈的创新意识。创新意识能够促进社会政治向更加民主的方向发展，这是创新能力发展所需要的基本社会条件。

（二）创新意识有利于个体认知水平的发展

具有创新意识的人往往会表现出超乎常人的批评性思维，他们往往不满足于现成的答案，常常会对现有的理论和现象产生质疑，并努力思考如何改进。为了回答自己心中的这些疑问，他们积极开动脑筋，不断地分析、探究、理解和消化，从而促进个体知识结构更趋完善，更趋合理，认知能力、思维能力不断丰富和发展，并最终建构形成进行创新活动所需要的知识平台，不断提升创新能力和创新水平。

（三）创新意识有利于促成人才素质结构的提升

人最突出的本质特征应当体现在人的创新能力上。创新意识作为一种强大的内在驱动力，它会不断强化人们推动社会进步的责任感，产生把创新作为实现自己人生价值的巨大热情和冲动。正如马克思所说，“激情、热情是人强烈追求自己对象的本质力量”。这种激情也是人的主体特征不可或缺的内容。创新意识代表着人们素质变化的性质和方向，它传达着一个重要的信息：社会需

要充满生机和活力的人，需要有开拓创新精神的人，需要有良好的思想道德素质和科学文化素质的人。这在客观上将会引导人们朝着这个目标不断提高自己，不断优化自己的知识能力和素质结构，使人的本质力量在更高的层次上得以确证。

三、激发创新意识，提升创新能力

在当代，创新教育已成为社会发展的迫切需要。在高等学校的教育和管理中，尤其要重视学生创新意识的培养，充分调动学生开展创新活动的积极性和主动性，营造良好的创新环境，以提高学生的创新能力。

（一）尊重个性，培养学生的创造性精神品质

培养学生创新意识的关键在于培养学生的创造性精神品质。高等教育应该创造一种适合学生个性发展的空间和氛围，发现和挖掘学生的自主意识和潜能。首先，要尊重学生的个性，培养学生的自主意识。学校、家庭和社会一方面要承认个性的合理性，充分尊重学生的正当个性；另一方面，在承认学生个性的存在及其差异的合理性基础上因材施教，切实为学生指明学习方向，提供学习的方法，使每个学生的潜能得以充分发挥，增强适应社会的能力。师生间真正做到民主与平等，使学生能够自信、自立、自强、自主，从根本上解决“高分低能”的现象。通过多肯定、多表扬的方式引导“不听话”学生，进一步激发他们的积极性、主动性和创造性。其次，要活化教学过程，使学生的思维处于积极状态。一方面要把一大批具有创新意识和能力，并愿意从事创新教育的各行各业的人才吸引到教师队伍中来，为培养创新型人才奠定坚实的基础；另一方面，在课程设计上，要打破过多的专业壁垒，探索一套有利于培养、开发学生创新潜能的课程体系。把各学科课程之间的交叉、重复、雷同、陈旧的内容归纳、摈弃；把科技含量高的、有利于学生创新能力培养的学科充实到课程结构中来，注重第一课堂和第二课堂相结合。在教学方式上重视启发引导，鼓励学生大胆设想，推陈出新。在考核上重视知识与能力并重，充分发挥学生个性化思维在探索知识中的作用。还有，要保护学生的批判意识。教师要引导学生冲破“书本定势”“学术权威”等传统思维的束缚，鼓励学生对教师所讲的内容提出质疑，让学生带着批判的意识去听课和学习。大教育家陶行知说：“天天是创造之时，处处是创造之地，人人是创造之人。”创新并不是遥不可及的，创新

就在我们身边。作为学生，创新就是要能够突破现有的思维定势，打破现有的知识框架，不迷信古人，不迷信权威，不迷信书本，敢于大胆质疑，敢于发表自己的见解。

（二）发现价值，发掘学生的创造潜能

所谓人的价值，就是指人应有的作用与尊严。作为教育工作者理应公平地为学生创造体现其价值的机会，激发其潜能获得最大限度的发挥。要善于发现每个学生的价值，为他们提供展示自我的舞台，让他们有参与的欲望，发掘出每个人身上与生俱来的巨大潜能；避免因将光芒过度集中在某些人身上，而让其他学生生活在被爱遗忘的角落里。这就要求广大教育工作者要对自己的工作充满激情，满腔热忱地关心自己的学生，呵护学生的创造热情。与此同时，全社会应当一起努力，为广大学生创设和谐、民主、宽容的教育环境，共同促进学生的健康成长。

（三）保护好奇心，激发学生的创造欲望

好奇心是创新型人才的必备特质。好奇心是人们由于力争弥补已有知识与未知领域的差距而产生的一种心理，是对不了解事物所发生的一种新奇感和兴奋感。好奇心在人们认识发展的过程中具有重要的推动作用。好奇心通过惊奇、疑问等心理活动，诱导人们有选择地、主动频繁地接触产生新奇感的客观事物，进而激发人们探寻这一客观事物的内在联系，产生新的创造欲望。

第二节　大学生科研与创新能力

近年来，在全国高校范围内开展的全国大学生电子设计竞赛、数学建模竞赛、机械设计竞赛、结构设计竞赛、大学生挑战杯赛等，虽然对于培养本科生的科研实践能力和创新精神起到了积极作用，但我国高校在培养本科生科研实践和创新能力方面与国外仍存在较大差距。一是参与学生数量少，学生科研意识总体淡薄。二是缺乏管理体制上的保障，对大学生科研活动的引导、扶持不够。目前，在高校中很少有专门的组织机构向大学生提供科研活动经费、场所的支持，也没有把大学生科研活动列入教育发展计划中。

一、科研实践对提高大学生创新能力的重要性

科研实践是让大学生参与科学研究的过程，是大学生明确科学研究的基本要求，掌握科学研究的基本方法，提高运用所学知识发现问题、分析问题和解决问题的综合能力的实践活动。通过科研实践可以培养大学生创新素质，提高大学生创新能力。

（一）完善知识结构，奠定创新基础

科研素质的培养要求大学生具备本学科的基础理论和专业知识，并不断拓宽知识面。由于受传统教育观念和方法的影响，大多数学生成了知识传播的“受众”，他们习惯于现有书本知识的学习，满足于记忆和重复，接触跨学科和交叉学科的知识不多，造成知识深度、广度明显不足，知识结构不够完善，不能满足科技和社会发展的需要。通过认识和探索未知世界的科研实践活动，可以引导他们学会如何分析问题和思考问题，可以让学生了解科技发展的最前沿，接触本领域的新知识、新技术与新方法，形成比较完善合理的知识结构，为今后的创新活动奠定扎实的基础。

（二）激发问题意识，培养创新素养

现实世界时时处处都存在需要我们去解决的问题，而大学生在某种程度上具有创新意识，对创新也有一定的认识，也希望在学习中产生新思想。但在传统教育中，由于缺少科研实践，学生在学术行为上往往表现为人云亦云，迷信权威，从而忽略进行创新创造的可能。科研实践可以充分挖掘大学生创新潜力和聪明才智，释放创新激情，提高他们提出问题、分析问题、解决问题的能力，促使大学生形成敢于质疑、勇于挑战、善于超越的创新品质。

（三）活跃创新思维，培养创新能力

一个人停止了创新的思维，便是停止了生命。创新思维是发挥人的自主创新能力，以超越常规的眼界从特异的角度观察思考问题，提出全新方案解决问题的思维方式，是整个创新活动智力结构的关键，是创新能力的核心 。科研训练可以加强思维的弹性，发展思维的锐性，提高思维的韧性，激发思维的活性，从而激发大学生的创造热情。

（四）提高创新能力，掌握创新技巧

创新基本能力主要包括观察能力、注意能力、记忆能力、想象力等，它们

是主体进行创新创造实践活动所必备的能力。英国思想家培根曾强调："科学家的研究是从记录他的观察开始的，如果这些观察正确，它们就会导致同等正确的关于自然的判断和概括。"爱因斯坦曾说："想象力是科学研究中的实在因素。"这些无不说明科研实践的重要性。科研实践可以让学生接触到大量的信息，正确运用创新的原理与方法，提高实验与操作技能，培养总结与表达的能力等。大学生在科研过程中应努力培养独立思考和独立工作的能力，及时了解科研动态，运用科学的方法分析问题、解决问题，掌握科研的技能和技巧。

（五）克服消极心理，塑造创新性格

创新心理品质的核心是情感和意志因素，其对创新实践活动主体的态度和行为的调节作用主要通过情感过程和意志过程来完成。创新心理品质贯穿于创新活动的全过程。长期缺乏创新实践的大学生，在创新活动中普遍存在自卑、自满、胆怯、嫉妒、优柔寡断、懒惰散漫、好高骛远等消极心理。科研训练可以帮助大学生树立远大理想，强化创新兴趣，克服自卑、从众、倦怠等心理，形成健全的创新性格。

二、培养大学生创新能力的科研活动方式

（一）将科研活动列入教学计划，提高大学生创新能力

科研实践班是将大学生科研活动列入教学计划的具体形式之一，与教学计划中的课程设置和教学安排等紧密结合。以江西中医学院为例，学院每年投资100万元设立专项基金，以产学研结合模式开发江西中草药，进行自主投资，实施滚动资助。也就是择优投资院内自主申报及招标的科研项目，同时将相应专业的学生编入科研实践班，把学生科研能力培养纳入本科生教学计划和人才培养的评价体系，以培养出创新型、实践型和创业型人才为目标。要求学生完成第三学年的学习课程便进入科研实践班，期间要随指导教师进行课题开题、调查、研究、总结，最后进行论文答辩。在此研究过程中，筛选出具有开发应用前景的项目，学院再资助研制出具有自主知识产权的成果，进行成果转化。最初科研实践班60名学生参加了20个研究项目，经调查大部分学生认为科研实践班是提高科研能力和综合素质的有效方式。

（二）通过大学生自主科研立项课题，提高大学生创新能力

大学生科研立项课题是指学生在教师指导下，根据各自的兴趣、爱好和条

件，选择不同研究内容，独立自主地开展研究。也就是学生向学校、省、国家各级申报自己感兴趣的课题，获准立项后，开始对课题进行研究。它是实施素质教育、培养创新能力的重要举措，是大学生创新意识、创新思维、创新能力和创造个性培养的重要方法和途径。

教师指导和检查督促是学生课题顺利推进的保障。由于大学生不善于或者不具备推进课题实施的能力，指导教师在课题的规划方面发挥着至关重要的作用。教师按照课题进展情况对科研活动进行多种形式的检查，加强全过程监督，不断帮助大学生解决工作中出现的技术问题，甚至调整工作方案。在科研过程中锻炼大学生掌握科研攻关的能力，树立起科研攻关的自信心。

(三) 强化毕业科研实践环节，提高大学生创新能力

毕业论文（毕业设计）是本科教学培养方案中的一个重要环节，其目的是通过毕业论文（毕业设计）这一教学环节，培养学生综合运用所学的基本理论、基本知识和基本技能来分析和解决学科内某一实际问题的能力，使学生科研能力得到一次完整的综合训练，同时培养学生科学的思维方式。但目前本科生的毕业论文（毕业设计）往往难以达到实际要求，流于过场。因此，毕业论文（毕业设计）要加强规范化、程序化管理。强化学生毕业科研实践环节，应做到：一是提前布置，认真选题。让学生有充足的时间考虑，与指导老师一起协商制定题目。二是抓好开题报告，强调设计方案论证。通过撰写开题报告，让学生明确毕业论文（毕业设计）的目的和要求，对课题有更深刻理解与认识，减少盲目性，同时培养和训练学生对撰写课题方案论证报告的方法和能力。三是加强环节管理指导。指导教师应定期进行检查，组织中期报告。四是规范论文。严格规范论文的格式、插图、表格，养成一种良好的科研报告写作规范技巧。

(四) 开展课外学术科技活动，提高大学生创新能力

大学生参与课外学术科技活动，既是对他们课堂所学知识和技能训练的一种检验，同时也是培养和提高他们创新能力的有效途径。大学生课外学术科技活动主要有：一是组织学术报告，介绍前沿动态。经常聘请国内外著名专家学者作前沿学术报告，开展学术交流活动，让学生了解国内外学科发展的最新动态；举办教授论坛、博士讲坛等学术活动，大力营造校园学术氛围。二是组织各种科技竞赛，创设实践平台。定期举办学生科技文化节、科技活动月、科技活动周等活动，组织学生参加国家、省（部）级科技竞赛活动，如“挑战杯”全国大学生课外学术科技作品竞赛和创业计划大赛等，让学生在参加科研实践和科技比赛中提高创新实践能力。三是举办学术沙龙，创建交流平台。鼓励学生成立各类科研兴趣小组，组建学术沙龙、研究协会等。倡导不同专业、不同年级的学生一起研究问题，开展讨论，共同探究前沿动态；同时，大力创造条件，鼓励本校本院的专家教授以及社会上相关行业的科技人员参与其中，给学生以指导。

经典书目

1. 周延波、王正洪，《高校创新教育》，科学出版社，2011 年。

2. 彭宗祥、徐卫、徐国权，《大学生创新创造读本》，华东理工大学出版社，2003 年。

第七章　学会自我管理

作为一名大学生，上大学可能是第一次离家，第一次开始独立生活。上中学时，由于学业的繁重，大部分时间和精力都用在学习上，生活上的事情绝大多数由父母包办打理。上大学后，生活环境有了很大的变化，没有了父母、长辈的悉心照料，许多事情要由自己处理了，可以说，真正的独立生活开始了。独立的大学生活，不仅仅意味着独自面对衣食住行，也意味着开始独立地规划自己的人生。因此，学会自我管理是大学生活的重要一课。

第一节　纪律管理

一、纪律概述

(一) 纪律的内涵

"纪律"，《辞源》解释为"纲纪法规"；《现代汉语词典》解释为"政党、机关、部队、团体、企业等为了维护集体利益并保证工作的正常进行而制定的要求每个成员遵守的规章、条文"。从本义上讲，纪律就是特定组织的行为规则，是在一定社会条件下形成的、一种集体成员必须遵守的规章、条例的总和，是要求人们在集体生活中遵守秩序、执行命令和履行职责的一种行为规则，是用来约束人们行为的规章、制度和守则的总称。

一般来说，纪律有三种基本涵义：一是指惩罚，二是指通过施加外来约束达到纠正行为的手段，三是指对自身行为起作用的内在约束力。这三层意思概括了纪律的基本内涵，同时也反映出良好纪律的形成过程是一个由外在的强迫纪律逐步过渡到内在自律的过程。

（二）纪律的形成

纪律和其他社会行为规则一样，是人类社会发展到一定阶段的产物。在人类历史的早期，原始人类处于近乎蒙昧的状态，并不能明确地意识到个人和整体利益的关系，在原始群体内部也没有建立起相对稳定的人们共同遵守的行为规则。随着生产力的发展和人们认识水平的提高，氏族、部落等组织相继出现，迫切需要创制一些相对稳定的大家共同遵守的行为规则来调整这些组织的内外关系。一个组织也只有具备了这些行为规则，才算是名副其实的组织，才能实现自身组织利益最大化的目标。事实上，原始社会产生的各种社会组织行为规则，它们在人类历史的长河中世代相传，不断演化，有的已经消失，有的积淀为道德规范，有的则集中概括成为特定组织所共同遵守的行为规则——纪律。

在当代，纪律这种社会行为规则已普遍作用于社会生活的各个领域、各个层面和各种组织。党有党纪，政有政纪，军有军纪，校有校纪……几乎有组织就有自己的纪律。纪律既可以是成文的，也可以是不成文的。

（三）纪律与自由

有些大学生认为，大学校园不应该墨守成规，恪守老套。大学生应该拥有更多的自由，少一些约束，多一些张扬个性的空间，不能像中小学生一样完全服从于学校的纪律要求。

自由是相对于束缚、规范、纪律、限制、专制等而言的，是相对的，不是绝对的，它和纪律是一个统一体的两个侧面。但是自由并不否定或排斥任何规范、纪律和限制，自由不等于放任。合理的纪律和规范是自由的前提和基础。没有规矩，无以成方圆，没有纪律就是放任，而不是真正的自由。纪律意味着秩序，没有秩序只会是混乱，而不会是自由。如果取消任何纪律和限制，自由也就不存在了。在大学，对于必不可少的限制和约束，不应作无谓的反对，而是应该理智地适应并予以遵守。

二、当代大学生违反纪律的几种主要类型

当代大学生，从总体上看，是一个朝气蓬勃、勤奋上进、思想活跃的群体。但同时我们应该看到，近几年来，高校中的学生违纪现象时有发生。这些违纪行为不仅严重影响了违纪者本人的健康成长，而且危害着学校和社会的安定。

目前，大学生的违纪行为主要有以下两种类型：

（一）学习中的违纪行为

学习中的违纪行为是学校特有的违纪现象，主要是指不遵守学校的有关规定，上课迟到早退、无故旷课、抄袭作业、考试作弊、课堂纪律松散、迷恋网络游戏等行为。其中较为突出的就是考试作弊。

考试作弊。大学生考试作弊一直是违纪行为的主要表现形式，比较突出，占违纪受处分总数的50%左右。不少学生平时不刻苦学习，在考场上使出浑身解数作弊，形式五花八门，有夹带、偷看、抄袭资料的，有找人代考、替人代考的，还有花钱雇“枪手”的，等等。作弊的手段也由原始的“偷看”发展到使用“现代化”工具，如携带手机、无线耳机等进入考场。因此，铲除作弊违纪行为成为学校管理的一大重点和难点。

迟到、早退、旷课。有些学生无视学校的组织纪律，不好好上课，不想上就随意旷课。迟到、早退现象在大学生中也时有发生。这些都严重影响了学业。

（二）日常生活中的违纪行为

日常生活中的违纪现象，如盗窃、打架斗殴、酗酒闹事、赌博、破坏公物等，在大学生中也时有发生。

偷盗。当前，大学生中因偷盗行为受处分特别是受到法律制裁的人数有所增多。个别学生利用同学的疏忽大意或轻信的弱点，偷盗现金、信用卡、手机、随身听、电脑和其他一些贵重物品等。偷盗方式各有不同，有蓄意的、有顺手牵羊的。偷盗多发生在宿舍、教室、图书馆和食堂。

打架斗殴。打架、斗殴等行为也是大学校园里平时比较常见的严重违纪行为。大学生血气方刚、好胜心强，加上自我控制能力差，稍不如意就拳脚相加。往往因为同学的一句玩笑话，或为争一个“座位”，或争风吃醋，或“哥们义气”，就大动干戈，严重扰乱了学校正常的教学和生活秩序。

三、大学生违反纪律的原因分析

马克思说：“人创造环境，同样环境也创造人。”由此可见，人的成长是主客观两方面因素交互作用的结果。大学生的违纪行为既有客观方面的原因，也有主观方面的因素。

（一）大学生违纪行为产生的客观原因

一是社会不良风气的影响。我国正处在社会主义初级阶段，社会上出现一些不正之风，一些人是非观念混淆、道德水准下降，这些对学校、对大学生都产生了很大的负面影响，模糊了他们的信仰，削弱了他们的意志，涣散了他们的组织纪律性。

二是家庭教育环境的影响。由于现在大学生大部分为独生子女，父母对孩子寄予了过高的期望，过度宠爱，只要孩子学习成绩好，其他什么都可以不管，因而忽视了孩子综合素质的提高，尤其是忽视了孩子良好品德和良好习惯的养成。这是不少孩子以自我为中心、无视学校纪律的重要原因。

三是教学松弛，管理不力。某些大学教育观念、教材陈旧过时，教学方法呆板，难于激发学生的求知欲望。加上个别教师缺乏事业心和责任感，只教书、不育人，课堂教学马虎应付，教学效果差，客观上助长了旷课、考试作弊等行为的发生。学生在学习上缺乏压力和动力，无疑给各类违纪行为的发生提供了条件。另外，学校管理不严也是导致学生违纪的原因之一。有些高校的学生管理工作显得松散、弹性较大，学校虽然制定了一系列规章制度，但普遍存在有章不循、有章难循的状况，规章制度难于完全达到规范约束学生行为的目的。

四是应试教育的影响。长期的应试教育压抑了学生的个性，忽视优良品德的养成，忽视综合素质的全面提高，长年累月积累下来的负面情绪无处释放，容易滋生逆反心理，产生对规范的反感，造成进入大学后无视校规校纪的意识，很容易产生违纪行为。

（二）大学生违纪行为产生的主观原因

大学生违纪行为发生的关键因素在于学生自身。从大学生主观方面的原因来分析，主要表现在以下几方面：

一是学习目的不明确，学习动力不足。没有现实可行的、明确的目标，是一些同学在大学一、二年级感到茫然的最主要原因。考上大学的目标一旦实现，相当一部分学生便认为“大功告成”，对于将来的长远奋斗目标不明确，至于近期、中期自己应该怎么做也没有认真想过。上了大学有松口气的思想，认为考上大学弄张文凭能找到工作就可以了，没有树立远大的理想和目标，导致精神空虚，把充沛的精力和宝贵的时间消磨在网吧里、牌桌上和酒杯中，追求吃喝玩乐，追求“超前高消费”，最后置校规校纪于不顾。

二是心理承受能力差，自我控制能力弱。由于性格年龄的特征，加上中学阶段拼搏的成功，大学生的自信心、自我意识都较强。但是，相当一部分学生心理承受力较差，缺乏较强的自我控制能力。具体表现在遵纪守法观念淡薄、意志薄弱、好冲动和容易为环境左右等方面。这在学生违纪后的忏悔、检讨书中充分地体现出来。

三是法律意识淡薄，道德素质低下。许多大学生缺乏法律知识方面的学习，由于不学法、不懂法，导致法律意识淡薄，法制观念不强，不自觉守法。在平时的学习生活中自由散漫，不愿受纪律约束，把法律、校规校纪置之脑后，盲目追求个人“自由”，认为只要学习上不出问题，纪律差点没关系。因而经常目无组织纪律，以致违反了校规校纪。

四、大学生必须遵守的纪律规范

我国《高等教育法》明确规定：“高等学校的学生应当遵守法律、法规，遵守学生行为规范和学校的各项管理制度。”为了维护高等学校正常的教学工作和生活秩序，使学校的教育管理工作规范化、秩序化，同时也为了给广大学生创造一个良好的成才环境，培养大学生良好的行为习惯，促进德、智、体、美全面发展，国家教育部以法令形式，颁布了《高等学校学生行为准则》《普通高等学校学生管理规定》《高等学校校园秩序管理若干规定》等一系列规定。这既对大学生的行为提出了总体要求，又是大学生学习、生活、行为的具体纪律规范，是大学生必须履行的规章。同时，各高校通常都会根据自己的情况，制定一系列具体实施的纪律规范，广大学生都应自觉学习并严格遵守。

以福建师范大学为例，作为该校学生，除了遵守上述的规定纪律外，还需遵守学校自定的规章制度。《福建师范大学学生纪律处分规定》。该规定对纪律处分的种类和运用、应受处分的行为和处罚、处分及其解除程序、申诉程序等做了详细规定，这是对大学生在校期间发生的违纪行为所应承担的责任作出的行政性规范，是每个大学生一入校门就必须牢记于心的极其重要的一个纪律条例。《福建师范大学学生宿舍管理暂行规定》。每个大学生必须遵守学生宿舍的管理制度，保证宿舍的安静、整洁、优美，养成良好的个人卫生习惯，节约水电、注意安全、团结友爱、互相帮助，创建文明寝室。《福建师范大学加强学生安全稳定教育和管理工作的暂行规定》。该规定对大学生必须遵守的安全纪律做了详细规定，对保证学生的人身和财产安全有重要的保证作用。每个大学生在学期间，对包括因事外出、实习、旅游、游泳，在外租宿、集体活动等，都必须按照相关纪律要求执行。此外，还有一些诸如课堂纪律要求、考场纪律要求、作息制度要求、网络管理要求等，都是学校为了维护正常的教学和生活秩序而制定的，每个学生都必须严格遵守。

五、大学生应努力成为遵守纪律的模范

广大学生应该提高遵守纪律的自觉性，增强纪律修养，做遵守纪律的模范。大学生纪律修养的要求主要有以下几个方面。

一是要不断增强纪律观念。首先，要从思想上真正认识到纪律的极端重要性。其次，要认真学习法律法规和学校的规章制度，树立法制观念和纪律观念，知道哪些是应该做或可以做的，哪些是不应该做或不可以做的。再次，要正确处理自由与纪律的关系，培养自己管理自己、自己约束自己的能力，培养严于律己、自控自制的坚强意志，做到在任何情况下思想上不忘纪律观念，行动上不违反各项纪律和规章制度。

二是要努力提高思想觉悟。遵守纪律的自觉性，是以高度的思想觉悟为前提的。不遵守纪律的人，往往强调自我利益、自我需要，以个人的理由作为违纪的借口。一个具有大公无私、全心全意为人民服务的崇高人生目标的人，他的所作所为，首先想到的是他人和集体，自然就不会做出违反纪律的事情来。

三是要努力加强道德修养。一个人道德水准的高低对是否遵守纪律影响极大。很难想象，一个道德低下的人会成为遵守纪律的模范。在实际生活中，一切违反纪律的言行，实际上是不道德的表现。加强道德修养，最根本的是要树立共产主义的道德观，用社会主义核心价值观规范自己的行为，使自己成为一个有道德、守纪律、有益于人民的人。

四是遵守纪律贵在实践。良好的纪律修养是从自我做起、从点滴做起养成的。只有在日常生活中时时用各种纪律规范作为自己的行为准则，严格约束自己，自觉锻炼自己，处处自尊、自重、自爱，防微杜渐，身体力行，才能真正成为遵守纪律的模范。

五是敢于同违反纪律的行为作斗争。纪律是集体的灵魂，维护组织纪律人人有责。敢于同各种违纪行为作斗争，是维持正常的教学和生活秩序、创造良好成才环境、培养合格人才的可靠保证。

第二节　时间管理

一位大学生是这么描述大学生活的："大学和高中相比似乎没有什么太大的区别，每天依旧是学习，每次考试后依旧是担心考试成绩……不同的只是大学里上网的时间和睡觉的时间多了很多，压力也小了很多。"进入大学的学生终于放下高考的重担，第一次开始追逐自己的理想、兴趣，第一次不再由父母、老师安排生活和学习中的一切，拥有了一个几乎完全属于自己的生活空间，在选课、上课、吃饭、休闲的过程中体味着自主支配时间的乐趣。在享受这份乐趣时，时间就犹如白驹过隙般飞逝。因此，大学生应当及时树立时间观念，对时间进行有效的管理，养成良好的学习和生活习惯。

"一寸光阴一寸金，寸金难买寸光阴。"时间看不见，摸不着，对每个人来说都不是陌生的，因为每人都拥有时间。但是独特的时间对任何人、任何事都是毫不留情的，它既可以毫无顾忌地被浪费，也可以被有效地利用。时间管理好的人，是时间的主人，否则就是时间的奴隶。

时间管理学者杰克·弗纳对时间管理的定义是：有效地应用时间这种资源，以便我们有效地达成个人的重要目标。也有人认为，时间管理所探索的是如何减少时间浪费，以便有效地完成既定目标。还有人认为，时间管理是在日常事务中执行并有目标地应用可靠的工作技巧，引导并安排管理个人的生活，合理有效地利用可以支配的时间。

一、大学生时间管理的内涵

美国著名的管理大师杜拉克指出："时间是最稀有的资源，不能管理时间，便什么也不能管理。"有效的时间管理，是一切工作管理的基础。时间管理得好，能提升个人的生活品质；时间管理好的人，是一个很忙碌的人，忙而有序，忙而有效。成功之人总是能够贴近自己的目标做到合理规划管理，在有限的时间内做出更积极更有价值的事情。因此，作为大学生应该在读大学期间学会管理时间，养成管理时间的习惯。

（一）大学生时间管理的含义

从当前中国学生的成长历程来看，绝大多数的大学生没有系统学习过时间管理，中小学的时候一直都是在父母、老师的监督之下学习，只重视对学科知识的学习，学习时间的分配也全由教师来完成。在这种教育环境下成长的很多大学生时间观念缺乏，对时间的价值认识不足，热衷上网、闲聊和逛街，甚至在课堂上不专心听讲，玩手机、睡觉。

时间对于不同的人有不同的意义。对于活着的人来说，时间是生命；对于商人来说，时间是金钱；对于学者来说，时间是资本；对于管理者来说，时间是效率……对大学生而言，时间管理是什么？就是大学求学期间学会如何面对时间的流动而进行自我的管理。大学生要好好把握现在，现在就确定自己追求的目标，制作一份实践计划，合理有效地利用可以支配的时间，规划好自己的学习与生活。

（二）大学生浪费时间的表现

从高考的“禁锢”中走出来的大学生一下子感觉时间多了。时间多了，却不会安排时间，只是跟着感觉走，这是在浪费时间。大学生浪费时间，主要是学习目标不明确，生活没有规划，想干什么就干什么，学习、生活处于被动的状态。另外，一部分学生沉迷于打牌和游戏、看小说、电话聊天、长时间 QQ、经常性喝酒聚餐、闲谈聊天。根据有关部门对大学生时间安排的调查报告，目前大学生花在上网上的时间占课余时间的第一位，其中上网之目的排序为：聊天、发刷微博、收发 e－mail、寻找资料、玩游戏、浏览学校网站信息。这说明，大学生花在网络虚拟世界中的时间太多了。

二、时间管理是大学生成功的必修课

不善于支配时间的人，经常都感到时间不够用。进行时间管理，必须掌握科学的时间管理方法。对大学生而言，大学四年的时间是非常宝贵的，要充分利用好每一天的时间，必须进行科学高效的时间管理。

（一）大学生的时间分类

根据活动的不同可以把大学生的时间划分为：学习时间，即大学四年的上课、自习、交流和课外学习时间等；工作时间，即担任班干部、参加社会实践实习等锻炼提高个人能力的时间；生活时间，即与亲朋好友相处交流的时间；

休闲时间，即休息、睡眠及体育活动、娱乐时间；除此之外还有个人思考的时间等。

根据支配人的不同，大学生的时间大致可以分为以下几类：一是受老师支配的时间，即每周上课时间；二是受组织支配的时间，即参加各种集体活动的时间；三是由个人支配的时间，即用于完成自己需要做的事情的时间。大学生改善时间管理的关键是学会如何更有效地规划由个人支配的那部分时间。

（二）科学合理管理和安排时间

每一个刚进入大学校园的人，需要做的是提高自己管理时间的能力，有效地利用时间，科学地安排时间，掌握时间管理技能。

1. 规划设计大学生活蓝图

大学是人一生中最为关键的阶段，不仅要掌握基本专业理论知识，还要掌握必要的专业技能以及需要培养诸多方面的能力。对每一个学生来讲，时间的绝对值都是一样的，但其时间效益可能大相径庭。如何有效进行时间管理，制订合理计划，利用有限的时间做更多、更有用的事情，就成为大学生的当务之急。所以从大一入学开始学生们就应该对自己的大学生活有一个正确的认识和规划。第一，应先对专业的课程设置作一全面了解，列出主干课程及其学期的分布。每个学期应重点保证把二至三门重点课程学深学透，在此基础上，适当选修其他课程，选修课程不宜太多太杂，以免分散精力，并参加一定的社会活动。第二，要了解高年级学生是怎样学习、怎样安排生活的，从而总结出规律性的东西，调整心态尽快找出适合自己的新生活方式，形成新的良好的习惯。同时也要和同宿舍、同班同学多聊聊，互相交流情况，增进了解和友谊，加速对环境的适应。第三，寻求老师的帮助。大学生活有其自身的规律性，辅导员和老师对大学生活有亲身的感受，他们对学校的基本情况较为熟悉和了解，寻求他们的指导和帮助，将有助于你对大学生活的设计，从而创造性、能动性地把握自己的大学生活。

当今社会高速发展，科学技术不断更新，新知识、新技术不断涌现，这需要不断学习新的技能，不断完善自己的知识体系，才能迎接挑战与竞争。大学的生活与枯燥、单调的中学相比是丰富多彩了，藏书丰富的图书馆，学术氛围浓厚的报告厅，精益求精的实验室……大学校园里每时每刻都能为你赢得知识、智慧、能力和机会。因此，应紧紧抓住大学生活的中心环节——“成才”来设计和安排自己的生活，如加入学校的社团组织，来增长自己的才干；参加各种社团活动如演讲赛、知识竞赛、辩论赛等来提高自己的综合素质；在寒暑假积极进行社会实践，使书本知识与社会实践相统一，在实践中磨炼意志、砥砺品格、增长才干、了解国情，把学得的知识用于实践，在实践中继续学习提高。

2. 学会科学安排时间

一是强化和提高时间价值意识。人的行为在很大程度上受其观念的影响，因此，大学生要不断强化自己对正确时间价值观的认识，其中，不仅包括对时间重要性的认识，还包括对时间效率、效果的认识。同时，要认识到时间在学习、生活、事业当中的重要作用。对时间的意义和价值的认识是进行时间管理能力培养的基础。

二是学会对学习和工作计划。每天、每周给自己制订学习和工作计划，这是科学安排时间非常有效的方法之一。此外还应准备一个待办事项清单、时间记录本或效率手册，以备分析检查或查阅待办事项；在宿舍的台历或记事本上，标注当天或预定的学习与工作计划，也可在电脑系统或电子记事本设置发声装置以便及时提醒；等等。根据个人生活规律，选择每天精力最充沛、思想最集中的时间，去处理最重要的事情，如背单词，做练习。这会达到事半功倍的效果。克服“办事拖延”的陋习，推行“限时办事制”，规定在限定时间内（如4小时、8小时、当天）将事情办完；将一些不太重要的事集中起来办或联办。

三是注重时间管理行为技能的培养。即形成对时间的自我控制感，掌握有效管理时间的技巧，学会处理重要性与紧迫性的关系。同时，也要不断强化良好时间习惯的养成。以下有两种有效的时间管理方式值得借鉴。

计划管理。也就是将待办单、日计划、周计划、月计划一一列出，然后根据计划单安排时间。将时间按ABC分类法安排。将自己的学习、工作按轻重缓急分为A（紧急、重要）、B（次要）、C（一般）三类。按A、B、C秩序合理安排时间。当然，计划时间的安排，有时候也要考虑到意外事情的发生，要给自己的计划留有余地，并在执行计划时适当调整，以利时间的有效安排和利用。

四是学会善于利用零星时间。生活中有许多零碎的时间很不为人注意，其实这些时间虽短，却可以充分利用起来做一些事情。比如等车的时间可以用来思考下一步的工作，翻翻报纸乃至记几个单词；运动时可回想遇到困难的事或亟待解决的事等。只要善于积累，善于拼接，积累起来的零星时间也可办大事情。

五是学会说“不”。计划赶不上变化是经常遇到的情况，确实有很多时候自己原本已安排好了计划，但是经常会临时出现一些变化。例如，朋友拉你打牌或喝酒，会占用你大部分自由时间，在这种情况下，要学会恰当地拒绝，这是时间管理中摆脱变化和纠缠的一种很有效的方法。但是拒绝时要讲究技巧，不宜直截了当，而要委婉。不要被无聊的人和无关紧要的事缠住，也不要在不必要的地方逗留太久，不要将整块的时间拆散。

六是积极行动，现在就做。再好的计划如果不行动也即白纸一张。行动是保证计划实施的必要手段，是时间管理过程中必不可少的重要环节，是执行计划、实现目标、完成任务、取得成绩的基本保证。所有的计划必须化为行动，因为只有行动才有力量，才能达到目标。

第三节　消费管理

俗话说，不当家不知柴米贵。许多家长为了避免孩子分散学习精力，即使家庭经济不充裕也要让孩子吃好、穿好，因此许多学生不知当家的困难，也没有理财的经验。到大学后，开始独立生活，首次拥有支配各种费用的权利，衣食住行全靠自己安排。那么，如何管理、支配自己的财富，学会在差异中生活、学习，在力所能及的情况下合理定位及消费，对在父母的庇护下成长的大多数大学生来说是一个挑战。

一、大学生消费基本状况

（一）大学生消费构成

大学生的日常消费构成主要包括基本生活消费、学习消费、休闲及娱乐消费、人际交往消费等。其中生活和学习消费基本以满足自身需要为主，消费量最大、最集中。当然，由于生活方式的不同，生活习惯的差异，消费需求也呈现出多元化和多样化。

1. 基本生活消费。

大学生的基本生活消费是指为了满足基本生存需要而进行的消费，包括衣、食、住、行等所需的费用。这种需要在大学生所有需要中占的比例最大，是其他需要得以满足的前提和基础。

2. 学习消费。

大学生的学习消费主要包括学费、书杂费、电脑消费以及参加各种培训班、考证的费用等。大学生学费因学校所处的地域、类别、专业等的不同也有所区别。

大学生除了购买基本的专业教材外，其学习消费主要集中在购买教学参考书、英语和计算机等级考试等书目上。

考证消费。由于就业单位对高学历及应用型人才的青睐，近年来，在大学校园里“考证热”悄然兴起，且名目繁多，如外语、计算机、普通话等等级考试，雅思考试，驾照考试，人力资源师，心理咨询师，教师等资格考试。受“逢进必考”政策的影响，现在各类考试辅导班如雨后春笋，比比皆是。相应的报名费、资料费、培训费价格不菲，但仍有不少学生乐意付出，为的是增加毕业时就业竞争的筹码。

电脑消费。随着科技的发展，计算机网络的覆盖，电脑步入大学生宿舍，在很大程度上已成为大学生生活中不可缺少的一部分，也成为最能改变大学生生活方式和生活习惯的因素之一。目前，拥有电脑的大学生日益增多，在宿舍上网已成为常态，购置电脑费、上网费等也成为大学生日常消费开支的一部分。

3. 休闲及娱乐消费。

大学生休闲及娱乐消费是指为追求和实现自己的个人爱好而进行的产品和劳务消费。

休闲消费。大学生闲暇生活中最经常做的事情是上网、自习自修、读报刊资料、练习书法绘画等。

旅游消费。随着家庭生活水平的提高和公共假期的增多，有不少大学生热衷于出外旅游。

娱乐消费。大学生的娱乐消费数额相当大，看电影、打台球、溜旱冰、K歌、开宴会等。

4. 人际交往消费。

人际交往消费是指大学生为了实现获取社会认同、群体归属和情感交往的需要而进行的消费。主要包括三个方面：一是信息消费；二是人情消费；三是恋爱消费。在我国步入信息时代的进程中，手机、电脑已成为大众必须的通信工具，信息消费量大增。

（二）大学生消费的特点

大学生是一个特殊的消费群体，消费行为、消费心理深受其经济、心理、社会定位等特殊性的影响，随着年龄的增长而发生变化，呈现出以下特点。

一是注重实用。大学生的经济来源主要是父母提供。受到收入限制，大学生的生活费用较为固定，且只能满足一些基本需要，实用性成为大学生支出时首要考虑的因素。实用性主要体现为“物美价廉”。

二是追求时尚。追求时尚和名牌是不老的话题，对于大学生来说同样如此。首先，大学生把品牌消费看成是时尚的前提，在购买服装、化妆品、手机等商品时多尽量选择品牌。其次，关注流行，这不仅仅体现在穿着上，在各种时尚用品的选择和使用上，大学生也是紧跟潮流的。此外大学生对时尚的追求还体现在休闲娱乐活动上。

三是体现个性。当代大学生思想解放、个性张扬、自我意识突出，在消费上也体现出相对的独立性。通过消费，可以展示自我的个性追求。

四是两极分化明显。由于家庭条件的不同，大学生之间的消费差异明显，高、中、低档各消费层次同时存在。低层次的消费主要以食品为主，而高层次的消费则范围较广，尤其在娱乐、衣着等方面与低层次消费差距较大。同时，高层次消费有相当部分是用于人情消费、交际消费，而低层次消费基本没有此类消费支出。随着经济发展不平衡和收入差距的扩大，大学生消费的多层次性将进一步显现。

二、大学生消费的趋势

随着我国社会经济的不断发展，人们消费观念也在发生巨大变化，需要更高层次、更丰富类别的产品。大学生作为一个群体，其消费行为也发生了明显变化，出现了一些新的发展趋势。

一是消费来源多元化。目前大学生的日常消费来源依然主要由父母来提供。随着大学生奖励资助体系的不断完善，大学生还可以通过争取奖学金、获得助学金与补助以及通过兼职等形式获得更多的收入。

二是基本生活消费向质量型发展。我国居民生活方式正在由温饱型向小康型转化，大学生的基本生活消费日益重视健康消费，在进行体育锻炼和购买保健品方面的支出相对增多，在食品、穿着方面更加讲究质量，生活消费趋向营养型和质量型。

三是学习消费比重增加。面对日益严峻的就业形势与竞争压力，大学生不断用知识和技能武装自己，用于改善学习条件和实现自我发展的消费比重有所提高。为了增强就业竞争力，不少大学生乐于为考证进行高额投资，为自己求职升学增加砝码。今后，在大学生的消费结构中，直接或间接用于学习，提高自己知识水平、能力和素质的消费占比还会增加。

四是休闲及娱乐消费呈现多样。在休闲及娱乐消费方面，大学生越来越不满足于看电视、进影剧院这样一些静止的休闲方式，而是追求新颖、出奇、刺激和有品位的活动，如上歌厅，玩蹦极、攀岩、滑翔、漂流、探险等活动。听音乐、进茶坊、泡吧、泡沙龙，也渐渐成为主流消费方式。此外，旅游、体育健身等也渐成时尚消费。

五是网络、信息等消费趋势明显。随着社会经济和信息技术的飞速发展，社会消费的支付方式已经从原来单一的现金交易向信用卡等多种形式的交易方式转变。当代大学生的消费方式已经进入了网络电子时代，即卡式消费时代。他们大多持有多种名目的消费卡，如银行卡、校园 IC 卡、公交 IC 卡、上网卡、健身卡、美容卡等。“刷卡”时代的到来使他们的消费行为更为轻松愉快。另外，网上购物因其方便快捷的消费理念，成为当代大学生重要的消费途径之一。近年来，大学附近快递点不断增加，就是学生网购火热催生的现象。另外，大学生用于通信、上网等信息资讯费用也不断增加，传统消费的伙食费在每月总花费中所占的比例有所下降。

三、大学生的消费误区

大学生正处在思想价值观念形成的关键时期，人生观、价值观、消费观还不够成熟，其消费行为存在着一些误区。

（一）消费心理不健康

消费心理不健康主要体现在以下几个方面。

一是盲目从众，无计划。大学生没有形成完整的、稳定的消费观念，自控能力不强，多数消费都是受媒体宣传诱导或是受身边同学影响而产生的随机消费，从众消费、冲动消费时有发生。大学生自主消费经验少，不能理性地对消费价值与成本进行衡量，缺乏自己的规划，因此，生活上的开支比较随意，经常是前松后紧，甚至出现“财政赤字”。

二是攀比带来经济负担。青年学生思维敏捷、追求时尚、表现现代、喜欢表现自我，一方面要求与其他同学某些方面相互接近，以得到群体的认同；另一方面，又不希望与别人雷同，追求与众不同，实现自我表现，达到标新立异的目的。无论是服装、发型，还是饰物、生活用品，大学校园中都不乏追“新”族。时尚性消费、炫耀性消费，互相攀比的消费心理比较普遍。这种攀比的心理直接加重了学生的经济负担。

三是追求品牌与时尚。在购买商品时，很多学生会首先关注是不是品牌，更不乏一部分学生对某些品牌有着非常高的忠诚度，尤其是一些国外的品牌。他们对商品的用料及生产进货渠道都没有足够的了解，只是一味追求品牌。而追求品牌需要大量的财力支持，为了能够承担得起，有些学生就会做出一些不理智的行为，最后影响了正常的学习与生活。

（二）消费结构的不合理性

消费结构中存在不合理现象，享受型消费比重较大，发展型消费偏少。据调查，大部分学生月平均花费中，除吃饭和生活必需品消费外，用于休闲娱乐、人际交往、通信上网等方面的花费比重过高，远远高于购买学习资料和参加技能培训的支出。

（三）消费行为的超前性

刷卡消费、网上消费是目前大多数大学生热衷的消费方式。潇潇洒洒“卡一刷，钱就花”，“花明天的钱圆今天的梦”，刷卡使很多大学生成为透支一族。而随着互联网和电子商务的发展，网购成为一种时尚。网络购物不受时间和空间的限制，虽然一方面降低了成本，但同时导致大学生购物的频繁交易。在网络环境中的商品和货币都是虚拟的，由于不是现金的交易，大学生很难有意识地控制消费的金额，有时心血来潮，就会购买很多以后并不一定会用的东西，造成了资源的浪费。

四、学会合理统筹，理智消费

良好的理财意识和消费习惯，是现代人的重要素质。大学生基本上是一个纯消费者，更应树立合理的消费观念，加强自律能力，学会管理、支配自己的资金，做到有规律、有计划地生活和消费，不为家庭和社会造成负担。

（一）正确定位，适度消费

在大学里，首先要明确消费是自身全面发展的需要。其次，应自觉地把消费与自身经济状况联系起来，处理好当前消费与长远消费、消费与积累的关系，有重点、有层次、分期分批地实现自己的消费期望。第三，要实事求是地确定消费标准，有多少钱办多少事，充分发挥好每一分钱的最大效益，不脱离实际，不赶时髦，不借债高消费；学习消费是主导，生活消费是保障，娱乐消费是补充；吃要营养均衡，穿要得体大方，住要舒适整洁，行要快捷方便。家庭经济不宽裕的同学要明确自己的经济处境，分担父母的困难，在可能的条件下，尽量不给父母加重负担，把有限的钱花在最需要的地方，优先保证学习费用和生活费，以确保大学期间正常的学习生活。

（二）科学计划，合理开支

提高管理自己的生活能力，就应学会规划自己的生活，学会制订消费计划。首先，在花钱上学会计算计划。总的原则是依照需要顺序“量体裁衣”，根据自己的不同年级、不同时期成长发展的需要安排合适的消费构成。如低年级，在购买日用品上要多花费一些；随着认识面的扩大，交往费用会有所上升；随着年级上升，增强自身实力的发展消费的比例将增大。其次，在一定时期的消费结构大体确定后就要坚持专款专用。当然，作计划时若能与一些有经验的人交流一下，再参阅一些理财的书籍，可使自己的安排做得更合理些。过一段时间对自己的消费情况作一个大概的清算，以便及时调整，尽量做到使自己消费全程基本平衡。再次，应该学会消费记账。对自己生活中的开支进行盘点，盘点开销最大的项目，支出的金额，经济上付出带来的收获，不必要的开支，等等。

（三）计划有度，增强辨别力

网络消费虽然是消费的一种形式，但是网络购物缺乏真实性，通过网络购买实物，往往质量良莠不齐。同时，鱼龙混杂中还充斥着一部分虚假信息。因此，大学生在网络购物时要擦亮眼睛，增强辨别、判断能力。

网络联通了全国各地的商品销售市场，大学生通过网购，对商品种类、价格、款式可以有更多的选择，网络上的营销手段也层出不穷，限时打折、团购最为常见，比超市更实惠。面对诸多选择和优惠价格，大学生网民往往会花很多时间在上面筛选，买起来也不手软，而网购商品的实用性和质量无从保证，大学生网民最终在时间和金钱上反而造成浪费。因此，大学生要注意到，即使是网购，也要有计划、有度，根据自身实际需求购买，不要因为便捷和便宜而购买大量不实用的商品。

（四）勤俭节约，量入为出

俗话说："家有万石粮，挥霍不久长。"乱花钱容易入不敷出，每个大学生都应该对自己的"收入"有个比较准确的估算，力求达到收支平衡，并有节余。首先，在保证生活质量的前提下提倡勤俭节约。坚持以勤俭朴素为原则，做到精打细算，量入为出，通盘考虑，根据自身的客观需要和实际消费能力，决定消费行为的取舍。其次，要注意开源节流。减少随意性消费，钱要用在刀刃上，该花的花，不该花的坚决不花。再次，消费应有尺度，最高界限为不能超越各方面对自己消费资金的保障程度，也就是说不能超出家庭的承受能力。

网络课堂

1. 李践，《时间管理高效职业人士必备技能》，http：//v.youku.com/v_show/id_XNTM4MjIzMzUy.html

2. 赵启光，《大学新生如何管理时间》，http：//www.56.com/u72/v_NjkzMTI4MjE.html

经典书目

1. 李笑来，《把时间当作朋友》，电子工业出版社，2012年。

2. 迈克尔·赫佩尔，《超级时间整理术——每天多出一小时》，人民邮电出版社，2012年。

3. 陈建存主编，《大学生安全纪律教育读本》，中山大学出版社，2011年。

4. 庄树坤，《大学生活"经济学"》，电子工业出版社，2011年。

5. 卢嘉瑞、吕志敏等，《消费教育》，人民出版社，2005年。

知识拓展

生命的账单

人们对于金钱的开支，大多比较留心，但对于时间的支出，却往往不大在意。如果有谁为人们在工作生活方面所用去的时间一一予以记录，列出一份“生命的账单”，不仅十分有趣，而且可能会令人有所感悟，有所警醒。

著名的《兴趣》杂志对人一生在时间的支配上作过一次调查，结果是这样的：站着，30年；睡觉，23年；坐着，17年；走着，16年；跑着，1年零75天；吃饭，7年；看电视，6年；闲聊，5年零258天；开车，5年；生气，4年；做饭，3年零195天；穿衣，1年零166天；排队，1年零135天；过节，1年零75天；喝酒，2年；如厕，195天；刷牙，92天；哭，50天；说“你好”，8天；看时间，3天。

英国广播公司也曾委托人体研究专家对人的一生进行了“量化”分析，有些数字可以作为上面推算的补充：沐浴，2年；等候入睡，18年；打电话，2年半；等人回电话，14周；无所事事，2年半。

当然，以上推算和“量化”分析并不全面，而且有些数字也不具有很强的说服力和可信性。但当你看了这份“生命的账单”后是否有些触目惊心呢。这份账单上时间的开支，有一些是非花销不可的，但有的却完全可以节省。

第八章　学会自我保护

刚从中学生活走出来的当代大学生，在中学阶段都把大部分时间和精力用在学习上，生活上的绝大多数事情由家长包办打理，社会接触面窄，社会阅历少，不了解各种社会矛盾和社会问题的复杂性，警戒心不强，自我保护意识较弱，很容易成为不法分子侵害的目标。因此，提高大学生的安全防范意识，让他们掌握安全防范基本技能，学会自我保护，是大学生活的关键一课。

第一节　常用的诈骗形式与手段

近年来，以大学生为对象的诈骗案件逐年上升，诈骗案件已经成为高校发案中仅次于盗窃案件而位居第二的多发性案件。在某大学城 2013 年 2 月至 3 月发生的案件中，诈骗 19 起，涉案金额约 6.8 万元，盗抢 25 起，涉案金额约 6.6 万元，诈骗案件与盗抢案件几乎占了全部案件的一半，并且呈现出诈骗案件所造成的经济损失有高于盗抢案件的趋势。这些针对大学生的诈骗行为严重损害了在校大学生的合法权益和人身安全，影响了正常的校园秩序。

对于日益猖獗的诈骗现象，我们要对其做详细的了解，知晓其主要特点、常见的形式，通过揭穿骗子们在行骗过程中所利用的心理策略，提高警惕、加强防范，并且要善于举一反三，根据一些案件发生的共同特征更加理性地加以应对。

一、校园诈骗的主要特点

诈骗罪（刑法第 266 条）是指以非法占有为目的，用虚构事实或者隐瞒真相的方法，骗取数额较大的公私财物的行为。由于大学生社会阅历较浅，辨别能力有待于提高，他们在骗子们花样繁多的诈骗手段面前，很容易掉入事先设好的陷阱。校园诈骗主要特点有以下几点。

一是目的的明确性。不法分子在校园内实施诈骗行为的主要目的可以概括为：骗财、骗物，或在骗财、骗物的同时骗色。在诈骗过程中，无论使用何种手段或方式均以获取财物为最终目的。因此，他们会伪装各种虚假身份，捏造事实，使用各种手段将受害人一步步引入陷阱，以达到他们的目的。

二是动机的复杂性。虽然诈骗的目的十分明确，但诈骗分子实施诈骗行为的动机却十分复杂。既有想不劳而获行骗敛财的，也有因心理异常骗色的。

三是手段的广泛性。根据公安部的统计，在财产损失中，被骗案件超过了被盗、被抢，名列第一。很多的骗局是长期存在的，加上现代科学技术的进步，也为诈骗分子提供了新的手段和阵地。

四是实施的不确定性。相对于盗抢案件有较明显的时间、环境等共同特征，诈骗案件则有一定的突发性。实施诈骗的对象相对随机，同时诈骗分子实施诈骗的地点具有不确定性，以及受害者除口供外难以再提供有效的证据，甚至部分受害者碍于面子不报案，使得破案的难度上升、侦破率下降。另外，使用网络新技术实施的诈骗往往是异地作案，能够找寻的线索就更少了。

五是危害的严重性。大学校园诈骗的对象主要是学生，诈骗受害对大学生身心影响较社会上其他成年人来说更严重。大学生的主要经济来源还是家庭的支持，尤其对一些家庭经济困难的学生而言，数百元或数千元的损失可能对其在校的正常学习与生活造成极大的影响。有的同学，在财物损失的同时受到身心上的侵害，尤其是女生，此种阴影有可能影响其一生，造成严重的伤害。

二、高校常见的诈骗类型

（一）校园现场类诈骗

2013 年 5 月的一个星期天，某校女生小 C 行至校园一桥头。一小轿车驶至面前停下，车内下来一男一女询问往市区如何走。热心的小 C 在指完路后见俩人仍然面带难色，主动提出帮忙带路。在车上，与俩人聊天得知他们是从香港到内地旅游，同行共有三人，另外一人因车祸现在在医院抢救。由于抢救的费用较大，他们所带的现金有限，于是便到福州找亲戚借钱。因为手机没电无法联系上亲戚，结果下高速后迷路了。

他们让小 C 帮忙，给那个亲戚打电话，得知那人不在福州。他们便提出借小 C 的银行卡将钱汇过来。一会儿，他们与小 C 到校园附近的 ATM 机取款。小 C 一查询，见款尚未到账。他们让小 C 跟他们回到车上等。又过一会儿，男子以上厕所为由下车，顺手将小 C 的卡拿走。男子再转回来时，又让小 C 将手机借给他联系亲戚，随后称亲戚那边出现了一些问题，款无法汇过来，一边道谢一边请小 C 下车，随即开车离去。小 C 回校后发现自己卡上的钱已经被全部取走。

原来，那对男女在小 C 查询余额的时候偷偷记下了密码，并在中途借故返回 ATM 机将钱取走。

目前，在校园内外常有各类复杂人员活动，花样繁多的街头骗局层出不穷。混迹于校内的一些不法分子，以各类虚假的身份出现，捏造如钱物被偷、手机没电等，博取学生们的同情，借此进行诈骗。有时这些骗局在吸引人群围观的同时伺机行窃，可谓“机关重重”，令人防不胜防。

（二）电话、短信等通信类诈骗

1. 电话诈骗

W 是某校 2010 级辅导员。一天上午，他正在办公室处理文件，突然接到学生小 H 的家长打来的电话。该家长称，刚刚接到一个电话，要求急速汇款 20000 元，作为孩子突然胃出血的手术费用，可联系孩子却被告知“手机关机”。此时正是上课时间，辅导员立即打电话给小 H 的班长，询问小 H 是否在教室。在确认小 H 正在教室上课后，辅导员告知家长千万不要汇款。好在辅导员处理得当，打破了这个骗局。

通信技术的发达，在给我们生活带来极大便利的同时，也为骗子提供了进行诈骗活动的新渠道和新平台。诈骗分子利用电话提示“中奖”、银行卡扣费、办理义务教育退费、社保退费、“包裹藏毒”、法院传票、亲人发生意外等信息，以及各类响一声来电，以此来进行诈骗活动等。更有甚者，通过一些技术手段更改来电显示，冒充党政机关、银行及通信服务商等实施诈骗。

2. 短信诈骗

2013 年 3 月，大学生小吴的手机收到一条短信，称其银行卡被银行扣取 1000 元费用，叫其联系客服。联系后对方称小吴的银行卡已不安全，要小吴按他的要求办理一个自动报警系统，并要其转账到对方提供的银行卡上。小吴按着他的指令操作，骗子得款后随即消失无踪。短信诈骗花样奇多，稍不留意即会落入圈套。故对各类短信均需细加辨识，谨慎对待。

（三）网络、微博、微信等新媒介诈骗

1. 盗用别人账号实施诈骗

2013年3月，大学生小陈在宿舍上网时，一个自称是其姑父的人与他进行视频聊天，并向他借钱。小陈看了视频，的确是其姑父，虽然心中很困惑为什么姑父会找他借钱，但仍然向对方汇出了2500元。事后才知道，原来骗子用事先录制好的其姑父的视频片段进行视频聊天，自己被骗了。

根据中国电子商务协会等部门发布的联合信息，仅在2011年7月到2012年6月，全国共有6000多万网民遭遇了网络欺诈，造成的损失达300多亿元人民币。目前有部分诈骗分子利用自己所掌握的计算机技术，通过建立以假乱真的网站，通过传播“木马”病毒和“网络钓鱼”等黑客手段，非法获取用户信息和账户密码等实施诈骗。此类违法行为除了进行直接的诈骗外，也可利用所获信息进行网络销售欺诈。特别要引起注意的是，在“微博”等新媒体技术迅速发展的今天，骗子们诈骗手段也不断更新，这要引起同学们的高度重视。

2. 网上购物等经济类诈骗

2013年4月，大学生小蔡在网上购买化妆品时，与商家通过网络协商，确定以三折的价格，以及小蔡先付款后发货的方式进行交易。小蔡从银行给商家汇出货款3527元后，对方又提出因公司的发票上最低只能体现六折的交易价格，要小蔡再付另外三折的货款，随即发货，然后再将多付的三折货款退还。小蔡要求到货后再交钱，但对方不允，之后小蔡想再与其联系，对方没有回应。小蔡知道上当受骗了。

市场经济日益繁荣的同时，市场竞争也日趋激烈，商家绞尽脑汁用形形色色的手段促销，以增加利润。这其中就有少数不良商家打着各种促销、抽奖等旗号，吸引顾客的注意力，甚至推销假冒伪劣商品。

电视购物一度是各级电视台节目的重要组成部分，在一些地级电视台甚至有专门的电视购物频道24小时不间断播出。由于缺乏有效的监管，少数电视台的这种视觉轰炸往往夸大其词，用以次充好、偷天换日的方式对消费者进行欺诈。

电子商务的发展给我们带来革命性的变化，深刻影响了人们的生活方式。

但这块“新大陆”也被诈骗分子开发，行骗手段更加高明，尤其是网络骗局具有更广泛的渗透力。此类诈骗既有传统购物诈骗的形式，如以次充好、售卖假冒伪劣产品等，也有以网络销售的名义设置的各种形式的骗局。

（四）就业类诈骗

1. 教育考试培训类

小刘今年24岁，去年大学刚毕业，想要参加今年的公务员考试。一天她在一个聊天室聊天时，突然有人发布了一条信息，说是开办考前培训班，笔试通过率100%，通不过可退钱。小刘十分心动，便与对方攀谈起来。对方告诉小刘，自己这边有多个曾参与过公务员考试命题的专家，有丰富的应考经验，且收费不贵，只需要2000元，如果考试通不过可以把钱退回。

小刘见对方说得像模像样，一心想考上公务员的她便按照对方提供的账号把钱打了过去。可是一周过去了，原本说好会寄给她的考试资料一直没有收到。她再上网时已经找不到对方的账号，对方提供的手机号现在也变成了空号。

当前大学生迫于就业或升学压力，为了提升个人能力常会报名参加各种培训，以获得相应的资格认证，各类教育考试培训也因此大量出现。在这过程中，参加培训的人员往往掺杂着较大的急功近利的心理，容易被骗子抓住弱点，陷入教育培训的圈套。这些圈套往往乱贴“名师”标签、肆意夸大培训效果、妄下承诺，在实际培训中却又随意削减课时、推销各类教材，甚至将培训费席卷一空溜之大吉。还有部分不法分子打着四六级、托福、雅思甚至公务员考试“枪手”的名义，不仅大肆敛财，更严重地干扰了考试的正常秩序。

2. 求职、招聘类

2013年3月，某即将毕业的大学生小林在学校上网时看到一则招聘信息。之后，小林与对方联系，对方称招聘前需体检，并称免费提供体检费用583元。随后，在学校自动取款机上，小林查询后发现体检费用未到账。联系对方，称转账前需先办理一个银汇通的业务。按对方要求操作，结果小林将自己卡内的583元汇到了对方提供的银行账户上。对方随即关机，小林方知被骗。

随着时代的进步，大学生的思想观念也在发生着巨大的变化，尤其是在自立自强意识的觉醒方面越来越明显，渴望与社会能有更多的接触，希望尽早培养自己适应社会的能力。目前有相当一部分大学生在校期间会从事周末家教、短期促销或兼职店员等工作，一方面可以获取相应的报酬，另一方面也可以增加自己的社会阅历。骗子们经常抓住大学生单纯、善良的特点，设置各种陷阱诱骗他们，如收取不同名目的保证金、押金、培训费，有时还违法扣留学生证、身份证等证件。

大学生毕业择业时也极易被骗子设局蒙蔽，如各类高薪急聘的谎言、黑职介的诱惑、劳动合同的陷阱等。除了诈骗分子外，还有部分公司或单位借用招聘的名义宣传自己，变相榨取应聘者的劳动成果等，也应引起大家的注意。

(五)“选秀”等综艺节目类诈骗

这种案例很多，比如：你的手机号码已被××节目后台抽取为场外幸运号码，你将获得由××公司赞助提供的××及多少的奖金等。然后叫你按照他的指令去操作领取。事实上，你一旦按他的步骤去操作，就上当受骗了。有些电视选秀节目很受大学生欢迎，有不少大学生也想参与，就报名参加。有时由于报名心切，没留意报名费用是否合理等，就将报名费直接汇出去了。有大学生小李他决定参加一个选秀节目后，网上报名并交了数百元报名费。不久，一名自称是节目组的工作人员打电话过来，要求小李再汇一千多元钱。小李出名心切，又交了钱。接着，这个工作人员又以交保证金等理由要求小李汇钱，小李丝毫不怀疑，按照指示照做不误。等一段时间后，小李发现自己根本没有报上名，这才知道上当了。

目前各类选秀类的综艺节目在国内掀起了一股新的热潮。一部分人的这些选秀极大迎合了内心需要。由于这些节目的受众范围相当广，在社会上形成了很大的影响，也正为如此，骗子们容易得手。

第二节　提高安全意识

诈骗分子在实施诈骗过程中，之所以能得手，主要在于他们善于利用人们的心理弱点行骗。骗子们根据行骗经验，能够迅速掌握对象的各种心理反应，并采用各种手段改变他人的心理状态，一步步将受害者引入事先安排好的骗局中。如何在日常生活中保持正常的心态，不至于在骗子们的花言巧语下失去对客观事物的正确判断而被骗呢？从根本上说就是要提高防患意识，多了解骗子们常用的行骗手段，做到“知己知彼”，始终保持清醒的头脑。

一、犯罪分子实施诈骗的心理策略

（一）人的趋利本能

人类与生俱来就有趋利避害的本能。人既是一种自然存在也是一种社会存在，是两种属性的综合体。在人的成长过程中，随着知识的增长与生活经验的积累，这种本能便作为一种价值观而存在，并在人的生活过程中指导着人进行趋利避害的行为。

各种“中奖”、免费抽奖、免费赠送、大促销、打折、办理义务教育退费、社保退费等骗局就是抓住了人们喜欢占小便宜的心理，吸引注意力进而找寻合适的对象实施诈骗。同时利用这种心理，采用“将欲取之，必先予之”的策略，解除人们戒备、设防的心理，激发人们进一步占便宜的欲望。

反观各类银行卡扣费、包裹藏毒、法院传票、亲人意外或被绑架等骗局，则是利用人们对人身财产安全受侵害的恐惧来达到目的的。这一类骗局时常与个人或亲友的生命财产有直接的关系，极易引起人们心理上的极度紧张，从而在短时间内丧失基本的理性判断。

（二）人的层次需求

按照马斯洛的需求层次理论，将人的需求分为五种，像阶梯一样从低到高，按层次逐级递升，分别为：生理上的需求，安全上的需求，情感和归属的需求，尊重的需求，自我实现的需求。随着经济的发展，人们已经基本上实现了温饱，需求的层次不断提升。骗子们总是很善于抓住人们的心理，在施骗的过程中用各种花言巧语对受害者进行吹捧、赞扬，或采用团伙行动激发受害者的跟风心理，使得他们的戒备心慢慢松懈。有些受害人在被吹捧、赞扬后，明知有诈，但仍碍于面子主动进入圈套。如果骗子再以所谓的“权威”、“专家”身份行骗，那么人们的心理抵抗力就更弱了。这类的圈套多发生于购物、就诊、教育培训、求职等环节中。

（三）人的恻隐心理

孟子曰：“恻隐之心，人皆有之；羞恶之心，人皆有之；恭敬之心，人皆有之；是非之心，人皆有之。恻隐之心，仁也；羞恶之心，义也；恭敬之心，礼也；是非之心，智也。”恻隐之心是人的一种天性，即对处于弱势或逆境中的他人所持有的同情与怜悯之心。恻隐之心是种美德，是一种伟大的力量，但却有不少骗子利用了人们的恻隐之心来践踏这种美德。他们的这种行为不仅让受害者遭受损失，更在社会上形成了极其恶劣的负面影响。网络上的不明慈善捐赠、好心带路却被侵害等都是骗子们以种种谎言博取人们的同情心，继而行骗得逞。在校的大学生处于心理成熟的关键时期，对于一些社会上较复杂的问题尚未有较全面的认识，极易被利用而受骗。

二、校园诈骗安全防范要点

（一）加强防骗意识，学会自我保护

鉴于校园诈骗案件的日益增多，大学生在校期间必须时刻保持警惕心理，增强安全防患意识。要多了解各类常见的诈骗手段，增强抵制诈骗分子误导与诱惑的能力；加强个人的修养，克服各种不良心理，谨慎且循序渐进地与人交往，理性思考，防止感情用事；保持与老师和同学的良好沟通，遇到疑惑多征询他人意见，避免单独一人外出及与陌生人至陌生偏僻的地方。同时，在校期间应当自觉服从学校的管理，遵守法律法规及学校的各项规章制度。配合学校在校园内营造良好有序的学习生活环境，以便学校能够有效防范闲杂人员及犯罪分子混入校园作案。

（二）辨识诈骗手段，提高预防能力

虽然花样繁多的诈骗让人防不胜防，但骗子们所使用的手段大同小异，只要我们在日常生活中多份留心，那他们的骗局就一定能被识破。在辨识诈骗手段、提高预防能力上我们应该力争做到以下几点。

一是交友须谨慎，凡事多留心。有些大学生由于刚入学人生地不熟，喜欢与老乡、学长等交往，觉得他们亲切。但千万不可放松警惕，特别是当这部分交往对象有提出财物方面的要求时，要格外注意，要保持理性，切不可被表象所蒙蔽。另外，在校期间上门来的陌生人，要详细询问其来意并尽可能了解其基本情况，同时注意看管好个人的财物。

二是防骗身须正，便宜莫贪图。俗话说“天下没有免费的午餐”，街头路边的抽（刮）奖、各类棋牌局、低价兜售等别去凑热闹，一方面可以避免落入圈套，同时也防止在人群拥挤时财物被扒窃。要拾金不昧不贪便宜，捡到财物无论真假与否及时送到公安机关；遇到有人主动要分失物切记不要相信。不轻信各种中奖、免费派送等的来电、短信及邮件，响一声的来电不予回复；网络购

物时一定要通过第三方支付手段进行付款，接到所谓客服主动来电来件时要注意查证，以防被骗。同时要相信自己行得正做得端，所谓“不做亏心事，不怕鬼敲门”，对于一些恐吓性质的来电、短信或邮件不予理会，或征询老师、家长的意见。

三是证卡要放妥，信息勿外泄。个人的身份证与银行卡最好不要放在一起，更不可轻易借与他人。平时注意保护个人隐私，个人身份证号、电话号码、邮箱及银行账号密码等要保护好，不可泄露，尤其不可在QQ、微博、微信上透露给他人。对于一些网站要求填写个人信息特别是银行账号与密码时，要再三核实是否是正规单位或公司的官方网站。

四是常识须掌握，遇事要冷静。要熟悉各大通信运营商、银行等的客服热线，要对其工作机制做基本的了解，如银行工作人员在任何情况下都不会询问客户的账户密码等，不轻信各种与服务热线号码相似的来电，更不可按他们的要求进行涉及金钱的转账操作。对于公安机关或司法机关等政府部门的来电，要通过多途径予以确认。网络购物时，通过非第三方支付的更需格外慎重。遇到此类现象时一定不要紧张或着急，避免为骗子设计利用。

五是电脑要防护，时刻多提防。我们在使用电脑的过程中，要注意经常更新杀毒软件及为防火墙升级，并定期进行全面的扫描查杀。在公共电脑上尽量不要进行网络银行等重要账号的登陆及操作，以防由于病毒的感染而被盗取密码及其他信息。在浏览网页的过程中不去点击强制弹出的陌生页面，谨防网页嵌入式木马的攻击。使用移动U盘设备时一定要注意先查杀确认安全后再打开。

（三）积极配合立案，吸取经验教训

万一上当受骗后，我们应积极做到以下几点。

一是稳定情绪，主动报案。在受骗后一定要尽可能稳定个人情绪，第一时间向学校保卫部门或公安机关报案。千万不可因自己大意或贪图便宜或无知而上当受骗，觉得很丢面子，采取姑息纵容态度，让诈骗分子逍遥法外。

二是理清思路，提供线索。尽可能在报案时还原整个被骗的经过，尤其是以下几点要重点把握，即受骗的时间、地点、经过及交谈内容；诈骗分子的年龄、体貌特征、口音及衣着打扮；诈骗分子使用何种方式、被诈骗财物的名称、数量、特征；等等。如有可能，尽可能提供犯罪分子遗留的相关文字资料、电话号码、银行账号等证据。在需要对犯罪分子进行辨认、指证时，要积极主动予以配合。

三是吸取教训，避免重蹈。所谓“吃一堑，长一智”，在遭遇诈骗后一定要及时从该事件中吸取经验教训，特别是对犯罪分子的一些伎俩要提高辨别能力，避免再次上当受骗。同时提醒身边的同学注意此类事件，让更多的人提高对诈骗的应对能力，让骗子们无利可图。

第三节　提升安全防范能力

大学生要对自身的人身、财产安全问题足够重视，树立“安全第一”的思想，不断增强安全防范意识，掌握安全防范常识，提升安全防范能力，要注意了解校园各类不安全事件发生的原因和特点，做到预防在先，防患未然。

一、大学生如何提升安全防范能力

大学生应该如何有效地提升自己的安全防范能力，以避免安全事故的发生，为自己的成长成才创造良好的学习和生活环境呢?

一是增强安全防范意识。校园中的安全问题，涉及师生学习、生活、工作的方方面面，其预防的关键，就是增强安全防范意识。同学们入校以后，要充分了解和快速适应学校生活，对校园内经常发生的安全问题应当予以充分重视，注意了解其发展的特点并努力做到防患于未然。例如，春季是流行性疾病的高发期，应注意饮食卫生；夏季是流氓滋扰事件的多发期，女生应当增强自我保护意识；秋冬两季火灾频繁，同学们应当特别注意防火灾事故。另外，节假日出行频繁，大家应注意旅行中人身和财产等的安全。

二是掌握安全防范知识。安全防范知识，包括安全知识和防范知识两类。所谓安全知识，包括三个方面的内容：一是对涉及安全方面的有关规定的解释；二是对已经发生的安全事故的经验性总结；三是为预防安全事故而进行的劝导和防范。就这三个方面的内容而言，有关安全管理的规定同学们往往会有不正确的认识，觉得它是对自己的一种约束和限制。但同学们不妨想一想——这些规定为什么要制定？它又是如何制定的呢？它们大多是由于发生了类似安全事故之后，学校为了防范此类问题再度发生所采取的一种“亡羊补牢”的做法——即制定若干相关的安全管理的规定和条例。因此，同学们一定要遵守这些安全管理规定和条例。此外，同学们也要在老师的指导下学习掌握适当的防范知识。

三是注重心理健康调适。在日益激烈的竞争中，面对来自社会的、家庭的、学习的、就业的重重压力，一部分心理比较脆弱的、心理素质欠佳的大学生，很容易产生不同程度的心理障碍问题。那么，怎样使这些同学走出心理误区，减轻心灵的重负呢？最有效的办法是掌握心理健康知识，进行心理咨询，适时做好心理健康调适。

四是自觉参与安全管理。校园的安全管理，是一项实践性、操作性都很强的工作。安全管理的目的，是为了维护正常的教学和生活秩序，保障学生人身和财产安全，促进学生身心健康发展。安全管理，是学生工作的一个重要环节。由于学校安全管理对象的特定性，决定了广大同学必须积极主动地参与安全教育与管理，只有这样，才能防微杜渐，使广大同学真正提高安全意识，支持并参与安全管理，增强防范能力，共筑安全堤坝。学生的安全，如果仅靠学术管理是不够的，它也需要家长和社会的参与。让大家一起创造一个齐抓共管、综合治理的安全校园网络，为大学生的健康成长提供一个良好的安全环境。

二、对常见的几种不法侵害的防范

行骗、盗窃等常见的犯罪行为在大学校园里时有发生。那么大学生应该如何防范这些对人身财产造成侵害的不法犯罪活动呢？

（一）防盗

对于大学生来说，最重要的是做好以下几点：一是贵重物品要放置带锁的抽屉、橱柜等安全保险的地方，不用时应予以寄存。二是平时要养成随手锁门关窗的习惯，晚上睡觉时不要将贵重物品和衣服放于窗前或窗台上。三是存折信用卡要加密，平时卡内不要存太多钱，不要与证件共放，丢失后要立即挂失。四是遵守宿舍管理规定，不留宿外来人员。五是保管好钥匙，不轻易借人。六是在公共场所保管好随身携带的挎包、衣物。七是发现可疑人员时要提高警惕，加以询问，必要时拨打 110 电话报警。

（二）防骗

详细内容可参见前文。

（三）防抢劫（抢夺）

大学生要注意做好抢劫（抢夺）防范。一是夜间不要单独到昏暗偏僻的地方行走，若非去不可，应结伴而行。二是采取默认方式交出财物，使作案人放松警惕，看准时机向有人、有光的地方跑。三是与犯罪分子交谈说笑，巧妙麻痹作案人，看准时机进行防抗或逃脱其控制。四是利用有利地形和身边的砖头、木棒等与犯罪分子对峙，使犯罪分子无法近身。五是注意观察，准确记住作案人体态、衣着等特征，并尽可能留下记号，为报警做准备。六是大声呼救，或故意高声说话，引起周围人注意。当然，这些都以优先保障人身安全为前提。

（四）防性骚扰、性侵害

大学生防性骚扰、性侵害要做到以下几点：一是消除贪图小便宜的心理，对一般异性的馈赠和邀请应婉言拒绝。二是对于不相识的异性，不要随便说出自己的真实情况。三是发现对自己不怀好意，有动手动脚行为时，应严厉拒绝，并及时向领导和老师报告。四是女生参加社交活动与男生单独交往时，要理智地有节制地把握好自己，尤其应注意不能过量饮酒。五是注意设法在案犯身上留下印记或痕迹，以备追查、辨认案犯时做证据。

（五）防流氓滋扰

流氓滋扰主要是指对校园秩序的破坏扰乱，对大学生无端挑衅、侵害乃至伤害的行为。大学生应注意做好以下几点：一是讲究策略和方法，正面对其劝告，避免纠缠，防止事态扩大、遭到伤害。二是坚持以说理为主，不要轻易动手，同时又要注意留心观察、掌握证据。三是对公开侮辱、殴打自己的同学等恶性事件，要敢于见义勇为，挺身而出，积极地加以揭露和制止，并及时报警。四是将情况及时告知家长、老师和同学，请求帮助和支援。五是增强法律保护意识。

（六）防传销陷阱

传销陷阱的防范对策主要有：一是明确传销活动系非法活动，了解非法传销的欺诈本质，增强抵制各种诱惑的自觉性。二是不要将个人信息资料轻易告诉他人，以防被人以招聘、社会实践等活动为名拉入传销活动。三是发现不法分子在进行非法传销活动应及时报警或向学校保卫部门报告。

（七）防网络侵害

网络侵害的防范对策主要有：一是遵守《中华人民共和国计算机信息系统安全保护条例》等法律法规，不玩网络游戏、不浏览色情网站等。二是在网上慎交朋友，不要将个人资料外泄，更不要随便应网友之约外出。三是网上聊天要以自己熟悉的朋友和同学为主，不要与网友交谈低级话题。四是到正规网站购物，不要贪小便宜而到低俗网站购物。

（八）防意外事故

大学生平时要注意做好以下几点，以防止意外事故的发生。一是外出必须在人行道内行走，没有人行道的靠路边行走，不要几个人并排走，不准在道路上扒车、追车、强行拦车或抛物击车等。二是穿越马路要走人行横道线、天桥和地下通道，集中注意力，看清来往车辆，不要边走边接打手机或随意招呼出租车。三是不坐超载或无证经营的车辆，不催司机开快车。四是不携带易燃、易爆等危险物品乘坐公共汽车、出租车和长途汽车。五是骑自行车不要载人，超车时注意前后车辆，不要互相追逐或曲折竞驶。六是参加体育锻炼和体力劳动时要提高安全意识，严格规范动作，有特殊体质和特殊疾病要告知学校和老师，并办好相关手续。七是不违反校规私自外出游泳、登山。八是不到非法经营的饭馆吃饭，防止食物中毒。

（九）防火

防火，大学生平时要注意做好以下几点：一是增强防火意识，严格遵守学校有关防火规定。二是发现火情应立即拨打火警电话。三是视火灾种类进行灭火。四是逃生自救。火灾袭来时要迅速逃生，不要贪恋财物；平时就要了解掌握火灾逃生的基本方法，熟悉几条逃生路线；受到火势威胁时，要当机立断披上浸湿的衣物、被褥等向安全出口方向逃生；穿过浓烟逃生时，要尽量使身体贴近地面，并用湿毛巾捂住口鼻；若身上着火，千万不要奔跑，可就地打滚或用厚重衣物压灭火苗；遇火灾不可乘坐电梯，要向安全出口方向逃生；室外着火，门已很烫时，千万不要开门，以防大火进入室内，要用浸湿的被褥、衣物等堵塞门窗，并泼水降温；若所有逃生线路被大火封锁，要立即退回室内，用打手电筒、挥舞衣物、呼叫等方式向窗外发送求救信号，等待救援；不要盲目跳楼，可利用疏散楼梯、阳台、排水管等逃生，或把床单、被套撕成条状连成绳索，紧拴在窗框、铁栏杆等固定物上，顺绳滑下，或下到未着火的楼层脱离险境。

（十）防心理疾病

大学生平时要注意心理疾病问题，并做好以下几点：一是积极参加群体活动，主动与他人交往，不断扩展自己的交际范围，尤其应多与性格开朗、乐观豁达的人交往。二是调整自我价值的确认方式，评价自己要以内在标准为主，不能简单地与别人相比，同时培养自信心，相信自己的能力。三是要心胸开阔，学会容人容事，不要纠缠一些小事，要正确对待自己的不足。四是加强自身修养，开阔心胸，学会冷静思考，学会理解和容忍，逐步提高自己的自制力。五是走进大自然，让大自然的奇山秀水震撼你的心灵，让柔和而又富有活力的颜色诱导你良好的情绪。六是欣赏音乐，让抒情优美的音乐使你精神振奋，情绪饱满，信心倍增。

第四节　增强法制意识

一、大学生应树立法制意识

法制意识，是指人们对法制所持有的观点和态度。大学生的法制意识，也就是大学生对法制所持有的观点、知识和心理态度。大学生作为青年中文化层次较高的一个群体，应该有依法自律的精神追求和意志品质。否则，就可能使自己的行为偏离法律的轨道，步入法律的禁区，不仅不能成为国家所需要的人才，甚至会葬送自己的前途，被社会所唾弃。在大学校园里面发生的伤人、盗窃等事件，就是大学生法制意识淡薄的体现。

大学生应该了解法律的基本知识，牢固树立法制观念，增强法制意识，自觉遵纪守法。

一是要树立公民在法律面前人人平等的观念。公民在法律面前人人平等，主要是指公民不分性别、民族、种族、职业等一律平等地享有法律规定的权利，平等地承担法律规定的义务。不管什么人，只要犯法，都要依法受到追究，公民在适用法律上一律平等，不允许任何人享受特权。平等原则是社会主义民主和法制的精髓。

二是要树立权利与义务相统一的观念。我国宪法明确规定了公民的权利和义务。没有无义务的权利，也没有无权利的义务，即享有权利要承担相应的义务。大学生要形成正确的公民意识，以社会主义法律为武器，捍卫自己的正当权利，在享有个人所拥有的权利时，不忘记尊重和承认他人的合法权益，不忘履行对国家、对社会、对他人的义务。

三是要树立依法办事的意识。大学生通过学习和实践所形成的对依法办事深刻而稳固的信念，是构成良好法律素质的重要内容，是支配其依法办事的精神动力。大学生只有对社会主义法制充满信心，才有可能为建设和完善社会主义法制而努力奋斗，坚定不移地依法办事，自觉地同各种违反法制的现象做斗争。

四是要树立法律与自由相统一的观念。公民在行使自己的权利时要考虑到自己言论和行为的社会效果，不得损害国家的、社会的、集体的利益和其他公民的合法自由和权利。伤害别人和损害公共利益的“自由”，应该受到批判。大学生应树立与社会主义民主和法制密切联系的自由观，珍惜和维护安定团结的局面。

五是要树立自觉学法懂法守法的意识。大学生不仅要掌握马克思主义法学基本理论和基本观点，还要全面学习掌握有关的法律法规和规章制度。通过认真学习法律知识，深刻理解和把握我国社会主义法律精神，充分认识和理解依法治国的内涵，从内心真正认同、信任和信仰法律，自觉维护法律的权威，努力培养依法办事的思维方式和行为习惯。通过学习，懂得国家法律法规、教育行政部门规定及学校有关规章制度，明确哪些行为合法可为，哪些行为不合法甚至违法不可为，努力做一名遵纪守法的大学生。

二、大学生增强法制意识的途径

那么作为一名大学生，我们应当如何增强法制意识？

一是要学习法律知识。没有一定法律知识作为基础，增强法制意识、维护法律权威都会成为空谈。只有在学习法律知识的过程中培养我们的社会主义法律思维方式，才能使我们的行为遵循法律的约束，在法律思维方式的指导下做出合法的选择。

二是要宣传法律。宣传法律，不仅增强了别人对法律的了解，更重要的是使法律在自己心中的烙印更加深刻和神圣，同时还能够不断丰富我们的法律实践能力，从而推动全社会形成尊重和维护社会主义法律权威的良好风尚。

三是要树立法律信仰。努力树立法律信仰是增强法制意识、维护法律权威的重要方法。只有在内心深处真正认同、信任和信仰法律，我们才会自觉地维护法律的权威。我们要把握法律的精神脉搏，充分了解法律对于生活的巨大作用，养成遵纪守法的习惯，并在实践中树立起社会主义法律信仰。

四是要敢于同违法犯罪行为做斗争。法制建设最终是服务于社会实践的。我们要敢于同违法犯罪做斗争，以实践增强法制意识。

五是要加强自身法制意识修养。做到戒贪婪，戒奢靡，戒骄横，戒淫秽，戒赌博，戒惰散，戒妒忌，以良好的自身法制意识修养感染同学，促进全体同学法制意识的提升。

三、做一名遵纪守法的大学生

（一）大学生在校应遵守的法律法规

大学生作为一名公民，既享有法律赋予的个人应有的权利，同时也应该依法自律，遵守国家法律法规。

国家的法律法规非常多。宪法是国家的根本大法，是其他一切法律的基础。大学生要自觉遵守宪法，增强宪法意识。刑法、交通安全法、国家安全法、消防法等都与大学生学习、生活密切联系。大学生要了解和学习这些法律，并在学习生活中自觉遵守。

此外，作为一名在校大学生，还应自觉遵守国家、省教育行政部门制定的规定、条例以及学校的规章制度，如《福建省高等学校校园及周边秩序管理若干规定》等。

（二）大学生应自觉遵纪守法

大学生要做树立正确的世界观、人生观和价值观，学习和实践中国特色社会主义核心价值体系，做守法公民。在认知思维上，要防止偏激情绪；在利益上，要防止自私自利的极端个人主义思想；在人际关系上，要避免小肚鸡肠、狭隘自私、嫉妒报复行为；在困难挫折面前，要克服懦弱、屈服、逃避心理；在不正确的诱惑面前，要守住原则。只有这样，才能做一名遵纪守法的大学生。

一是绝对禁止发生危害国家安全的行为。不得参与非法集会，不得散布破坏国家安全的言论。

二是严禁发生扰乱公共秩序的行为。不得聚众闹事；不得结伙斗殴，任意损毁公私财物，寻衅滋事；不得从事邪教活动；不得在网络上发布不实言论，散布谣言等。

三是不得发生妨害公共安全的行为。不得违反规定将实验用的砷化物、氯化物、氰化物、生物碱等严控实验品带出实验室；不得存放、携带匕首、三棱刀等管制刀具。

四是不得发生侵犯人身权利、财产权利的行为。不得结伙殴打、伤害他人；不得用绑架，胁迫等非法手段限制他人人身自由；不得侮辱他人或捏造事实诽谤、陷害他人；不得发送淫秽、侮辱、恐吓等信息干扰他人正常生活；不得冒领、隐匿、毁弃、私自开拆或者非法检查他人信件；避免发生盗窃、诈骗、哄抢、抢夺、敲诈勒索公私财物以及侵占他人财物等行为。

五是不得发生妨害社会管理的行为。不得阻碍国家机关工作人员依法执行规定的职务，强行冲闯安全机关设置的警戒带、警戒区，或阻碍人民警察依法执行公务等；不得制造噪音干扰他人正常生活；不得伪造、隐匿、毁灭证据或者提供虚假证言、谎报案情，影响行政执法机关依法办案；不得制作、复制、出租淫秽的书刊、图片、音像制品，组织播放淫秽音像或者利用计算机信息网络、电话以及其他通信工具传播淫秽信息；不得以营利为目的，为赌博提供条件或者参与赌博等。

六是要避免发生侵犯知识产权的行为。未经著作权人的许可，不得复制、出版发行其作品；撰写论文不得剽窃抄袭他人作品。

七是避免发生其他危害社会的行为。如应避免乱接拉电线，不得无证驾驶机动车辆，不违反交通规则，不酒后驾车等。

网络课堂

《大学生安全教育警示系列片》，http：// i. youku. com/u/id _ UN-DE0NjkxMjEy

经典书目

1. 张静主编，《当代大学生安全教育》，高等教育出版社，2011 年。
2. 黎斌，《大学生法律案例及评析》，广东高等教育出版社，2009 年。

知识拓展

大学生常见违法犯罪行为

1. 最常见的违法行为：校园内盗。约占校内治安案件的80%以上。内盗发生的原因是：个别学生或追求享乐、欲壑难平，或寻求刺激、铤而走险，或目标迷失、畸形敛财，或伺机报复、寻求平衡，或好逸恶劳、沉溺网吧，导致入不敷出。偷盗是违纪行为，最高可处开除学籍处分；偷盗更是违法行为，轻则治安处罚，重则刑事处分。最惨痛的是一辈子挂个偷盗名声，不被社会、单位、同事所信任。

2. 最鲁莽的违法行为：打架斗殴。这类案件近年来在校园内时有发生，其中虚荣心理、报复心理、烦躁空虚心理、从众心理等不健康心理导致打架斗殴占90%以上。酗酒滋事以及偏执性人格障碍、攻击性人格障碍导致与常人格格不入，也成了打架斗殴的重要原因。打架斗殴的代价＝1000元左右的罚款＋医药费＋5天以上拘留＋记过以上处分＋拿不到学位甚至开除学籍＋断送自己的美好前程。

3. 最血腥的违法行为：持刀、投毒杀人。这类案件在大学校园偶有发生。究其原因大多是因为失恋、同学间的不尊重引起的精神障碍而导致的，其结果是几个家庭家破人亡，杀人者遗臭万年。

4. 最愚昧的违法行为：参加法轮功等邪教组织。邪教组织以宗教为幌子，对青年学生进行精神毒化，用拯救人类的名义鼓动青年学生进行反社会、反政府的行为，用上天堂为诱惑，鼓动青年学生服毒、自焚，严重破坏了社会的安定团结。

5. 最丢人的违法行为：性犯罪。大学生性犯罪的主要表现有：对同学实行性暴力；部分学生到社会上卖淫嫖娼；个别学生猥亵异性，偷窥异性隐秘。性犯罪不仅可能导致艾滋病等一些难以治愈的疾病，还会受到校纪国法的严惩，更给自己的一生幸福留下了巨大的阴影。

6. 最可耻的违法行为：与境内外敌对势力勾结。帝国主义和国内反动势力亡我之心不死，把“和平演变”的希望寄托在中国青年知识分子身上。有极少数大学生不明辨是非，卖国求荣，泄漏国家机密，在网络等媒体上从事攻击国家制度的犯罪行为，极少数大学生还受国内外敌对势力影响，参与非法示威游行、出版非法刊物和音像制品等破坏国家稳定的犯罪活动。按照刑法规定，这些都是“危害国家安全罪”的行为，必将留下千古骂名。

第九章　学会使用网络

21世纪是信息网络支撑的世纪。2013年1月15日，中国互联网络信息中心在京发布第31次《中国互联网络发展状况统计报告》。报告显示，截至2012年12月底，我国网民规模达到5.64亿，互联网普及率为42.1%。截至2012年12月底，我国微博用户规模为3.09亿，网民中的微博用户比例达到54.7%。手机微博用户规模2.02亿，占所有微博用户的65.6%。计算机网络正以日益迅猛的速度进入大学生生活的每个角落，上网已成为大学生日常学习和生活的重要内容。网络对大学生们的思想观念、生活方式和心理健康等都带来了巨大而深远的影响。因此，要积极引导大学生正确对待和利用网络，防止和减少网络对大学生的负面影响，促进大学生的健康成长。

第一节　“双刃”的网络

互联网作为一种以数字化的现代信息技术为核心的传播媒体，俗称信息高速公路。互联网独特的先进技术特点和社会文化特点，使之不同于报刊、广播、电视等可控媒体，因此，网络被视为极具不可控性的媒体。它不仅能提供世界各地各领域的最新信息，传播广泛的科技知识，同时也几乎不受限制地传播着大量消极、颓废的信息内容，即信息宝藏与信息垃圾共存于一“网”。这就决定了网络对人们的影响必然具有二重性：既有积极促进作用，又有消极负面影响。

一、信息网络的正面影响

信息网络对大学生的正面影响主要有以下几点。

一是拓宽了大学生信息来源的渠道，丰富了大学生的学习方式。网络丰富的信息资源极大地缩短了知识和信息传播的周期。作为信息媒介，网络具有信息传播、通信联络、资料检索等功能，并具有信息量大、传播速度快、影响范围广等特征。随着各种信息机构和大众传播媒介纷纷加盟，网络已经成为世界最大的广告系统、信息和新闻媒体。它将世界各国和地区连成一个村，形成信息与通信网络系统，以更快速度传送、更新日益增加的数据、信息和知识。我们可以充分感受到网络正在改变、影响着我们每个人的生活方式。它能使人们尽快提高学习和工作效率，也能为人们提供宽松舒适的生活环境。比如人们经过一天紧张、繁忙的工作生活，只需坐在家中就能尽知天下事，与世界各地的朋友畅谈，看到正流行的影视作品等。

二是拓宽了大学生人际交往的空间，提高了大学生人际交往的热情。网络通过全方位、多层次的信息传输为大学生提供了更方便且范围更大的社会交往机会，拓宽了大学生人际交往的空间。根据美国互联网研究公司的调查研究，网上生活不仅不会使人们变得疏远，反而会增进相互间的交流，尤其是大量使用的电子邮件更能够使亲戚朋友、同学之间交流和沟通变得更加方便和频繁。最为重要的是，互联网充分扩展了大学生生活的社会环境，创造出许多新的社会关系。比如方便快捷的电子邮件正逐步取代传统的通信方式，给大学生进行远距离的交流提供了极大的便利，由此产生出不少新型的人际关系。网络是无边无际的，大学生通过网络信息的传播，在无形中将自己编入了“无限”的网络群体中，社会接触范围大大拓宽。同时，网络人际交往也为大学生个体情感宣泄提供了良好的途径，网上论坛、网上聊天室、微博等为大学生提供表达自己欢悦、激动、愤怒、痛苦等情感体验的场所，让他们宣泄被压抑的情绪、情感，从而获得一定的心理自疗效果。

三是拓宽了大学生学习的范围，促进了大学生综合素质的提高。网络借助先进的电子技术结合传统媒体而成为全球最宽广的信息媒介，它使人类的优秀文化遗产、领先的科学技术成果、全新的理念和知识真正突破时空的界限，为每一个社会成员所了解。大学生可以在互联网上接触到各种各样的信息，可以更快地了解科技发展的前沿，了解更多学术信息。网络传递信息的双向或多向性，使大学生可以随心所欲地针对自己感兴趣的话题和现象发表意见、展开讨论，在讨论中不断修正提高。这样的网络环境非常符合大学生的青春特性，对大学生具有极强的亲和力，从而获得了大学生极高的认同度和参与热情。这样的环境使得大学生可以根据自己的兴趣和价值观自主选择学习内容，有利于调动大学生学习的自觉性与主动性，促进大学生的个性发展；有利于大学生共享全球信息和知识，开拓眼界，紧跟时代潮流，培养全球意识；有利于激发大学生的创新意识。同时，在互联网上人们可以购物、看书、听音乐甚至可以求职，这些不仅丰富了大学生的生活，更重要的是拓宽了大学生学习的范围，促进了大学生综合素质的提高。

二、信息网络的负面影响

信息网络对大学生的负面影响主要有以下几个方面。

一是对大学生生理方面的负面影响。电脑显示器是利用电子枪发射电子束产生图像的，其伴有辐射与电磁波，长期使用会伤害人的眼睛，诱发一些眼病，如青光眼等；键盘上键位密集，键面有一定的弹力和阻力，长期击键会对手指和上肢不利；操作电脑时，身体姿势难得有变化，操作向着高速、单一、重复的特点发展，强迫体位比重越来越大，容易导致肌肉骨骼系统的疾患，其中，计算机操作时所累及的主要部位有腰、颈、肩、肘、腕部等。同时，电脑的低能量的X射线和低频电磁辐射容易引起人们中枢神经失调。英国一项办公室电磁波研究证实，电脑屏幕发出的低频辐射与磁场会导致7—19种病症，包括眼睛痒、颈背痛、短暂失去记忆、暴躁及抑郁等。过度使用电脑会增加人的精神和心理压力，操作电脑过程中注意力高度集中，眼、手指快速频繁运动，使生理、心理过度重负而产生失眠多梦、神经衰弱、头部酸胀、机体免疫力下降，甚至会诱发一些精神方面的疾病。

二是对大学生心理方面的负面影响。随着互联网的广泛使用，对网络的依赖也越来越强，大学生的情感体验将更为丰富、强烈、敏感。他们关注社会的发展，也关注自己的切身利益。但由于生活阅历浅，使他们对人生充满理想，又脱离现实，容易产生不满足感和焦虑、紧张、抑郁等不良的情绪体验。大学生情感的成熟必须通过社会生活的实践体验得以实现，而长时间的上网阻断了大学生亲身的社会情绪体验。他们沉迷于虚拟世界中，网络掩盖了真实生活，扩大了“现实生活”与“虚拟社会”间的差距。他们渴望在网络上追求虚拟的完美人生，而消极地对待或逃避现实世界，其自我系统中的“真实的我”“现实的我”“网络的我”产生冲突，往往会在网上、网下判若两人，严重的可导致二重或多重性人格问题，甚至人格的分裂。当他们从虚拟世界获得比现实世界更多的快乐体验时，就可能将更多的时间和精力投入网络交往。每当现实生活遇到挫折、困难时，总想到网络中寻求安慰。另外，网络信息有精华也有糟粕，其中存在着大量色情、暴力信息。大学生正处在青春期，对色情内容具有好奇心，加之自制力较差，相关的性知识匮乏，网上不健康的性信息、性观念，容易导致其性心理的畸形发展，产生性犯罪动机或行为。

三是对大学生价值观念的负面影响。大学生的世界观、人生观、价值观尚未成熟，可塑性强，容易受到外来思想的冲击。计算机网络是一个没有边际的世界，不同的思想文化、价值观念在这里交融碰撞，文化的霸权主义和殖民主义成为可能。网络上信息传播的跨国界、跨文化状态，使得国际传播体系中信息富有的少数西方发达国家居于主导地位。它们的文化、思想等成为大学生在网络中接触最多的内容。而这些内容中有不少是不符合当代大学生的价值观追求的。但它们又充斥在网络中，对大学生形成潜移默化的影响。

四是对大学生意识形态产生冲击。网络作为一种便捷的信息传播方式，在很大程度上成为了意识形态的传播工具和斗争阵地。一些西方发达国家凭借其网络技术的领先地位和网络基础设施建设上的早发优势，妄图确立起在网络空间中意识形态主导地位。一些西方国家的网站，大量传播对我国社会主义制度进行攻击的言论，歪曲诋毁我们党和国家的方针政策，国内的一些不法分子也利用国际互联网作为与我们党和国家进行对抗的工具和渠道，大肆散布危害国家安全和社会稳定的虚假信息，迷惑群众，混淆视听，唯恐天下不乱。因此，我们也要充分发挥网络优势，抢占网络宣传阵地，大力宣传党和国家的方针政策，坚决抵制西方敌对势力对我国网络宣传的不良影响。

五是对大学生人际关系的负面影响。建立良好的人际关系对大学生人格发展十分重要。大学生在与同辈群体间相互交往中得到周围环境对其言行的评价，从而达到认识、反省、完善自我的目的。只有正确评价自己，学会尊重、宽容，坦诚与人交往，融入群体，才能感受友情，取得信任，建立合理的归属感。而网络交往是在虚拟情景下进行的，并非面对面交往，这种人—机方式的交往影响了大学生正常的交往方式，极易产生人际关系的冷漠，产生新的人际障碍，从而阻碍大学生心理的健康发展。同时，网络主页制作精美、内容丰富、图文声并茂及友好的界面和新颖刺激的网络游戏，对大学生具有强烈的吸引力和难以抗拒的诱惑力，特别是那些自控力较差的学生，长时间无节制地在互联网上聊天、浏览，会导致各种行为异常、心理障碍、人格障碍、交感神经功能部分失调，甚至罹患网络综合症。

第二节　文明上网与安全上网

网络在给人们带来极大便利的同时，也带来了网络社会的竞争、冲突与矛盾，甚至出现不少网络犯罪活动。网络虚拟社会和现实社会一样，也存在着社会公共秩序和安全问题，也需要网民共同遵守网络社会的法律规范和道德准则。

一、网络社会的法律规范

目前，我国针对网络安全问题制定出台了一系列的法律、法规和各种规章制度。我国现行的网络法律体系框架大概可分为以下几个层面：

一般性法律法规主要有宪法、国家安全法、国家秘密法、著作权法、专利法、治安管理处罚条例等。这些法律法规并没有专门对网络行为进行规定，但是，它所规范和约束的对象中包括了危害网络安全的行为。

规范和惩罚网络犯罪的法律法规主要有《中华人民共和国刑法》《全国人大常委会关于维护互联网安全的决定》等。这其中刑法也是一般性法律规定。

直接针对计算机网络安全的特别规定主要有《中华人民共和国计算机信息系统安全保护条例》《中华人民共和国计算机信息网络国际联网管理暂行规定》《计算机信息网络国际联网安全保护管理办法》《中华人民共和国计算机软件保护条例》等。

具体规范网络安全技术、网络安全管理等方面的法规主要有《商用密码管理条例》《计算机信息系统安全专用产品检测和销售许可证管理办法》《计算机病毒防治管理办法》《计算机信息系统保密管理暂行规定》《计算机信息系统国际联网保密管理规定》《电子出版物管理规定》《金融机构计算机信息系统安全保护工作暂行规定》等。

二、网络社会的道德准则

2001年9月20日，中共中央印发《公民道德建设实施纲要》，指出“计算机互联网作为开放式信息传播和交流工具，是思想道德建设的新阵地。要加大网上正面宣传和管理工作的力度，鼓励发布进步、健康、有益的信息，防止反动、迷信、淫秽、庸俗等不良内容通过网络传播。要引导网络机构和广大网民增强网络道德意识，共同建设网络文明”。

网络道德就是用于调整、规范网络使用者的思想、言论和行为的道德准则。网络道德一旦形成，就会像传统道德一样，依靠人的内心信念和自治自律来约束自己在使用网络过程中的行为，使自己的行为合乎网络的伦理道德，合乎国际通用法则，合乎社会发展利益。例如，美国计算机协会就为其成员制定了一般的伦理道德和职业行为规范：为社会和人类做出贡献；避免伤害他人；要诚实可靠；要公正并且不采取歧视行为；尊重包括版权和专利在内的财产权；尊重知识产权；尊重他人的隐私；保守机密。

大学生网络道德的基本行为准则应该是爱国为民、慎独守法、文明诚信、乐群贵和、互助互敬。爱国为民是社会主义道德的基本要求和核心内容，理应成为大学生网络道德的基本要求。慎独是重要的道德修养方法和较高的道德境界，守法是公民必须履行的义务，是社会发展的基本保证，慎独守法作为网络道德行为准则不仅是体现德治与法治并重的需要，也是由网络的特点决定的。文明诚信是中华民族的优良传统，是做人的基本准则与最起码、最基本的品质，网上的文明诚信与现实生活中的文明诚信有着同样的作用与要求，要使每一个大学生都能对自己网上的行为负责，对集体、国家和民族负责，确保社会交往与网络的正常运行。乐群贵和要求大学生在人类生活的新空间建立更加和谐友善的人际关系，共同促进社会发展。互助互敬是人们在社会生活中用以调整相互关系的行为规范之一，是一种高尚道德的标志，同样适合于网络。

三、文明上网

大学生是最具科技意识和创新能力的一代，大学生网民是毋庸置疑的网络活动中的主体。大学生群体网络生活方式的质量高低、文明与否，不仅影响大学校园的网络文化建设，甚至会影响到整个社会和国家的未来。因此，大学生应当担负起建设网络文明工程的重任，积极倡导文明上网，创造全新的网上生活方式，做有正义感、责任感、上进心的合格网民的先锋，进一步在全社会促成安全上网、文明上网的良好风气。高举网络文明的大旗，促进网上健康文明的道德规范和社会网络文明的良好氛围的形成，为我国的精神文明建设，为社会的健康发展，做出自己的贡献。

一是要争做网络道德的楷模。要学习法律法规、网络道德规范，懂得基本的对与错、是与非，增强网络道德意识，分清网上善恶美丑的界限，自觉抵制腐朽思想的侵害，激发对美好网络生活的向往和追求，形成良好的网络道德行为规范。

二是要争做网络学习的模范。要善于上网学习，多进知名网站，接受进步思想。不浏览不良信息，只汲取有益的信息和资料，自觉抵制各种虚假、消极内容，远离黄毒。不沉溺于虚拟时空，不断提高网络学习的针对性和有效性。

三是要争做网络文明的使者。要认识网络文明的内涵，懂得崇尚科学、追求真知的道理，增强网络文明意识，使用文明的网络语言，不在网上随意漫骂、攻击他人，在无限宽广的网络天地里倡导文明新风，营造健康的网络道德环境。

四是要争做网络安全的卫士。要了解网络安全的重要性，合法、合理地使用网络资源。增强网络安全意识，不浏览非法网站；不利用网络煽动闹事、拨弄是非、造谣生事；不利用网络设备、技术手段盗用他人信息；不利用网络进入未经授权的计算机；不在网络上冒名顶替、污蔑欺骗；不在网上宣传色情、迷信、暴力的内容；不沉溺网络游戏，不通宵上网，控制上网娱乐的时间；不制造和传播网络病毒，维护正常的网络运行秩序，促进网络的健康发展。

五是要争做维护网络文明的先锋。要监督和防范不安全的隐患，关心身边的同学，帮助同学充分认识不良网站危害，远离不良信息，为创造健康洁净的网络空间贡献自己的力量。

四、安全上网

随着网络的迅猛发展，人们对于信息的获得途径发生了翻天覆地的变化，电子邮件、博客、微博、论坛、聊天软件逐渐取代了传统的信件、电报等手段。但是网络的发达也同时带来了很多负面的产物，网络病毒、木马、黑客成为了众多网络使用者的噩梦。怎样才能做到比较安全上网从而预防可能发生的损失或将损失降到最低程度呢？首先，努力提高信息安全素质，培养良好的信息安全意识，能正确识别各类信息安全威胁，合理规避信息安全风险。其次，掌握一些必要的电脑基础知识，懂得一些电脑程序的安装和设置方法、技巧等，尽可能保证电脑本身的安全，做好安全上网的一些防范工作。

一是打造安全个人电脑。及时修复系统漏洞；安装必要的安全软件，并及时升级；关闭“文件和打印共享”，以防止黑客入侵；禁用 Guest 账户，有很多入侵都是通过这个账号进一步获得管理员密码或权限的；谨慎使用各种移动存储设备，使用前先用杀毒软件检查，带毒的 U 盘只要一插入电脑不需要任何操作就可能中毒；不受文件名欺骗主动运行病毒，许多病毒通过隐藏文件扩展名这个设置隐藏自己；隐藏 IP 地址，隐藏 IP 地址的主要方法是使用代理服务器；更换管理员账户，Administrator 账户拥有最高的权限，黑客入侵的常用手段之一就是试图获得 Administrator 账户的密码；关闭不需要的服务和端口，如果不关闭，黑客可能利用它们，从而造成安全隐患；禁止建立空连接，在默认的情况下，任何用户都可以通过空连接连上服务器，枚举账号并猜测密码。

二是经常访问有关信息安全的网站。经常访问安全类、反病毒软件厂商网站，如国家计算机病毒处理中心网等，这样可以及时了解计算机病毒预警、系统漏洞发布、新病毒的解决办法等信息，有助于我们提前做好防范，进一步确保计算机的安全。如果电脑不幸中了病毒或木马，建议格式化 C 盘重装系统使用。

三是学会安全使用电脑。具体来说有以下几个方面要特别注意的。

第一，使用安全的电脑。设置操作系统登录密码，并开启系统或软件防火墙；安装杀毒软件并及时更新病毒特征库；在使用痕迹未清除前，尽量不转借个人电脑；不在未安装杀毒软件的电脑上登录个人账户；不在公共电脑登录网络银行等敏感账户；不在公共电脑保存个人资料和账号信息；离开公用电脑前别忘记注销已登录的账户。

第二，运行安全的软件。开启操作系统及其他软件的自动更新设置，及时修复系统漏洞和软件漏洞；使用正版软件，定期全盘扫描病毒和查杀流行木马；只安装可信任的健康常用软件。

第三，访问安全的网站。不访问包含色情等不良信息的网站（这些网页常常包含木马程序）；收到来历不明的电子邮件，在确认来源可靠前，不要打开附件或内容中的网站地址。

第四，切勿贪图小便宜。不轻信网络“中奖”、“赠送”类信息，切记不要向陌生账户汇款；不要仅凭好友在网上的留言（如借钱的聊天消息）汇款，须当面或电话确认后再做决定；上网购物时，即使商品很便宜，也不要在收到货物前直接付款到对方账户上，切忌直接汇款，应尽可能使用正规的第三方支付平台；登录网络银行等重要账户前，先确认网站地址是否和服务商提供的网址一致。

第五，网络交流中注意保护隐私。不在网络中透露银行账号、个人账户密码等敏感内容；不在交谈、个人资料以及论坛留言中轻易泄露真实姓名、个人照片、身份证号码或家庭电话等任何能够识别身份的信息；不随意在不知底细的网站注册会员或向其提供个人资料；对包含隐私内容的个人网站（如博客）应设置访问密码。

作为知识含量较高、素质较好的大学生群体，要上健康网站，去绿色网吧，在网络中学会“取其精华，去其糟粕”，将网络中有用的部分变为自己的财富。可以利用网络帮助自己查找各种学习资料，提高自己的学习效率和学习的深度、广度；可以利用网络找到各种兼职、打工、招聘的信息，为自己的助学和就业找到好的信息渠道；可以利用网络认识更多志同道合、积极向上的社会各界朋友；可以利用网络写稿，提高写作能力；可以利用网络开班会让大家畅所欲言，发挥互相交流的真正作用；可以利用网络接受远程教育。总之要懂得运用智慧去上网，把网络作为成长成才的科技工具，并在其中不断提高自己的综合素质和能力。

第三节　网络学习与网络休闲

前面我们已经提到，网络已经成为当代大学生不可或缺的学习与生活的方式。

一、网络学习

网络为同学们分享学习资料等多方面信息提供了便捷渠道，正成为同学们学习的得力助手。网络学习大体包括以下几个方面。

一是校精品课程网络学习平台。精品课程，顾名思义，即学校、学院中最为优秀的课程，分为国家级、省级、校级三个级别，各学校汇总本校的这些精品课程的相关资料，包括教案、作业习题等公开到校精品课程的平台上供本校及外校学生参考。同学们可以登入本校教务处网页，点击浏览本校精品课程。也可以通过网络搜索到其他院校的精品课程进行学习。同时，国家精品课程资源网也汇集各高校国家级精品课程，为广大学子提供了一个良好的学习平台。

二是网上图书馆学习平台。同学们可以输入图书证号与密码登入图书馆搜索图书信息，进行点击续借等。此外，还可以点击电子资源，寻找所需要的数据库，查找相关的文献资料。

三是名校公开课学习平台。在网络上有不少名校名师的公开视频课可供网友学习。同学们可以从中学习更多知识，感受对待相关问题的不同思维方式及不同视角等，体验名校名师的风采。此外，一些国外名校的公开课视频不仅能学习知识，也提升了同学们的英语水平，可谓一举两得。

四是学科论坛学习平台。利用学科论坛进行相关知识的学习是大学生重要的学习方式之一，目前网络学科论坛有很多，如考研论坛等。还有不少论坛是以单学科来分类的，有的细分到二级学科，同学们可以向论坛提专业问题。同时，论坛提供相关学科资料、统计实验数据的下载等。

五是考证类网站学习平台。同学们可以通过以上网站查阅到相关考试信息，获取免费考证资料、购买学习应试课程等。对于有确定考证目标的同学，建议搜索专业考试网站查询相关资料进行学习。

六是文献共享平台。网上各类文献共享平台为同学们查询学习资料提供了丰富的资源，由于没有专门管理员进行整理，资料混杂，但可以使用站内的搜索引擎，寻找自己所需要的文献资料。

二、网络休闲

网络休闲大体有以下几种方式。

一是 QQ、微信、短信。对于大学生而言，QQ 是必备联络工具之一，大多学院、年级、班级建有自己的 QQ 群。QQ 也是联系好友的好方式。此外，手机微信也成了联络交流的重要方式，越来越得到大家的喜爱。

除QQ、微信外，手机短信也是大学里重要的交流、沟通工具。其中移动飞信等因其可免费开通，也受到同学们的欢迎。

二是微博、博客。近几年来微博这种网络媒体平台得到快速、广泛的普及，并成为重要的消息传播渠道，是同学们抒发所思所想、展示自我的重要工具。学校、学院等多开通有自己的官方微博，以报道团体的动态等。

虽然微博的推出降低了博客的热度，但由于微博的篇幅有限，博客依然受到不少同学的热捧。不少同学开通有自己的博客，或在上面撰写文章，抒发情感，或转发有用资料，增进学习成效。

三是贴吧、论坛。贴吧、论坛也常常可以看到大学生的身影。这些平台多可以畅所欲言，又能征集志同道合的好友。

四是游戏。适当接触网络游戏可以让同学们释放学习、生活上的压力。还可以开阔视野，学习相关软件程序制作等。

五是网上购物。网络商品以价格优惠而受到同学们欢迎。当然也有一些网站缺乏诚信，产品质量鱼龙混杂，同学们要加强辨别，遇到问题要及时申述，维护自己的合法权益。

六是网络书籍。电子书形式的书籍相对于传统书籍更加节能环保，电子书资源可以在网络上通过免费或者付费下载，可以在电脑、手机等多种终端观看，是同学们休闲阅读的选择之一。

七是音乐、影视。听音乐、看电视电影，了解文化媒体动向，是大学生打发时间的方式之一。同学们可以在相关网站了解影视资讯并观看。

第四节　提升媒介素养

中国传播学对媒介素养做出了如下的定义：媒介素养是指获取、分析、评价和传播各种媒介信息的能力，以及使用各种媒介信息服务于个人的工作和生活所需的知识、技巧和能力，包括人们面对传媒的各种信息的选择能力、理解能力、质疑能力，评估、创造和制作能力，以及思辨性回应能力。媒介素养是听说读写等传统素养的延伸，是大学生在现代社会必须学习和具备的一种能力。

一、大学生新媒体行为的主要表现

大学新生对QQ、微博等早已熟悉了。这些新媒体工具确实给我们的学习与生活带来了许多便利。那么大学生新媒体行为有哪些主要表现呢？大体可以用下表来表示。

大学生新媒体行为

新媒体	新媒体特点	正常新媒体行为	易出现的不良行为
传统网络聊天工具（以QQ为代表）	操作简便性、交流实时性、身份虚拟性	进行情感交流、释放压力、获取资讯、学习交流等	网络痴迷、网络恶搞、网络诈骗等
社区论坛（以BBS与贴吧为代表）	交互性、时效性、开放性、虚拟性 高校BBS还具有普及率高、受众稳定、内容丰富、贴近校园生活等特点	自由发表见解、抒发感情、关注感兴趣的主题	群体挑衅行为十分常见；部分学生不能恰当把握言论尺度，出现大量粗俗、侮辱、谩骂性质的言论
综合性个人媒体（以博客为代表）	开放互动、零门槛准入、展示个性	心灵独白或心情记录为主，展示个人兴趣爱好，记录学习生活状况	信息垃圾、博客沉溺、网络脏口、知识侵犯、网络恶搞和暴露隐私等
SNS社交网络（以人人网为代表）	交友模式呈辐射性，通过第三方软件的游戏平台进行交流	进行实时交流、分享资源、宣泄个人情感等	通过分享链接淫秽、暴力等视频引起围观；通过夸张头像、低俗日记等来吸引眼球
即时参与自媒体（以微博为代表）	具备博客、播客、社交网络、论坛的综合交互功能；交互性极强，突破了反馈迟缓的界限	记录自己学习与生活；关注身边朋友的信息；转帖发表自己的观点、心情等	群体有意无意捏造的谣言等时有发生

大学生新媒体行为有好有坏。其中，那些不良的行为不仅对社会与学习生活带来不良影响，更是对自己的人生带来了损害，希望同学们能好好把握住尺寸，自觉作新媒体正确行为的倡导者，新媒体错误、不良行为的抵制者。

一是虚拟媒介备受青睐，现实媒介影响弱化。从大学生使用信息媒介的程度看，主要以虚拟媒介，即网络（包括手机网络）使用为主，其中互联网占据主流强势地位。在时间的分配上，他们用于网络媒介的时间要比用在现实媒介上的时间多出很多，看书看报的时间大大减少。这种趋势将对大学生的传统阅读方式带来影响，也影响了大学生正常的学习与生活。

二是沉溺虚拟情景，缺乏现实交流。很多大学生长期沉溺于应接不暇的“虚拟情景”中，如QQ聊天、网络游戏、博客和虚拟社交网站等，人逐渐变成数字化的存在物，人与人的交往变成了人机交往，最终导致人际关系疏远，并因此产生紧张、孤僻、冷漠甚至严重的心理疾病。他们多迷失在虚拟媒介所营造的“虚拟情景”中，脱离社会现实，这对今后的学习生活将产生极不利的影响。

三是引导者角色淡化，信息甄别力有限。当代大学生在关注信息的同时热衷于追捧一些娱乐、负面的新闻信息。对于低俗、暴力、色情部分他们缺乏应有的抵制力。虚拟媒介在信息审核把关方面不如传统现实媒介严格，信息引导者的角色也趋于淡化或部分缺位。大学生偏爱新媒体，但是新媒体又不完全具备传统媒体所承载的传播和教化的社会功能，最终可能会使大学生的人格发展得不到良好的引导和规范。同时，在媒介信息甄别力上，大学生对媒介信息的甄别力有限，他们有很强的信息探知欲，却不懂得如何对掌握的信息进行分析、判断和反馈。由于他们的媒介素养尚处于无序、自发状态，导致他们仅仅懂得如何便捷、快速地获取信息，而不懂得如何对媒介传播信息的方式及信息本身进行准确的理解与评价。

二、提升新媒体素养，加强网络文明建设

新媒体时代的新情况新变化新问题，对大学生的媒体素养也提出了新的要求。为了使大学生更好地适应新媒体时代，如何提升大学生的媒体素养成为了一个既现实又紧迫的课题。那么，我们应该怎样提高自身的媒体素养呢？

一是要关注网络动态，从典型案例中吸取教训。当前我们正处于一个网络监管还不完全到位但网络又快速发展的时代，网络虚假消息、网络欺诈甚至网络犯罪事件等时有发生。因此，我们必须关注网络资讯动态，才能跟上时代步伐。我们要关注网络安全的事件，从典型案例中了解网络虚假消息的特征以及

网络诈骗的手法，以求在日后使用网络信息的过程中，能够规避网络虚假、欺诈信息；关注网络对社会热点事件的评论，合理对待社会潮流，不盲从，提高道德水平，提升媒体素养。

二是要理性对待网络信息，提高网络的判别能力。当代大学生应该充分利用学校的各种资源优势，迅速提高自身的媒体素养，通过选修课、公选课、公共讲座等形式充分系统地了解网络媒体素养的理论知识，理解网络信息虽然时效性、公开性强，但网络上也有糟粕，要提升对网络信息的判断力，不要跟风，更不能为哗众取宠故意报道捏造假新闻、假信息等。

三是要积极参与网络传播，维护网络文明。校园是大学生学习和生活的天地，大学生应充分利用校园内的文化媒体资源来丰富自身的媒体素养，加强媒体素养教育。积极加入校园广播电台、校电视台、校报等传统校园媒体的工作和宣传，提升自己的媒介传播水平，并为维护校园网络文明贡献力量。

网络课堂

1. 《新媒介素养》，http：//v. youku. com/v _ show/id _ XMTI2MzA2MjMy. html

2. 《张爱萍——思辨意识与媒介素养漫谈》，http：//v. youku. com/v _ show/id _ XMTI2MjYxMTUy. html

经典书目

1. 涂山青，《网络学习教程》，华中师范大学出版社，2006 年。

2. 兰先芳，《网络学习时代》，中山大学出版社，2006 年。

3. 陆晔，《中国传播学评论·媒介素养专辑》，复旦大学出版社，2008 年。

4. 宫淑红、张洁，《媒介素质教育理论与实践》，山东人民出版社，2010 年。

5. 邱沛篁、蒋晓丽、吴建，《媒介素质教育论集》，四川大学出版社，2004 年。

第十章　树立正确的恋爱观

大学生正处于“成人前期”。随着性生理的成熟和性心理的发展，渴望爱情已成为大学生较为普遍的心理状态。友谊与爱情成为大学校园中永恒的话题。然而，受多元价值观影响以及缺乏相关的性心理、性生理、性伦理等方面的知识，追求爱情在给大学生带来激动和甜蜜的同时，也给一些学生带来了无尽的烦恼和困惑。因此，如何与异性交往、培育积极健康的恋爱心理、树立正确的爱情观念以及正确应对恋爱相关问题都是当代大学生必须认真面对并加以严肃思考的问题。

第一节　学会如何与异性交往

异性交往是人际交往的重要组成部分，也是人类常见的、重要的心理需求。大学是一个从学生到社会人的过渡期，一方面，大学生扩大自己的交友面，学会和不同的人打交道，包括如何与异性相处是大学生的“必修课”；另一方面，大学生都有与异性交往的愿望和需要，能够轻松自然地与异性交往是大学生人际关系能力的重要体现，也是大学生心理正常发展、个性保持健康和具有安全感、归属感、幸福感的必然要求。由于家庭、学校、社会背景的不同，大学生对异性交往在认识上存在着一定的差异，并最终体现在个体行为上的多样性，这是大学校园里客观存在的现象。正确认识和对待异性交往，对于大学生的健康成长非常重要。

一、正确认识异性交往

渴望与异性交往是青春期学生性生理和性心理发展的必然结果。青少年性心理的发展随年龄的增加大致可分为三个阶段：第一阶段为对异性的疏远回避期，大致处于十一二岁至十四岁之间。这一时期的学生，由于第一、第二性特征的出现，开始意识到了两性间的差异以及两性间的关系，在各种场合中男女间的界限分明，接触双方都会感到拘谨、害羞。初中阶段的学生一般处于这一时期。第二阶段为对异性的爱慕接近期，大致处于十五六岁至十七八岁之间。这一阶段的学生，由于情窦初开，彼此之间有一种强烈的身体和情感的吸引，因此有彼此接近的欲求，而且大多希望能引起异性对自己的关注。他们关心自己的体形和容貌，尤其是女生总觉得男生在关注自己，而男生也总希望引起女生对自己的注意，都希望得到异性对自己的肯定，这是性心理发展的重要阶段。高中阶段就处于这一时期。第三阶段为恋爱结婚期，大致处于十八九岁至二十四五岁之间。处于这个时间的男女青年经过疏远异性期再到接近异性期，逐步发展为两性间的恋爱，最终结婚。大学阶段正处于这一时期。

大学生处于一种渴求交往、渴求理解的心理发展时期，对异性充满好感，渴望接近异性，并试图与异性同学建立良好的关系，这种需要是正当的，有助于个体心理的健康成长。有学者认为，大学生异性交往对于建立大学生自我认同感和健全人格的完善具有特殊的推动作用。西方心理学家对人的异性度研究结果表明，男性的女性度高，更富有创造力；女性的男性度高，智商也高。经常与异性交往的人，异性度高。异性度高的人容易接受异性的长处，思维更加活跃。大学期间应当提倡和鼓励异性之间的正常交往和相互学习。

大学生异性交往大体有以下几点益处。

一是有助于学习和工作效率的提高。正所谓“男女搭配，干活不累”，在解决问题的过程中，男生和女生相互配合，就可以发挥各自的优势，提高学习和工作效率。

二是有助于个性发展。由于性别不同，看待问题和处事方法也不同，对方能以异性的智慧替你出谋划策，使你的判断、计划、决定和行动更全面、更客观、更有效。

三是有助于调节心理情绪。交异性朋友可以给自己带来愉悦、快乐。当我们在生活中遇到不如意或心情郁闷的时候，如果有一个能以心相见、真诚相待的异性朋友，会给你不同的视角去看待问题和自身，能帮助你消除那些不良情绪，帮助你摆脱心理困扰，让你拥有良好的生活态度和生活氛围，甚至获得面对现实的勇气。

四是有助于健康的恋爱心理的形成。男女大学生通过正常的交往活动增进相互了解，认识到男女之间生理和心理上的差异，使对异性的好奇、神秘和向往转变成日常工作、学习和生活中的互相关心、互相帮助，从而结成异性间的友谊，甚至获得美好的爱情。

二、正确对待异性交往

女生喜欢男性的豁达、主见和力量；男生则喜欢女生的协商、温柔和细腻。大学生异性间的接触与交往，双方得到了真挚的友谊和教益，但由于受各种因素的影响，也会出现一些偏差，比较突出的有两个方面：一是有的学生因为受传统的“男女授受不亲”思想观念的影响，或个人早期生活中不良经验的影响，或个性内向、胆小、缺乏自信等因素的影响，在与异性交往时过分害怕、紧张，甚至恐惧；二是有的学生受西方的糟粕文化或现代社会不良风气的影响，在与异性交往方面放荡不羁。这些偏差都不利于大学生的健康成长。那么，大学生应该如何正确对待异性交往呢？

任何交往包括与异性的交往，从本质上说都是一个相互了解、相互沟通、增进友谊的过程。因此，在与异性交往中，要注意了解双方的价值取向，保证平等合理交往。交往时，应尽量摆脱性别差异的观念对自己的影响，接纳、承认对方，把握分寸。在与异性的交往中，要想使对方真正接纳自己，就应该保证对方在与自己共处时感到轻松自在，如果对方有受到限制甚至威胁之感时，就会产生紧张甚至恐惧心理，那么这种交往也就不能深入下去。性别差异容易引起交往双方的机体处于自我防卫的戒备状态，所以在与异性的交往中个体应保持落落大方的态度，不要矫揉造作。最后，在与异性交往中，不能也不允许否定对方的自我价值，当然也不允许对方否定自己的价值。这就是说，在交往中既要坚定地维护自己的正确观点，从而保证自我价值的存在，又要尊重对方，维护对方的自我价值，既不能一味地要求对方无条件地赞同自己的观念，也不能一味地迁就对方的不正确的观点。只有这样，大学生异性交往才能获得真诚友谊。

具体来说，在与异性交往时要注意以下几点。

一是要尊重并理解对方。要真诚、坦率地交谈，做一个好的倾听者，不要抱有其他非分的想法。如，在交往中，若不是对方主动提起，就不宜随意触及对方隐私。

二是要掌握批评的方式。异性对批评是很敏感的，可以从称赞入手，或先提自己的错误，再间接地指出对方的错误，使对方乐意接受。

三是要充分考虑对方的心理承受能力。要在准确了解对方期望的基础上，妥善表现自己，给对方留下一个好印象。

四是要注意场合，把握尺度。交往应尽量在集体活动或有别人在场时进行，言行谨慎，把握分寸。相处中的男女双方都要自尊、自重、自爱，遵循人际交往的两性道德原则。

五是要更新传统的交往观念，主动交往，善于交流学习。主动与人交往，要有积极面对异性、主动与其交往的勇气。

三、正确处理友谊与爱情的关系

友谊是人类一种美好的情感。纯真的友谊能激励人们向上，使人感受到同伴和群体的温暖，人们还能在互相关心、帮助和尊重中感受到一种心灵被理解的愉悦。追求和获得友谊是青年期心理的迫切需要。因此，人们把青年期看做是培养友谊的珍贵时期。大学是青年群体聚集的地方，大学期间的学习、工作、生活和交往，正是友谊产生的肥沃土壤，可以说大学是友谊的美好摇篮。友谊关系是广泛的，不仅同性之间，异性之间同样可以建立纯真美好的友谊。那种认为异性之间只有爱情没有友谊的观点是不正确的。心理学的研究表明，异性间的友谊，同样是青年男女交往的正常需要，而且是人类生活不可或缺的一部分。它不但有利于形成青年男女相互交往的广泛的社交圈，而且有助于培育青年人的群体意识，还有助于培养青年健康的交往心理，为青年人个性的全面发展创造良好的环境。

一般来说，大学生男女间的友谊常常是爱情的桥梁，但友谊并不等于爱情。两者是有本质区别的。友谊是同志、朋友间在相互理解基础上建立起来的信任、互助的情谊，带有广泛性；爱情则是异性间高于友谊的情感，是排他的、专一的。友谊与爱情又是相联系的。爱情必须以友谊为基础，没有友谊为基础的爱情，是不尽美满的。然而，也并不是所有友谊就必然发展为爱情。因此，大学生应该把握好友谊与爱情的界限。在正常的异性交往当中，不要随便猜疑，也不将一时的好感或某一方面的倾慕当做爱情而陷入单相思，同时也不能仅仅为满足个人爱情生活，而忽视对同学的友谊，那种热衷于男女之情、脱离集体、疏远同学的恋爱关系同样是不可取的。只有在集体生活中，友谊才能激人奋进，经久不衰，爱情生活也才更高尚，更丰富多彩。

第二节　培育健康的恋爱心理

关于恋爱，中西方学者都有各自的解释。恩格斯认为恋爱是人们彼此间以相互倾慕为基础的关系；英国心理学家蔼理士认为恋爱是一种吸引的情绪与自我屈服的感觉之和，其动机出于一种需要，而其目的在于获得满足这需要的一个对象。我国心理学家黄希庭认为男女双方培养爱情的过程称为恋爱，处于恋爱状态的男女会产生特别强烈的互相倾慕。因此，恋爱的含义可以概括为：恋爱是男女双方以相互倾慕为基础，彼此为满足爱与被爱的心理需要建立起亲密关系的感情培养过程。

恋爱无疑是大学生最为关注的话题之一，大学生对爱情的渴慕、向往和追求也是很自然的事情。虽然有人认为，爱情可以让大学生陶醉，可以促进他们更好地学习、生活，但也应该看到，不成熟、不健康的恋爱心理会给大学生带来情感上的痛苦、不安和遗憾。大学生中出现的各种恋爱问题，大多都与不成熟、不健康的恋爱心理有关。因此，每一个大学生在步入爱情这座圣殿之前，必须对爱情有一个清醒的认识，积极培育健康的恋爱心理。

一、大学生恋爱的心理过程

就大学生而言，恋爱心理大致经过三个阶段。第一阶段是向往和追求，即友谊交往阶段。大学生的身心发育已基本成熟，性意识也已萌发，对异性的情感和需求有着热切的盼望，在男女同学交往中，通过共同的学习、交谈和活动，开始在情感中产生微妙的、朦胧的爱的向往和追求。这种情感可能是同时对几个异性产生的，是不成熟和不稳定的。第二阶段是比较和选择。随着与异性同学的频繁接触和情感加深，一些大学生开始把不同的异性朋友的相貌、性格、才华及家庭条件等方面情况按照自己的审美观念和择偶要求进行比较，逐渐出现了亲疏或远近的心理倾向；并经过一定时期的比较选择，开始把注意力集中在自己所倾心的异性朋友，交往的行为态度和方式慢慢超出了同学关系。第三阶段是开始恋爱生活。经过比较选择，逐步确定了自己心仪的恋爱对象，取得双方共识，彼此明确相互的恋爱关系，开始恋爱生活。

一般来说，大学生爱情的产生和发展，大致都要经历好感、爱慕和相爱等步骤。彼此好感，是爱情产生的必要前提；相互爱慕，则爱情才能建立。恋爱过程中，从单方爱慕到互爱，可能是同步到来，也可能是不同步，还可能要经受一些波折；但只要双方心心相印，无论是谁首先吐露心声，最终都会赢得对方的回应，并开出绚丽多彩的爱情之花。

二、大学生恋爱心理的表现

大学生的恋爱心理是多样的，具体表现在情感需求、摆脱压抑、好奇心理、从众心理、功利心理、虚荣心理等。

情感需求。大学生都是经过十几年的寒窗苦读才进入大学的，由于升学压力，高中阶段暂时压抑了自己丰富的情感，在大学期间脱离了家长和学校的过多约束，这种被压抑着的情感就像火山爆发一样非常强烈，而且与异性深入交往通常会产生一种愉悦感，所以很多大学生渴望情感需要得到满足，恋爱的欲望和冲动非常强烈。

摆脱压抑。大学生活中的人际交往、学习考试等都可能给大学生造成身心上的压力，甚至产生情绪上的压抑；同时当代大学生大多是独生子女，远离家乡、亲人和朋友，常常会产生孤独寂寞感，因此谈恋爱成为他们消除寂寞、摆脱孤独、转移或化解心理压力的一种方式。

好奇心理。生理发展使大学生性意识逐渐觉醒和性心理不断增强，导致他们萌发对异性产生好奇和好感，所以当机会出现时，就试图通过恋爱生活了解恋人的生理和心理奥秘。

从众心理。大学生具有相同文化背景，年龄相仿，朝夕相处，兴趣相投，行为模式更容易出现从众现象。在恋爱问题上亦是如此。一般来说，女生从众多于男生。不少女生谈恋爱并不是出于本意，而是看到周围的女生都有了男朋友，而自己依旧形单影只或者身边没有男生追求时，为了显示自己不比别人差，于是“赶潮流”加入了恋爱大军。

功利心理。当代大学生处于一个竞争激烈的社会环境中，思想更为复杂和现实，有些学生受功利思想影响，寻机在大学时代找好以后的“靠山”，希望通过所爱的人获得更多的社会资源和经济帮助，为自己的将来打下基础。

虚荣心理。有一小部分大学生将恋爱看成是一种能力和魅力的象征，“有人爱”似乎是他们证明自己价值的一种标准。他们认为在大学里如果找不到异性朋友的话，就会被认为是无能或缺乏魅力，因此，他们会努力去寻找恋爱机会和对象。

此外，还有寻求依赖的心理，希望通过恋爱找一个能够依赖的对象，以减少情感生活的空虚；追求完美的心理，觉得大学不谈恋爱，大学生活就不是完美的大学生活；游戏人生的心理，对恋爱本身不认真或不负责任，片面追求感官刺激与肉欲的满足等。

三、大学生恋爱心理的特征

从当前大学生恋爱的现实情况分析，大学生恋爱心理也复杂多样，概括地讲，主要特征表现为以下几个方面。

一是理想主义色彩较浓。当代大学生对爱情比较天真，缺乏理性思考，理想主义色彩较浓。具体表现在：常以“自我”为中心，设计自己的恋爱模式；重感情，不受传统习俗的局限，也不受双方家庭因素影响；在确定恋爱关系上，一般不征求双方父母的意见；在恋爱初期，把一切都想象得非常美好，往往对未来有着不切实际的幻想，有些大学生甚至认为为了对方可以不惜牺牲一切。

二是非婚姻取向性突出。现在的许多大学生在恋爱时一般注重恋爱过程，而轻视恋爱结果，很少考虑甚至不考虑将来是否结婚以及自己应承担的责任和义务，他们恋爱仅仅是凭感觉。这种非婚姻取向性的恋爱，在择偶标准上往往重外表形象，轻内在素质；在恋爱方式上，往往重形式，轻内容；在恋爱行为中，往往重享乐，轻责任。“我喜欢，我恋爱”成了目前大学生恋爱的一个主要的心理特征。

三是自控力与抗挫力较弱。一方面，有些大学生缺乏理智的驾驭能力，往往不能控制自己，一旦陷入热恋中，任感情随意放纵，过分依赖恋爱对象，稍有波折就痛苦万分。也有些大学生不分场合举止轻浮，个别甚至凭一时冲动做出有违社会道德的行为，带来不良后果。另一方面，有些恋爱中的大学生缺乏抗挫力，一旦恋爱受挫，就会情绪失控，无法自拔，对学习、生活造成严重影响。还有些大学生在对待恋爱问题上过于自卑，压抑情绪，存在这样那样的心理障碍。

四、大学生健康恋爱心理的培育

恋爱能给人以精神上的鼓励和鼓舞、情绪上的欢愉和振奋、生活上的充实和满足。对爱情执著的大学生，大多欣赏罗曼·罗兰“没有一场深刻的恋爱，人生就等于虚度一场”的名言。爱情就像带刺的玫瑰花，它给人带来馨香，有时也会刺伤人脆弱的心灵。大学生恋爱的过程时常会伴随各种矛盾冲突，这些矛盾冲突的解决有赖于人格的成熟、心理的健全、思想的提升；同时，矛盾冲突的解决也会促进人格的发展和心理的健全甚至于思想认识的提升。

那么大学生应该如何培育健康恋爱的心理呢？

（一）树立正确的恋爱价值观

一是要正确理解和对待爱情。正确地认识爱情的本质特征，认识爱情在人生中的位置，是建立正确恋爱观的基础，也是青年大学生谨慎驾驶爱情之舟的前提。当你坠入情网时，不要忘记审视一下自己的感情，判断一下是真正的爱情还是一时的狂热迷恋。一时的狂热迷恋是一种要求与异性接近的热望，是一种生理上的彼此需要；而真正的爱情则是充满激情的友谊，是理性思考的结果，不会轻易动摇。一时的狂热迷恋使双方容易产生不信任感，当一方不在身边时，就会猜疑他（她）是否变心，而且挖空心思去证实自己的推想；真正的爱情是以相互理解和相互信任为基础的，它使人平静，让人放心。爱情是一种相互理解和相互信任，是一份责任和奉献；理解对方是为个人和对方营造一种轻松和快乐的氛围，是相互信任和自信的表现；而责任和奉献则意味着个人道德的修养，它是获得崇高的爱情的基础。

二是要摆正爱情与学业关系。学业是大学生价值感的主要来源，也是未来事业的基础。在大学这段美好时光和大好环境下，以学为主，努力成才，才能谈得上为社会多做贡献。如果因谈恋爱而忽视放松了学业和未来所要从事的事业，即使有了爱情，这种爱情也犹如温室中的花朵，娇弱美丽却经不起任何打击。真正的爱情能够成为促进学习的动因，而学习的成功又能使爱情得到巩固，只有学有所成才能保持爱情的魅力。

三是要理智地选择恋爱对象。缺乏理智的恋爱不可能把人引向幸福。一方面，恋爱寻求的是自己倾慕已久的人本身，而非其他的外在修饰，因此，恋人的内在修养、知识文化显得尤为重要。另一方面，抛开一切世俗的东西，从追求真爱出发，拥有共同的事业理想和生活情趣，是使爱情之树常青的重要因素。

四是要正确处理情爱和性爱的关系。在恋爱阶段，双方应更多地看重情爱，尽可能地减少性爱成分。在这方面，苏联著名教育家马卡连柯的话也许可以有更多的启迪。他说："不是为了性欲的爱情的范围越广泛，就越能得到高尚的有性欲的爱情。"

五是要正确处理恋人与他人的关系。不要因为爱情而远离了集体。很多大学生坠入爱河后就远离了集体，他们出双入对，不再承担社会工作，不再参加集体活动，大学四年好像只是恋人彼此之间相互熟悉的时间，和其他人形同陌路。如果是这样的恋爱，可谓得不偿失。在大学里，同学之间可以共同探讨学术问题、共同组织文体活动、共同分享成长的酸甜苦辣、共同体会成功和失败、共同拥有许多美好回忆。而仅仅局限、沉溺于二人世界，就会丧失结交好友的机会，也会丧失锻炼个人能力的舞台。所以，正在谈恋爱的大学生们，要将小爱变为大爱，有意识地多和朋友相处，多参加社会工作，多享受集体的乐趣，不要因为爱情而远离了集体。

六是要培养爱的道德责任感。这是让大学生恋爱朝着健康方向发展的保障和动力。爱的道德责任感要求恋爱双方彼此对自己的行为负责，对对方的身心健康负责，尊重彼此的生活态度和方式，不强人所难地要求对方做其不愿意做的事情，彼此互相理解、信任、宽容，对待爱情专一、持久等。

（二）培养爱的能力

爱的能力是指和他人建立亲密关系的能力。恋爱的过程也是培养爱的能力的过程。只有具备了爱的能力，才能真正地爱他人，才能真正地爱自己，才能真正体验到爱的快乐和幸福。

一是培养施爱和接受爱的能力。大学生应懂得爱是什么，有健康的恋爱价值观，知道自己喜欢什么、需要什么、适合什么。当心中有了爱，经过理智分析，要敢于表达、善于表达，这是一种爱的能力。当面对别人的施爱，能及时准确地作出判断和正确的选择，这也是一种爱的能力。缺乏这种能力的人，或是匆忙行事，或是无从把握。

二是培养拒绝爱的能力。大学生对自己不愿或不值得接受的爱应有勇气拒绝。拒绝爱要特别注意两点：一是在不希望得到的爱情到来时，要果断、勇敢地说“不”，因为爱情来不得半点勉强和将就。如果优柔寡断或屈服于对方的穷追不舍，勉强维持下去，对双方都是不利的。二是即使有足够的理由中断恋爱关系，也应当讲究恰当的拒绝方式。谈恋爱时要真诚，提出中断恋爱时也要真诚。珍重每一份真挚的感情是对他人的尊重，也是对一个人道德情操的检验。提出中断恋爱关系的方法可以是真诚面谈，也可以通过书信表达态度，还可以寻求他人帮助。

三是培养发展爱的能力。发展爱的能力，并不是非要具体到对某一异性的爱，可以是更广泛意义上的爱。亲人、同学、朋友、祖国和人民都值得去热爱。首先，要塑造自己完整统一的人格。要认识到恋爱与学习、恋爱与友情、恋爱与成才的辩证关系，使爱情成为促进双方自我意识提高和人格完善的“催化剂”。费洛姆说：“人必须竭尽全力促成自己完善人格，形成创造性的心理倾向，否则他追求爱的种种努力注定要付之东流。”其次，要不断地学习、创造。要利用“爱情心理学”“生理卫生与健康”等相关课程和讲座，主动学习和提升爱的能力，使自己认识到爱不仅是一种权利，更是一种责任和义务。再次，要培养恋爱过程中调节不良情绪、化解恋爱矛盾的能力，必要时善于借助心理咨询解决恋爱中的心理压力和困惑。为恋人负责，为社会负责，才能创造出幸福美满的婚恋。

（三）发展健康的恋爱行为

真正的爱情和高尚的道德融为一体，没有高尚的道德就没有纯洁的爱情。大学生恋爱，必须服从一定的社会道德规范，用道德理智控制自己的情感，以高尚的品质和健康的心理进行交往。

一是讲究语言美。交谈中要诚恳坦率自然，不要为了显示自己而装腔作势，矫揉造作；不能出言不逊，污言秽语，举止粗鲁；相互了解，不要无休止地盘问对方，使对方自尊心受损。否则，只会令人厌恶，伤害感情。

二是行为文明高雅。一般来说，男女双方初次恋爱，在开始时常常感到羞涩和紧张，随着交往的增加会逐渐变得自然与大方。这个时期要注意自己的行为举止。高雅的亲昵动作发挥爱情的愉悦感和心理效应；而粗俗的亲昵动作往往引起情感分离的消极心理效果，有损于爱情的纯洁与尊严，同时对旁人也是一种不良的心理刺激。

三是平等相待，相敬如宾。恋爱中的两个人人格上是完全平等的，要彼此尊重、互相关爱。真正的爱情不是一味索取，而是觉得让对方快乐和幸福是自己义不容辞的责任，相互之间真心付出。在对方有不足时，也会表现出高度的宽容。而拿自身的优点去比较对方的不足，或是想方设法考验对方，这些都可能挫伤对方的自尊心，影响双方的感情。

四是控制感情，理智行事。恋爱中引起的性冲动，一方面要注意克制和调节，另一方面要注意转移和升华，参加各种学生社团以及其他丰富多彩的校园文化活动，与恋人多谈谈学习和工作，把恋爱行为限制在社会规范内，不要越轨，使爱情沿着健康的道路发展，为以后的婚姻美满奠定好的基础。

（四）提高恋爱挫折承受能力

大学生恋爱受多种因素制约，在追求爱情的过程中遇到各种波折是在所难免的。单相思、爱情错觉、感情纠葛、失恋、情感危机等，这些挫折就是对大学生的心理承受能力的极大考验。如果承受能力较强，就能较好应对挫折，否则就有可能造成不良后果。因此，提高恋爱挫折承受能力对大学生的心理健康是非常重要的。

恋爱在人的一生中占有重要的位置，但它也只是人生活中的一部分，而不是全部。爱情之外还有十分广阔的人生领域，与爱情共同构成人生交响曲的还有亲情、友情等，这些也是爱情遭遇挫折时的重要心理支持。当爱情受挫，要善于用理智驾驭感情，通过适当的情绪调节、宣泄、转移以及寻求专业心理咨询疏导等，来减轻痛苦，在理性分析原因中总结教训，寻找正确解决问题的方法和途径，在新的追求中确认和实现自己的价值，提升接受爱、表达爱、发展爱、拒绝爱的能力，从而提高自己的心理承受能力和思想水平。罗曼·罗兰曾说过："每一个创伤都标志着向前进了一步。"对恋爱挫折的应对方式，反应了一个人的心理成熟水平和恋爱观；一个人能够从恋爱挫折中解脱出来，往往会使自己变得更加成熟。

第三节　正确处理失恋问题

樊富珉、费俊峰在《青年心理健康十五讲》中指出，恋爱是一对男女为寻求和建立爱情而相互了解和选择的过程，交往中，一旦双方或者某一方由于这样或那样的原因，不愿再保持彼此的恋爱关系，就意味着恋爱的终止，恋爱的一方失去另一方的爱情，就是通常所说的失恋。

大学阶段是学生生理、心理逐步走向成熟的美丽季节，加上越来越开放、接纳的环境，使得众多异性在大学里互相吸引，最终获得恋爱体验。然而，在看似一片美好的大学生恋爱中，也暴露出了各式各样的问题，其中最大的一个问题是大学生的失恋问题。中国人民大学潘绥铭教授曾做过关于大学生恋爱的调查，调查显示：有48.9％的本科生谈过恋爱；有65％谈过恋爱的大学本科生经历过失恋；在所有失恋过的本科生中，又有54％的人是很痛苦的。恋爱好比一把双刃剑，在给恋爱双方带来美好情感体验的同时，也可能造成互相伤害。

一、失恋产生的原因

失恋产生的原因很多，但总的来说可以大体归纳为以下几点。

一是未深思熟虑而恋爱，缺乏感情基础。进入大学意味着进入到比较独立的生活环境里，不少学生过于草率地开始恋爱。有的因孤独寂寞，找一个能陪伴自己的异性而恋爱；有的因为新鲜感，没有经历过恋爱体验，对爱情充满向往、好奇，而迫不及待地恋爱；有的则是从众心理，看到周边同学成双入对，随便找一个恋爱对象……这些缺乏感情基础的恋爱多以分手而告终。

二是性格不合，导致感情破裂。很多大学生在开始恋爱时会忽略对方的缺点，觉得对方什么都是好的，对双方的未来充满信心。但久而久之却发现双方性格存在很大的冲突，刚开始的时候害怕伤害对方还能忍受，但随着双方各种矛盾的积累，一旦没有进行良好的沟通，终将积怨爆发而导致双方的恋情走到尽头。

三是因为情感枯竭，无法继续经营恋情。“我不爱他了，就像当初爱他一样，不需要理由，爱就是爱，不爱就是不爱。”因为冲动、新鲜、激情而开始的感情往往无法持续发展，失去了新鲜感和激情，双方顿觉情感枯竭。

四是实习毕业，各奔东西而分手。毕业的季节，也是分手的季节，充满分离的气氛，很多恋人在毕业时面临着分隔两地的选择，同时需深层次地思考是否坚持恋爱直到结婚。面对各种压力，一些恋人选择提前分手，去适应新生活。

二、失恋存在的不良心理与行为反应

与恋爱获得的幸福、快乐的情感体验不同，失恋带来的是失落、孤独、抑郁、无助甚至崩溃的感受。对一些养尊处优、备受呵护的大学生，尤其是对部分“心理脆弱”的大学生而言，失恋可能成为无法承受的致命打击。在这种情况下，就有可能出现一些不良的心理和行为。大体表现有以下几种。

一是极端偏激心理。从对爱情的憧憬，到恋爱的幸福体验，最后到失恋的痛苦感受，从一个极端走向另一个极端的体验容易让失恋者产生极端偏激的心理。有的同学因为恋爱失败，就对异性全面否定，认为异性都是不可信的、令人讨厌的。

二是自我怀疑心理。在失恋双方中，特别是被“抛弃”的一方，容易产生自我怀疑心理。失败的恋爱对于部分追求完美的学生而言，就显得不完美，就会认为失恋是人生中一个不可磨灭的污点，于是对自己的大学生活乃至人生产生了怀疑。

三是仇恨报复心理。有的失恋者失去理智，产生仇恨报复心理，特别是由于另一方不道德而导致失恋，更易出现仇恨报复心理，可能造成毁灭性的结局。这种行为是很愚蠢的，最终可能导致走上违法犯罪的道路。

四是消极逃避心理。当无力摆脱失恋的痛苦，又不敢面对现实的时候，一些同学会选择自暴自弃。有的人持“爱情至上”观念，一旦失恋，对学习、正常生活都提不起兴趣，消极低沉，酗酒，暴饮暴食，经常旷课，沉迷于上网、打游戏等。其结果肯定影响了正常的学习与生活。

三、树立正确恋爱观，正确对待失恋

通过对失恋的原因分析，可知大学生失恋现象难以避免，失恋会给双方带来一定的情感打击，对失恋者更是会带来诸多心理困扰。所以最重要的不是阻止失恋的出现，而是引导其树立正确的恋爱观，正确对待失恋问题。

一是勇敢面对失恋现实，分析失恋原因。失恋并不可怕，可怕的是不敢面对失恋而一味地逃避。如果失恋已成为现实，逃避无济于事，只有勇敢面对失恋现实才能走出失恋的阴影，冷静分析失恋的原因，找出失败的根源，从这段失败的恋情中得到启示，为将来的恋情提供宝贵经验。

二是学会自我安慰，寻求内心平衡。失恋的第一个冲击对象是失恋者本人，失恋者为了缓解内心痛苦，应学会自我安慰。比如，想想对方的缺点，扭转自己以前把对方过于理想化的倾向；也可以想想自己的优点，安慰自己说失去自己是对方的损失；或者把失恋看做成长的契机，相信自己能够碰到更好对象……当然，自我安慰主要是为了让自己更好地接受失恋这个不可改变的事实，而不是一味地否定自己，甚至报复对方。特别要注意的是，在自我安慰时需防止产生极端偏激的心理。

三是注意合理宣泄，敞开心扉疏导不良情绪。失恋往往给大学生造成一系列消极心理，如羞辱、愤恨、悲伤、失落、孤独、虚无、绝望等。诸多的不良心理反应得不到及时、合理宣泄，易产生各种不适应的症状。可以通过参加学校各种文体活动、跑步、听音乐、找人哭诉等途径合理宣泄，敞开心扉疏导心中的不良情绪，避免产生抑郁等不良心理与行为，让自己的生活重新正常化。

四是主动寻求帮助，建立良好的情感支持网络。失恋了，并不是意味着你孤身一人，不要迷失在失恋的阴影里。要减轻失恋带来的痛苦，让自己的心理和情感恢复正常，除了自我安慰、合理宣泄外，还应该学会主动向家人寻求帮助，从他们那里得到关爱与呵护；也可以向身边的同学、朋友倾诉失恋所产生的各种心理压力，享受友情的抚慰；当然也可以到学校心理咨询中心、社会工作站寻求专业辅导，让自己更快走出失恋的阴影。

五是重拾信心，开拓更加美好未来。爱情固然重要，但并不是生活的全部，爱情只是生活中的一部分，有爱情生活可以更完美，但没有了爱情并不代表生活就没有了色彩。要学会思维转移，把失恋的痛苦升华为学习中奋发向上的一种动力。正所谓“天涯何处无芳草，莫愁前路无知己”。把失恋当做人生成长过程中重要的一课，悲伤过后要重新背起行囊，继续我们的人生旅途。一旦重拾信心，你会发现这个世界并不会因为缺少谁而不一样，或许你失去了一个旅行的伙伴，但谁能断定你在未来的旅途中不会遇到更好的伴侣呢？所以，当幸福的恋情一去不再时，请告诉自己，前途依然一片光明。

第四节　正确对待性问题

在关注大学生的情感与婚恋时，不可避免要涉及大学生的性问题。大学生正处于青春期，青春期不仅在生理上出现了一系列突出的变化，而且心理变化也十分明显，其中性生理和性心理就是重要的方面。

什么是性呢？处在青春期的大学生有必要对性有一个充分的认识。我们可以从性观念、性态度和性行为三方面去认识了解。性观念包括生理和意识两层面，生理层面的性观念指基于性的生理认识而产生的，意识层面的性观念则涉及社会定位和道德评价。性态度指对性的主观认识，是人们对性问题较为稳定的看法及所持有的态度评价，既包括个体的性观念，也包括在一定时期的社会背景下，人们对性问题的评价、态度、看法的总体趋势。性行为有广义和狭义之分，广义的性行为是指人类个体之间有意识地触摸自己或伴侣的性敏感区域的行为；狭义的性行为是仅指男女性器官接触的行为。可见，性并不是单一的指代物，它有丰富的内涵和广泛的外延，我们要认识它，需要通过各种层面加以认知。为了让大学生对性有更深入的认识，必须让他们了解大学生的性心理特征。

我国学者通过多年的调查研究，认为当代大学生的性心理主要有以下几个特征。第一，性心理的本能性和朦胧性。大学生性心理缺乏深刻的社会内容，基本上还是生理急剧变化带来的本能作用。他们对异性的认识还披着一层朦胧的面纱，对异性的兴趣、好感和爱慕主要是异性间的吸引。第二，性意识的强烈性和表现上的文饰性。青年期闭锁心理的特点导致了大学生青年期性心理外显方式的文饰性。虽然十分重视自身在异性心目中的印象、评价，但表面上却表现出拘谨、羞涩、冷漠；心里对某一异性很感兴趣，表面上又表现得无动于衷、不屑一顾，或做出回避的样子；表面上显得讨厌那种亲昵的动作，实际却很渴望体验。第三，性心理的动荡性和压抑性。青年期是人一生中能量最旺盛的时期，但由于不少大学生的心理还不成熟，性心理易受外界影响而动荡不安。同时，一些大学生由于性的能量得不到合理的释放、升华而导致过分压抑，少数大学生还可能以扭曲的方式、不良的甚至变态的行为表现出来，如厕所文学、窥视、恋物等。

一、当前大学生存在的性问题

大学生正处在生理、心理发育由不成熟逐渐向成熟发展的过渡阶段，是人生发展的一个关键时期，也是世界观、人生观、价值观和道德观形成的重要时期。这一时期，性无疑是最为重要的话题之一。然而由于个人、家庭、学校、社会等各种因素，当前的大学生在性知识、性道德、性责任、自我保护等各方面都存在令人担忧的问题。

一是缺乏科学的性知识。大学生进入青春期，生理上有了很大的变化，面对这种变化，很多学生会不知所措，导致无法自我接纳。受中国传统文化的影响，家庭、学校和社会对性教育采取回避的态度，甚至很多人“谈性色变”。由于大学生对性知识和性心理健康缺乏全面、科学的认识，导致大学生性观念、性行为及性态度带有极大的盲目性和冲动性。更严重的是，缺乏正确引导的大学生，受到电视、书刊、网络等媒体的影响，形成了不科学的性知识体系，不科学的性认识易产生不健康的性行为，甚至性犯罪行为。

二是性道德观念冲突。随着社会的开放，受到西方“性解放”、“性自由”的冲击，我国大学生的性观念也发生变化，越来越多的大学生接受婚前性行为，认为所谓的贞洁无关紧要，甚至把发生性行为与时尚、开放相等同。这与我国的传统文化和社会性道德观念存在很大的冲突。大学生的性道德观念与社会所提倡的性道德发生了偏离，甚至产生了严重的冲突，对大学生本人发展乃至社会正常秩序的维持产生了阻碍。

三是性行为泛滥。对性的好奇与无知，导致不少大学生轻易与别人发生性行为。性行为是各种传染病如艾滋病等各种性病传播的途径，过早、不健康的性行为往往会给身体带来不可挽回的伤害，比如过度的性行为导致性无能和性冷淡。另外，受物质化文化的影响，有少数大学生为了追求金钱、贪图享受，甚至把性行为当成交易手段，卖淫、一夜情等。

四是缺乏自我保护意识。虽然现在大学生获取性知识的渠道比较多，但是真正掌握科学的性知识的学生却比较少，性知识的缺乏导致大学生在性问题上的自我保护意识薄弱。首先，在对贞洁的保护上，很多女性同学在恋爱过程中不懂得拒绝异性的性行为要求，把发生性行为当成爱对方的表现，随意与异性发生性行为，结果恋爱失败后后悔莫及；其次，发生性行为时缺乏安全意识，缺乏避孕和性病防御意识，一旦意外怀孕或得性病之后不知所措，酿成各种悲剧；最后，受到性伤害时不懂得通过合法途径保护自己，大学生在受到性侵犯、性强暴后，为了维护声誉忍气吞声，有的用非法手段进行报复。

二、树立科学的性意识，正确对待性行为

大学生应树立科学的性意识，学会正确处理性问题。

一是通过正确的渠道获取科学的性知识。性，并不是不可认识，它没有那么可怕，它是健康的，是可认知的。只要通过正确的渠道，我们就能揭开它的神秘面纱。大学生其实有很多渠道可以获取科学的性知识，比如参加大学性健康知识选修课、讲座，参与性健康教育文化活动，向相关社团以及心理咨询中心咨询等。通过上课、参加活动和咨询辅导，就能很好地认识自己在青春期的性生理和心理变化。值得一提的是，随着社会的飞速发展，网络成为大学生了解世界的重要途径，性知识同样可以从网上轻易获取，但是网上存在着大量低俗、不健康的性知识，这成为影响大学生健康成长的毒瘤，所以在通过网络获取性知识时，要学会辨别是非，避免盲目吸收。

二是加强性道德教育。随着社会的进步，人们在性观念上有所改变，持一种比较开放、接纳的态度，但这并不代表着大学生在性问题上可以不顾主流性道德观念的制约。性放纵不等于时尚，只有符合社会道德标准的性意识和性行为才能被社会所接受。拥有羞怯感、自尊心在异性交往过程中是双方共同的责任，大学生要自尊自爱。

三是谨慎对待性行为。在和异性交往过程中，因为好奇和诱惑，大学生经常要面临是否发生性行为的两难选择。作为一名理性的大学生，主要任务是学习，应该把主要精力投入到学习中。生理、心理还不够成熟的我们应该学会控制自己的情欲，谨慎对待性行为。当恋爱对方提出性行为要求时，要学会说“不”，因为爱与不爱与发不发生性行为并没有相关性。同时，不要为了追求金钱享受，把性行为当成交易的工具，一时的享受换来的可能是一辈子的后悔和痛苦，以性爱为交易的感情最终只会伤害自己。

四是增强自我保护意识。大学生在成长过程中会遇到各种与性相关的问题，面对这些问题，要学会通过正当的途径来保护自己。首先，保护自身的贞洁。

贞洁是大学生自尊自爱的重要表现，所以不要在恋爱过程中轻易失去它，为自己以后的婚恋生活带来诸多的困扰。其次，发生性行为时要注意安全措施。如何避孕？意外怀孕了怎么办？如何避免因为性行为而感染疾病？感染性病了怎么办？……这些都是大学生在性课程上必须了解的。只有做好安全措施，才能避免自己因性行为带来的诸多困扰。最后，学会运用法律知识保护自己。当受到性侵犯时，应学会寻求法律帮助，不能一味的忍气吞声，更不能用不法手段进行报复。

性，它并不可怕，可怕的是不能以正确的途径去了解它、认识它。只要通过科学的途径，我们就能对性有正确、全面的认知，从而更好地保护自身。

网络课堂

王龙，《大学生恋爱心理》，http：//v. youku. com/v _ show/id _ XMjczNDYzNjUy. html

经典书目

1. 弗洛伊德著，青闰译，《梦的解析》，中国城市出版社，2011 年。
2. 蔼理士著，潘光旦译，《性心理学》，上海三联书店，2006 年。

知识拓展

四成农村大学生不敢言爱，专家称要学会与异性交往

（2012 年 11 月 10 日）武汉晨报讯（见习记者朱佳琦）“光棍节”前夕，有记者走访了武汉大学、华中科技大学、武汉科技大学等多所高校，随机调查了 341 位大学生的恋爱状况，发现：四成来自农村的大学生，在恋爱问题上缺乏主动，直呼“不配谈爱”。

“兄弟们，赶紧在‘光棍节’之前向自己的女神表白啊！”听到室友们都在张罗着怎么“脱光”，武汉大学大四男生冯立峰（化名）却显得有点焦躁。

来自小山村的冯立峰，从小就被家人寄予了较大期望。至今他还没有谈过

恋爱，“说不期待那是骗人的！是不敢……”每当他想到，父母好不容易把他供上了大学，还有入学贷款没有还，家里也因此欠下了一屁股的债，就觉得“屌丝没资格谈恋爱”。他暗恋一个女同学快四年了，但只是默默地关注着她，QQ签名、微博，他都是第一个观众，可是却从不敢惊动对方，并暗自下定决心：没找到有“钱途”的工作之前，绝不向“女神”表白。

在受访的341名大学生中，有109位从农村走出的单身大学生，其中的42人，包括35名男生、7名女生，在“你为什么没有谈恋爱”一项问题上，均选择了“经济上没独立”、“觉得自己没能力给对方幸福”、“不配谈恋爱”。

调查结果显示：约38.5%的农村大学生在恋爱上不自信。

专家观点：农村学生要学会与异性交往

武汉理工大学发展与教育心理研究所所长、副教授雷五明说，有些农村来的大学生，在恋爱问题上，的确表现出一种自卑感，一方面，是由于他们都是憋着一口气从老家“拼出来”的，谈恋爱会增加开支，不想给家里人增加负担。还有一部分学生，是因为本身性格就比较内向，在与异性交往的过程中则更加羞于表现自己。雷五明认为，大学生尤其是农村大学生，在大学里不仅要学好专业知识，更要学会与他人交往，包括和异性交往，过于自卑，势必影响其职业上的发展。

一根小草的考验

一对热恋中的年轻人，有一次去森林游玩迷了路。黄昏时，他们发现曾经住过守林人的两间小草棚空着，就决定在那里过夜。可是女孩却站在自己的那间小屋门前发愁。闩门嘛，怕伤了他的感情；不闩门，又怕他闯了进来。可是如果他真要进来，这扇门就是拴了也没有用。结果，她想了一个自以为奇妙的办法：把一根小草轻轻地系在门闩上。这一夜，她心乱如麻，很晚才睡着。第二天清晨醒来时，只见门上那棵青青的小草依然紧拴着。她哭了，她感受到一种真正的、值得信赖的爱情……

放纵的爱，应该并不困难；克制的爱，才需要坚强的意志。也许，在你我的心上都有这样一棵青青的小草，它拴住的，才是真正的爱情。

第十一章　维护心理健康

《国家中长期教育改革和发展规划纲要（2010－2020年）》明确指出："广大青少年身心健康、体魄强健、意志坚强、充满活力，是一个民族旺盛生命力的体现，是社会文明进步的标志。"对于当代大学生来说，健康的心理是适应大学学习与生活的先决条件，是促进自己成长成才的必要条件，也是将来走向社会，成为社会主义建设者和接班人的重要条件。大学生正处于青春期到成年期的转变过程，处于人生中心理变化最激烈、最明显的时期，面临着自我认识与发展的人生课题，容易产生各式各样、不同程度的心理困扰。部分大学生因学业、人际、就业、情感等因素，存在不同程度的心理问题，个别同学甚至因心理危机威胁着自己的生命，这些都在一定程度上影响着大学生的健康成长。

第一节　心理健康概述

一、心理健康的定义

心理健康这一概念是从国外引入的，对于今天的人们来说，它已不再是一个陌生的词汇，已经走入普通百姓的日常生活中，成为越来越多人关注的话题。

（一）心理健康的内涵

早期的精神病学家门宁格认为："心理健康是指人对于环境及相互间具有最高效率及快乐的适应情况。不仅要有效率，也不只是要有满足感，或是愉快地接受生活的规范，而是需要三者兼备。心理健康的人应能保持正常的情绪，敏锐的智能，适于社会的行为和愉快的气质。"

第三届国际心理卫生大会曾为心理健康下过一个定义："所谓心理健康是指

在身体、智能以及情感上，在与他人的心理健康不相矛盾的范围内，将个人心境发展成为最佳的状态。”

心理学家英格里斯指出：“心理健康是一种持续的心理状态，当事人在那种情况下，能有良好的适应能力，具有生命的活力，并能充分发挥其身心潜能。这是一种积极的、丰富的心理健康表现。”

《简明不列颠百科全书》中译本将心理健康定义为：“心理健康指个体心理在本身及环境条件许可的范围内所能达到的最佳功能状态，但不是指绝对的十全十美状态。”

综上所述，可以从广义和狭义两个角度来定义心理健康。从广义上讲，心理健康是指一种高效而满意的持续心理状态。从狭义上讲，心理健康是指人的基本心理活动的过程、内容、完整、协调一致，即认识、情感、意志、行为、人格完整和协调，能顺应社会，与社会保持同步。即心理健康是指生活在一定社会环境中的个体，具有一种持续良好的心境，其认识活动、情绪反应、意志行动处于积极状态，而且具有适当的调控能力，并能充分发挥其身心的潜能。

（二）心理健康的特点

心理健康的特点可概括为以下几点。

一是心理的状态具有相对性。首先，人的一生的发展会经历不同的阶段，各个阶段的心理特征具有相对性，比如一个成年人一会哭一会笑，喜怒无常，大家觉得他不正常，但一个小孩出现这个情况则是正常的表现。其次，社会化的要求也具有相对性，人的心理健康随着人们所处的时代、环境、文化背景等不同，其标准也不一样。比如同性恋在美国被认为是正常的，而在中国则被认为是不正常的。

二是心理的状态具有连续性。人的心理健康水平虽然可分为不同的等级，心理的“正常”和“异常”、心理健康与心理不健康之间并没有明确的和绝对的界限，一般认为，人的心理及行为是一个由“正常”逐渐向“异常”、由量变到质变，并且相互依存和转化的连续谱。

三是心理的状态具有动态性。人的心理健康的水平受个人的成长、经验的积累、环境的改变、生活事件以及自我调适水平的影响。所以人的心理健康状况不是一成不变的，而是一个动态的过程。它可能因个体自身的发展而变化，可能因个体所处环境而变化，可能因生活事件而发生改变。

四是心理的状态具有可塑性。如果我们的学习、生活出现了负性的应激事件，我们的心理健康水平就可能会下降，甚至会出现心理问题和心理疾病；反过来，如果心理有了困扰或在出现失衡时，学会及时自我调整和寻求心理咨询的帮助，就会很快解除烦恼，恢复健康的心理。

二、心理健康的标准

我们都知道，衡量生理健康有一系列客观的标准，如血压、心率、体温、血液相关指标、营养情况、身高与体重的比率，甚至还有视力和听力等。而心理健康的标准并不像生理健康那样具体、明确和容易把握。

中国古人所讲的"君子""仁人""宽人""至人""圣人"等，就是具有健康人格的心理健康的人。具体来说可分为以下几种。

一是具有良好的人际关系。即孔子所曰"己所不欲，勿施于人"；孟子所曰"老吾老以及人之老，幼吾幼以及人之幼"。

二是适当约束自己的言行。即孔子所曰"非礼勿视，非礼勿听，非礼勿言，非礼勿动"。

三是保持情绪的平衡。即古人所云"怒伤肝，喜伤心，思伤脾，恐伤肾"。

四是抱有积极的生活态度。即像孔子那样"学而不厌，诲人不倦"，"其为人也，发愤忘食，乐以忘忧，不知老之将至"。

五是完善的自我发展目标。即古人所云"君子要有四心，即恻隐之心，羞恶之心，恭敬之心，是非之心"；孟子所曰"天将降大任于斯人也，必先苦其心志，劳其筋骨，饿其体肤，空乏其身，行拂乱其所为，所以动心忍性，曾益其所不能"。

1946 年，第三届国际心理卫生大会指明心理健康的标志如下：

一是身体、智力、情绪十分协调。

二是适应环境，在人际关系中彼此能谦让。

三是有幸福感。

四是在工作和职业中能充分发挥自己的能力，过有效率的生活。

美国心理学家马斯洛（A. H. Maslow）与米特尔曼（Mittelman）提出以下的标准：

一是有足够的自我安全感。

二是能充分地了解自我，并能对自己的能力做出适度的评价。

三是生活理想切合实际。

四是不脱离周围现实环境。

五是能保持人格的完整与和谐。

六是善于从经验中学习。

七是能保持良好的人际关系。

八是能适度地发泄情绪和控制情绪。

九是在符合集体要求的前提下，能有限度地发挥个性。

十是在不违背社会规范的前提下，能恰当地满足个人的基本要求。

我国许又新教授提出心理健康可以用以下三类标准（或从三个维度）去衡量：

一是体验标准。指个人的主观体验和内心世界的状况，主要包括是否有良好的心情和恰当的自我评价等。

二是操作标准。指通过观察、实验和测验等方法考察心理活动的过程和效应，其核心是效率，主要包括个人心理活动的效率以及个人的社会效率和社会功能，如工作、学习效率高低，人际关系是否和谐等。

三是发展标准。指着重对人的个体心理发展状况进行纵向考察与分析。

三、大学生心理健康的标准

青年学生判断自己或周围的人是否具有健康的心理，只要从日常行为表现与感受分析，就可以检验出来。根据处于青年中期的大学生特定社会角色所具有的心理特征，大学生心理健康的标准可以概括为七条：

一是保持对学习较浓厚的兴趣和求知欲望。大学生主要的任务是学习，学习是大学生生活的主要内容，所以一个大学生对学习的态度就决定其生活的质量。心理健康的学生珍惜学习机会，求知欲望强烈，能克服学习中的困难，学习成绩稳定，学习效率较高，从学习中体验满足与快乐。

二是能保持正确的自我意识，接纳自我。自我意识是人格的核心，指人对自己与周围世界关系的认识和体验。心理健康的学生了解自己，接受自己，自我评价客观，既不妄自尊大，也不妄自菲薄，自信乐观，生活目标与理想切合实际，不苛求自己，能扬长避短。

三是能较好地管理情绪，保持良好的心境。情绪影响人的健康，影响人的工作效率，影响人际关系。心理健康的学生能经常保持愉快、自信、满足的心情，善于从行动中寻求乐趣，对生活充满希望。虽然也有悲、忧、哀、愁等消极情绪，但能主动调节。同时能适度表达和控制情绪，喜不狂、忧不绝、胜不骄、败不馁。

四是能保持和谐的人际关系，乐于交往。人际关系状况最能体现和反映人的心理健康状况。心理健康的学生乐于与他人交往，能用尊重、信任、友爱、宽容、理解的态度与人相处，能分享、接受、给予爱和友谊，与集体保持协调的关系，与他人同心协力，合作共事，乐于助人。

五是能保持完整统一的人格品质。心理健康的最终目标是保持人格的完整性，培养健全人格。人格指人的整体精神面貌，人格完整是指人格构成的气质、能力、性格和理想、信念、人生观等各方面平衡发展。心理健康的学生所思、所做、所言、所行协调一致，具有积极进取的人生观，并以此为中心把自己的需要、愿望、目标和行为统一起来。

六是能保持良好的环境适应能力。环境适应能力包括正确认识环境及处理个人和环境的关系。心理健康的学生在环境改变时能面对现实，对环境做出客观的认识和评价，使个人行为符合新环境的要求；能和社会保持良好的接触，对社会现状有清晰的认识，及时修正自己的需要和愿望，使自己的思想、行为与社会协调一致。

七是心理行为符合年龄特征。人在生命发展的不同年龄阶段，都有相应的心理行为表现。心理健康的人的认识、情感、言行、举止都符合他所处的年龄阶段。心理健康的大学生应该精力充沛、勤学好问、反应敏捷、喜欢探索。一个人的心理行为经常严重地偏离自己的年龄特征，一般是心理不健康的表现。

第二节　大学生常见的心理问题

长期以来，人们习惯于把人的精神正常与异常看成是黑白分明的事情。实际上人的精神正常与异常并无绝对的界限，它是一个连续变化的过程。因此，生活在现实社会中的每一个人都可能存在一定程度的心理问题，即人的心理问题是普遍存在的，只是程度不同而已。

一、大学生常见的心理问题

大学生的心理问题较为普遍，大体上体现在以下几个方面。

一是适应问题。这一问题常见于刚入大学的新生。每个人到一个新的环境都需要一个适应过程，由于个体心理素质不同和环境变化情况不同，有的人适应快，适应期短；有的人适应慢，适应期长；有的人甚至无法适应大学生活，选择退学。产生适应问题的原因很多，比如升学既定目标未能实现，对新学校感到失望，对新的学习方式或管理方式不适应，远离亲人得不到亲情的抚慰，原有的优势丧失，文化、气候、饮食等方面的差异，贫困学生的经济压力等，都可能影响大学生对新环境的适应。大学新生适应性问题主要表现：感觉难以应付大学学习和生活；情绪上出现心境低落或悲伤、焦虑、担忧；行为上表现为退缩、逃避等；有的还会出现失眠、头痛、腹痛、心悸等躯体问题。

二是学习问题。大学生的主要任务是学习，学习上的困难与挫折对大学生的影响是显著的。虽然大学生在学业方面是同龄人中的优秀者，但是由于大学学习与中学存在很大的不同，所以，很多学生存在学习问题，包括学习方法、学习态度、学习兴趣、考试焦虑等。

三是职业生涯发展问题。大学生憧憬自己的未来，关心个人发展。如何选择职业，如何找工作，如何规划人生，这些都是大学生职业发展中会面临的困扰。此外，是继续升学深造还是先工作，也是大学生烦恼的事情。

四是人际关系问题。社会心理学的调查研究表明，良好的人际关系状况是一个人心理正常发展、个性保持健康和生活具有幸福感的重要条件之一。受应试教育的影响，部分学生较为封闭，人际交往能力较弱。进入大学以后，如何与周围的同学友好相处，建立和谐的人际关系，是大学生面临的一个重要课题。由于每个人的性格和气质不同，再加上青年初期固有的特点，都使大学生在人际交往过程中不可避免地遇到各种困难，从而产生人际交往的困惑，甚至产生心理问题，这些问题甚至会严重影响他们的健康成长。

五是恋爱与性心理问题。大学生处于青年期，性发育成熟是重要特征，恋爱与性问题是不可回避的。大学生对于性成熟缺乏心理准备，恋爱观念不成熟，缺乏恋爱关系维护的技巧和经验，加上对异性的神秘感、恐惧感和渴望交织在一起，由此产生各种心理问题。如今，随着大学生恋爱现象的增多，失恋已经成为当代大学生中常见的一种情感危机，也是诱发当代大学生心理危机的重要因素之一。

六是大学生的情绪问题。一般是指大学生消极情绪，指因生活事件引起的悲伤、痛苦长时间持续不能消除的状态。常见的情绪问题主要有：焦虑、抑郁、愤怒、嫉妒、冷漠等。情绪问题一方面导致大学生大脑神经活动功能紊乱，使情绪中枢部位的控制减弱，使其认识范围缩小，自制力、学习效率降低，不能正确评价自我，甚至会产生某些失去理智的行为，造成心理障碍和心理疾病；另一方面，情绪问题又会降低大学生的免疫功能，导致其正常生理平衡失调，引起心血管、消化、泌尿、呼吸、内分泌等系统的各种疾病。

七是性格问题。大学生性格是在长期的成长过程中形成的，其问题主要表现为自卑、怯懦、依赖、猜疑、神经质、偏激、敌对、孤僻、抑郁等。在大学中，有的同学认为自己的能力比别人差，有的同学认为自己的相貌不佳，有的同学认为自己的见识短浅，这些都影响了正确的“自我认识”，事事处处都认为自己不如别人，总觉“低人”一等。

二、大学生常见的神经症

大学生常见的神经症主要有以下几种类型。

一是焦虑症。焦虑症是一种常见的神经症。大学生进入新的环境，各方面都要重新开始适应和调整。如果对自己期望过高，压力过大，凡事患得患失，时间长了，就会产生持续性的焦虑、不安、担心、恐慌，并且还伴有明显的运动型不安以及各种躯体上的不舒适感。患有焦虑症的人，在其性格上也有一定的特点，大多胆小，做事瞻前顾后，犹豫不决，对新事物、新环境适应能力差。大学生中很多人在应付各种考试时会出现预感焦虑和期待不安等心理状态，有的甚至恐惧考试。

二是强迫症。强迫症是指患者在主观上感到某种不可抗拒和被迫无奈的观念、情绪、意向或行为存在。患有强迫症的人，明知某种行为或观念不合理，但却无法摆脱，因而非常痛苦。患强迫症的大学生多与其性格缺陷有关，如缺乏自信，遇事过分严谨，生活习惯呆板，墨守成规，常怕出现不幸，活动能力差，主动性不足。

三是恐惧症。恐惧症是一种违背病人意志的恐怖情绪，病人对常人习以为常的某一普通物品、环境或活动产生一种紧张恐惧的心情，自己明知道这种恐惧过分、不正常并且无必要，但不能自制，无法摆脱。恐惧的对象很多，诸如：怕脏、怕细菌感染、怕尖锐的物品、怕空旷的广场、怕拥挤的场所、怕高、怕脸红、怕对视等等。

四是疑病症。疑病症是指患者在没有任何证据的情况下确信自己有病，而处于对疾病或失调的持续的强烈恐惧之中。患者通常极为焦虑，对自己想象出来的疾病经常表现出强迫性动作。当被医生检查证明没有病时，常常会断定医生的诊断是错误的，又去找其他医生。疑病症状常常是患者不自觉地希望从家庭或周围寻求对自己的关注、关心和同情，同时也作为满足某些欲望的手段，在疑病症的背后实质上往往是一种潜在的不安全感及内心的矛盾、冲突和困扰。

五是神经衰弱。神经衰弱一般开始于中学阶段，到大学阶段发病率增加。神经衰弱在整个人群中脑力劳动者发病居多，其中尤以青年学生最为常见，此病大多是由于某些长期存在的精神因素引起。神经衰弱的症状在病患学生身上会或多或少地表现出来，且程度有轻重差异，大多开始较轻，病情反复波动，以后症状逐渐增多加重。如果及时治疗，并且能正确对待，神经衰弱可以缓解或痊愈。

三、大学生人格障碍

人格障碍，是指人格特征明显偏离正常，主要表现为情感和意志行为方面的障碍。人格障碍通常开始于青少年或成人早期，并一直持续到成人以后甚至终生。有人格障碍的人常常“到哪儿哪不要，到哪儿也呆不长”，但他们对此却毫无自知，只是一味地怨天尤人，而绝不检查自己。主要有偏执性人格障碍、分裂性人格障碍、反社会性人格障碍、冲动性人格障碍、表演性人格障碍、强迫性人格障碍、焦虑性人格障碍、依赖性人格障碍等。

四、大学生心境障碍

心境障碍，又称情感性精神障碍，是以明显而持久的心境高涨或心境低落为主的一组精神障碍，并伴有相应的思维和行为的改变。严重者有幻觉、妄想等精神病性症状。其主要障碍体现在以下几个方面。

一是躁狂发作。躁狂发作以心境高涨为主，与其处境不相称，可以从高兴愉快到欣喜若狂，精力过剩，言语明显增多，睡眠减少。病情轻者无损害或仅有轻度损害，严重者可出现幻觉、妄想等精神病性症状。其发作形式有：轻躁狂发作、无精神病症躁狂、有精神病症躁狂和复发性躁狂症等。

二是抑郁发作。抑郁发作以心境低落为主，与其处境不相称，兴趣减退，情绪低落，可以从闷闷不乐到悲痛欲绝，甚至发生木僵，感觉生活没有意义。严重者可出现幻觉、妄想等精神病性症状。其发作形式有：轻型抑郁症、无精神病症状抑郁症、有精神病症状抑郁症、复发性抑郁症。

三是双相障碍。表现为情绪高涨与情绪低落交错发作。

四是持续性心境障碍。持续反复出现心境高涨或低落，但每次发作极少严重到足以描述为轻躁狂，甚至不足以达到轻度抑郁。其发作形式有：环性心境障碍、恶劣心境障碍等。

五、大学生精神分裂症和其他妄想性障碍

大学生精神分裂症和其他妄想性障碍主要体现在以下几个方面。

一是精神分裂症。精神分裂症是一种病因未明的常见精神疾病，具有感知、思维、情感、意志和行为等多方面的障碍，以精神活动的不协调或脱离现实为特征。通常意识清晰，智能多完好，可出现某些认知功能损害。多起病于青壮年，常缓慢起病，病程迁延，部分患者可以发展为精神活动的衰退。患病期自知力基本丧失。常见的精神分裂症有：偏执型分裂症、青春型分裂症、紧张型分裂症、单纯型分裂症等。

二是偏执性精神障碍。偏执性精神障碍，又称妄想性障碍，是一种以系统妄想为突出临床表现的精神性障碍。本病病因不明，起病一般在 30 岁以后，女性偏多，未婚者见多。本病发展缓慢，多不为周围人所察觉。

三是急性短暂性精神障碍。急性短暂性精神障碍，包括了诊断名称不同的一组障碍。共同的特点是：在两周内急性起病；以精神病性症状为主；起病前有相应的心因；在 2—3 个月内痊愈。

第三节　大学生心理调适技能

当前，绝大多数大学生的心理健康状况良好，但也有相当部分大学生存在不同程度的心理问题，并且他们的心理问题主要还是由于压力、挫折等引起的一般性心理问题，只需要通过自我心理调适就可以缓解。所以，大学生应了解一些心理健康知识，掌握必要的心理调适方法，学会做自己的“心理医生”。

一、养成积极的思维习惯，树立积极的心态

积极心态充满阳光，可以使你达到人生的顶峰，而消极的心态经常阴郁，会使你一生贫苦和不幸。那么，什么是积极心态？积极心态是一种生活态度，就是面对工作、问题、困难、挫折、挑战和责任，从正面去想，从积极的一面去想，从可能成功的一面去想，积极采取行动，努力去做，认真体验成功。

积极思维可以提高生活质量，让你思路更开阔，让你看问题更客观，让你对结果预期良好，让你变得更加健康、积极、乐观、自信。芬兰赫尔辛基大学心理学家的最新研究表明，积极的思维方式和乐观的生活态度可使人的寿命延长 5 年至 10 年，悲观者也可以通过训练建立健康的思维方式。研究发现，相对于悲观者，乐观者被诊断为癌症后的存活时间更长，冠状动脉搭桥手术后恢复得更快。此外，乐观者较少患抑郁症，并具备较强的抗压能力。而消极思维让你思路更加狭窄，沉浸于自己的缺点、对未来的否定和对他人的猜疑中。它令你泄气，丧失斗志，让你感到虚弱，没有自信。你总感觉很生气，不管对自己的现状还是未来，你总是对别人心存芥蒂，经常恼怒、不快乐。慢慢地，消极思维让你在生理上产生疾病，在人际关系上变得敏感，在情绪上变得不可控制，在应对方式上习惯放弃，在事业上容易失败。那么，作为当代大学生，如何养成积极思维的习惯呢？

（一）选择积极的关注点

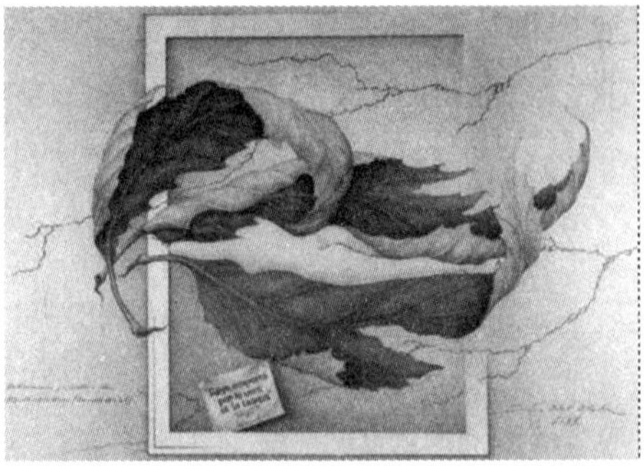

大家看上面两幅图。左边一幅图你看到了什么？是年轻貌美的少妇？还是满头白发的老人？再看右边的一幅图，你又看到了什么？是枯叶，还是裸女？同样的图画，每个人的关注点不同。有的人倾向于关注整体，有的人倾向于关注局部。就像生活中，同样的事件，有的人选择关注积极面，有的人选择关注消极面。

有这么一个调查：问人们这样一个问题，对你来说什么更为重要？是更多关注你的缺点还是优点？大多数人说关注缺点更重要，在中国60%的受访者觉得关注缺点更重要，24%的人觉得关注优点更为重要。传统文化要求大家要发现自己的不足，要改正自己的缺点，要完善自己的品质。这些都要求我们首先关注自己的消极因素，所以我们习惯关注缺点，习惯关注不足，习惯关注问题。于是我们也常常感觉到压力，感受到无助，体验到痛苦。

既然我们知道选择积极的关注点的人更快乐，那么在生活中，我们应该怎么调整我们的关注点呢？记住，无论什么事，要关注好的、积极的、有潜力的一面。

1. 不断重复和强化积极点

习惯法则认为，你不断地重复一个想法或行为，最终它就会成为一个习惯。如果你不断地以积极的方式思考和做事，你就会完全控制自己的潜意识。很快，你就会很容易、很主动地以这种方式思考和行动。凭借毅力和重复的力量，你会养成新的思考和行为习惯。在生活中，不断重复和强化自己的积极因素和积极体验：

◇我有哪些优点？

◇我喜欢什么？

◇我成功之处在哪？

◇和过去比我有哪些积极的变化？

◇我有哪些潜力？

◇我有哪些快乐的体验？

◇我有哪些好朋友？

◇我某某朋友的优点是什么？

◇我的专业优点是什么？有什么样的潜力？

◇我喜欢学校什么？

2. 养成感激的习惯

感激是对过去美好事物的关注，如果我们能够开始欣赏和感激这些美好的东西，自然而然就学会了关注积极的东西。所以，在生活中我们要学会寻找一些值得感激的人或事。

◇感激父母什么？

◇感激舍友什么？

◇感激朋友什么？

◇感激师长什么？

◇感激学校什么？

◇感激国家什么？

3. 用积极点替代消极点

有一个宝石商人花了10万元买了一块玉石，回家后切开一看，全是白色的斑点，是最劣质的宝石，只值100元。商人把它扔在一个角落里。一年过去了，两年过去了……到了第五年，有一天，他来到一个朋友家。朋友在做画，画上写了一句话："风雪夜归人"。他一看，顿悟，马上跑回家，把他的那个垃圾石头拿出来雕刻，白色的斑点雕刻成雪花、月亮、树，再雕刻出一个老头，戴着斗笠，拄着拐杖，正趁着夜色把家还。两天两夜雕刻完工，取名《风雪夜归人》，拿到市场上出售，100元变成了1600万元。

任何事情都具有两面性，积极和消极不是绝对的，积极因素中存在着消极的东西，消极因素中也蕴含着积极因素。同样是白色的斑点，关注点不一样，其价值相差惊人。替代法则指出，你可以选择用积极点替代消极点，或在消极点中寻找积极因素进行关注。

（二）构建积极的自我对话模式

每天，我们都在与自己对话，这种内心的自我对话是我们感知和行动的主要动力。自我对话涉及选择、解释、评价、暗示和期待等，每个人都有着不同的自我对话模式，有些人习惯于积极的自我对话，倾向于肯定、鼓励、宽容；有些人却习惯于消极的自我对话，倾向于否定、怀疑、贬斥。我们如何构建积极的自我对话模式呢？

1. 积极选择

很多时候，我们都能听到身边的人感慨生活没有选择。其实从懂事起，我们一直在做选择，只是有时我们在无意识中作了选择，有时我们迷迷糊糊作了选择，有时慌慌张张作了选择，有的时候拖延或不去作选择，等待上天的安排。只要我们有选择就会有冲突、有矛盾，那我们就会进行自我对话，你的自我对话模式决定了你的选择。肯定的、鼓励的、充满期待的对话模式容易使人做出积极的选择。积极的选择能够给予我们希望，能够将我们引向光明；相反，否定的、质疑的对话模式容易作出消极的反应。当然，选择之后，不要后悔，要对自己的选择负责任，坚定地做该做的事，让选择的结果朝积极的方向演变。

2. 乐观解释

对于事件的解释也是每天自我对话的内容，如事件怎么会这样发展，成功或失败的原因是什么等。每个人在成长过程中都形成了对事件的习惯性解释方式——解释风格。解释风格可以由“归因风格问卷”（ASQ）的自陈式问卷测量，通过内部性、稳定性和整体性三个维度进行测评。

解释风格分为对好事件的解释风格和对坏事件的解释风格。对好事件的乐观解释风格就是将成功的原因归为能力等内部的稳定的因素，会增强我们的自尊感和自信心，诱发积极的情绪，从而继续趋向更高的成就任务；对坏事件的乐观解释风格最早就是从外部不稳定的具体原因进行解释，这样不会产生消极情感，不会丧失信心，并坚持继续其他任务。后来解释风格加入了无助性模型中，无助性模型提出在人或动物不可控的厌恶事件之后变得很无助，表现为被动和无反应性，这些仍表现为外部的，但有可能是稳定的长时间的外部原因。

乐观的解释风格，是一种积极的自我对话模式。研究表明，乐观解释风格比乐观特质更能影响行为的主动性。虽然对于悲观主义者乐观解释风格可能会使他们低估未来坏事件的可能性，但更能够收获自尊心和自信心，能够得到积极的体验，形成积极乐观的心态。

3. 积极评价

每天，我们与自己对话中大量是关于对自己和他人的评价。每个人自我对话的方式都具有自身特定的规律，有些人倾向于积极的自我对话，肯定、鼓励，关注问题的解决。如，自我对话中一直出现“我是一个很有用处的人”，你的潜意识中便会呈现一个有用处的你的形象，然后它竭尽所能影响你的思想和行为，使你在现实中真的有所作为；有些人却习惯消极的自我对话，怀疑、贬斥，纠结于此无法自拔。如，一位大学生参加学生会主席竞赛时自我对话中一直出现“我不行，我没有其他人优秀，肯定竞选不上”，他在竞聘演说中就会呈现一个竞选失败、垂头丧气的场景，结果不言而喻。

积极评价的自我对话首先要给自己输入一句积极的评价语句，然后用一句话去肯定和鼓励。如：

“我是一个受欢迎的人。”

“没错，大家都对我很好，上次民主推优得票还全班第一呢。”

如果第一句话输入的是一个负性的评价语句，后一句用“虽然……但是……”语句，然后再跟上肯定语句。如：

“我长了一个痘痘，把脸都弄花了。”

“虽然长了一个痘，但不影响我这俊俏的脸蛋。”

“对呀，况且别人不一定会注意到我的痘痘。”

4. 积极暗示

暗示是使用频率最高的自我对话模式，我们几乎无时无刻不在进行自我暗示。每天早晨醒来的一瞬间要与温暖舒适的床做分离，摁掉闹铃的那一个片刻，你给自己的对话决定了你一天的状态。你给什么样的对话？有想过吗？有些人会想：好烦啊！又要上课。如果你一起床给自己这样的暗示，那你的激情瞬间灰飞烟灭，一整天将在心烦中度过。而如果你用的是积极的心理暗示，如：又是新的一天了，我觉得很愉快，精神很好，今天我一定能够顺利完成任务。这样积极的暗示一定会让你一天信心十足，充满干劲，自然能够收获好的结果。

在自我对话中，积极的语言会引导我们朝积极的方面思考与前进；消极的语言则会使我们意志消沉，消磨我们的斗志。因此要学会构建积极的自我暗示的对话模式，始终坚信“我能行”“我能够做好”“我一定成功”等。当遇到较大挫折时，安慰自己“一切都会过去的”，“已经渡过了很多难关，这次也一定能顺利渡过的”等。

自我暗示的原则：

◇简洁：默念的句子要简单有力。例如：“我是独特的”，“我是最好的”，“我是最棒的”，“我一定行”，“我要，我能、我一定会”，等等。

◇明确：不要模棱两可。模棱两可的暗示会使自己无所适从，起不到暗示的功效。

◇正面刺激而非反面刺激：此点至为重要。如说：“我不会失败。”这里虽未说你接受失败，但是“失败”两字就是一种消极的刺激，会在你的潜意识里产生不良影响。因此，应该正面说：“我必会成功！”

◇真正的信念：真正的相信，相当程度上来自于可行性。

◇想象（逼真）：要在脑海里清晰地形成意象。暗示更多是一种形象显现，而不是逻辑推理的结果。所以需要想象加体验。如“要想成功首先应看到成功的样子，如×××等那样”。

◇感情：没有感情的注入，对潜意识的刺激是苍白无力的。

5. 积极期待

经常听到别人说这么一句话：我一直担心的事情真的发生了。这不是巧合，这是你自己潜意识里的担心通过你的努力终于“如愿以偿”。其实很多人的担心就像巫师的预言，在未来的某一天真的应验了。

一只老猴子和一只小猴子一起喝可乐。老猴子拿着可乐咕噜、咕噜一口气就喝完了，可是还觉得不过瘾。没有了怎么办？老猴子和小猴子说：你帮我买一瓶可乐回来。小猴子欣然答应。一小时后小猴子没有回来。两小时没有回来，三小时还没有回来，老猴子想了想，这样吧，我把小猴子的可乐喝了，等他买回来以后，把买回来的可乐还给他不就得了？当老猴子把手伸向小猴子的可乐瓶那一刹那间，小猴子从门背后跳了出来，指着老猴子说：我早就知道你想喝我的可乐。小猴子根本没有去买可乐，一直藏在门背后，用一个错误的概念，一直期待了三个小时，来见证这个结果的发生。

我们处于不断与他人互动的世界中，对他人的行为有着自己的期待，期待的结果也影响着我们的心态和行为，所以我们在态度上要对他人进行积极期待，言行上要对他人进行肯定和鼓励。

二、提高情绪管理能力，做情绪的主人

稳定而良好的情绪状态，使人心情开朗、轻松安定、精力充沛，对生活充满自信；相反，如果一个人情绪波动不稳，患得患失，喜怒无常，处在不良的情绪状态中，而自己又不会调节控制，就会导致心理失衡和心理危机，甚至精神错乱，久而久之，会抑制人的免疫力，招来各种疾病，甚至会做出有悖常理的事。渴望成才的大学生，应十分注意消除消极的不良情绪。消除不良情绪可以用以下几种方法：

一是倾诉法。这是大学生进行自我调适比较经常使用也比较有效的方法。适度倾诉，可以将失控力随着语言的倾诉逐步转化出去。当个体心理失衡时，可以将自己心中的忿闷、悲伤等不愉快的情绪向朋友、同学、亲友，甚至不相识的人倾吐，通过倾诉，一方面把“心理垃圾”倒出去，使自己心情更轻松，另一方面能得到对方理解和善意的劝慰，学到一些调适的方法。当然，也可以把心中的郁积通过记日记、写作等诉诸文字，在“一吐为快”后，可以排解出心中的忿闷，尽快走出心理的困境。

二是宣泄法。有些国家在议会走廊里设置“议会沙袋”，专供议员们宣泄愤怒情绪时使用。议员们常为议案争得面红耳赤，情绪激昂，但又不能大打出手，于是把气撒在沙袋上，打完沙袋后再心平气和地继续讨论。在日本，许多企业、公司在“心理宣泄室”设置了若干老板和管理人员的橡皮模型，让员工通过拳打脚踢来发泄对上司的不满。目前，很多高校也建立了心理宣泄室。宣泄有助于调理大脑皮质功能，对心理紊乱、压抑感、反抗、破坏心理等治愈率颇高。当大学生有负性情绪时，可以到学校宣泄室，在心理健康教育老师的指导下进行宣泄，也可以在运动场上通过快速跑、打篮球、踢足球等节奏较强的运动项目进行发泄，还可以在适当地方大叫一番，痛哭一场，或是适当地发脾气等。通过这些方式可以宣泄内心的郁积，摆脱恶劣的心境。当然，宣泄应该适度，以可以让人接受为前提。

三是放松法。放松法是一种通过训练让全身肌肉放松，以缓解紧张情绪，消除疾病，增进健康的方法。它对于应付过度焦虑、恐惧，稳定情绪，具有特殊效果。放松训练的基本原则是通过训练放松所产生的躯体反应，如减轻肌肉

紧张、减慢呼吸节律等，使焦虑情绪得到缓解。放松法常用的有深呼吸放松法、想象放松法、躯体放松法。（以下深呼吸放松法摘自陈丽云等编著《身心灵互动健康模式：小组辅导理论与应用》，民族出版社 2003 年 6 月版；想象放松法和躯体放松法摘自赵冰洁著《大学生心理健康教育理论与实践》，吉林大学出版社 2004 年 3 月版）

（1）深呼吸放松法

呼吸和情绪有密切的关系。紧张时，会觉得呼吸浅促，那是由于呼吸急促过浅，吸氧不足，造成脑内暂时缺氧。因此，当紧张时，可以通过深度呼吸和适当的肢体活动，调节气息，使肺内的气体得到充分的交换，增进吸氧，以促进血液循环，使脑细胞得到充分供氧，从而缓解紧张情绪。练习方法为：

· 双脚和肩膀同宽站开，肛门用力收缩，两脚拇指用力，做深幅腹式呼吸，放松颈、肩、臂肌肉。

· 用力把气呼出后，深深吸气，手掌张开，双臂自左右两边举到肩膀同高。

· 握紧拳头，双肘弯曲，停止呼吸，然后呼气，手臂伸直缓缓恢复原来的姿势。

在练习时要做到：视线集中在眼前的某一点，意识也集中在那里，不要眨眼，用力注视。停止呼吸的时间最初自 6 秒钟开始，习惯后可延长到 15 秒钟。重复做三次。

（2）想象放松法

想象是人心理活动的组成部分之一。善用想象，则地狱可化为天堂；而不善用想象，天堂也可变作地狱。善用想象者，一花一世界，一草一精神，那种境界该有多明媚灿烂；不善用想象者，风声鹤唳，草木皆兵，那情形又该多让人心惊？

行为治疗家所用的想象放松法，是要人学会充分利用自己的想象力，为自己的心营造一个平和、宁静、轻松、舒适的想象空间，使自己的焦虑得到缓解并使人心情舒畅。

准备工作：先想一想自己平时最喜欢的自然景观是什么。大海？森林？高山？草原？蓝天？白云？日出？霞光？晴天？雨天？明月？星空？然后运用自己的想象，把自己最喜欢的景观用简洁、优美的文字写成一小段话。也可以从自己喜欢的文章上摘下一段，在这段文字后加上一句："现在我感觉放松、放松，前所未有的放松……"

实施想象放松：

·在一间安静的屋子里，以最舒服的姿势坐着，闭上眼睛。

·用鼻子尽可能慢且深地呼吸。

·想象自己正处在某一景色中。这里以草为例："我静静地坐在一个蒙古包前，眼前的草原像一张绿色的地毯，一直铺到天边，和蔚蓝的天空连成了一片。四周是这样的寂静，只是偶尔随风飘来几声牛羊的叫声。我呼吸着清新的空气，感觉放松放松，从未有过的放松。

·想象结束时，静静地坐一会儿，进行5次慢而深的呼吸，然后慢慢睁开眼睛。

·仔细体验自己当前的感觉，观察自己的身心变化，观察自己的呼吸、心跳和心情。

想象放松是需要反复练习才能掌握的。最初每天坚持3至5次，每次大约需要5分钟时间。要坚持练到必要时只要一想到自己喜爱的如草原这样的自然景观，立刻就能感觉放松、舒畅并且平和。进而练到形成条件反射，即一想到"草原"两个字就感觉放松。如果每天都做几次想象放松，在想象中放松自己，愉悦自己，那么，就有可能降低焦虑的发生率。

(3) 躯体放松法

躯体放松法又叫渐进肌肉放松法，这是美国行为治疗家杰克勃于1938年首创的。其要点是，先让身体各部位的肌肉紧张起来，然后再使其放松。通过反复紧张——放松的交替过程，使个体体验紧张与放松时的不同感觉，这不仅有助个体掌握肌肉放松的方法，而且能使其学会辨别焦虑的线索之一——肌肉紧张与僵硬。

躯体放松法的要点是：

先让自己某一部位的肌肉紧张起来并保持3至5秒钟，体验一会儿肌肉紧张时的感觉。

慢慢放松肌肉，保持3至5秒钟，体验一下肌肉放松后的感觉。

如此反复几次，再进入下一部位的放松。

躯体放松训练通常是从头到脚依次进行的，一般说来要在治疗师指导下进行，但我们也可以试着去做。

请在一间安静的屋子里坐下，然后从头到脚进行放松。

头部：

·咬紧牙关，紧皱眉头，保持3至5秒钟，体验一会儿当时的感觉。

·慢慢舒展眉头，松开牙齿，体验感觉，配合呼吸。

·重复一次。

颈部：

·颈部伸直，头向后仰，保持3至5秒钟，体验感觉。

·逐渐直起头，向前慢慢垂下，保持3至5秒钟，体验感觉，配合深呼吸。

·重复一次。

肩部：

·尽可能地向上耸肩，扩展两肩，保持3至5秒钟，体验一会儿。慢慢放下两肩后收回两肩，保持3至5秒钟，配合深呼吸，体验当时的感觉。

·重复一次。

胸部：

·做挺胸、扩胸动作，上半身绷紧，保持3至5秒钟，体验一会儿。

·慢慢放松，配合深呼吸，保持3至5秒钟，体验一会儿。

·重复一次。

手臂：

·伸出并绷紧双臂，握紧双拳，保持3至5秒钟，体验一会儿。

·慢慢打开拳头，手臂逐渐放松，保持3至5秒钟，配合深呼吸，体验一会儿。

·重复一遍。

腹部：

·腹部紧收，憋气，体验一会儿。

·慢慢放松，呼气，保持3至5秒钟，体验一会儿。

·重复一遍。

腿部：

· 右腿尽可能伸直并绷紧，脚尖朝前，保持3至5秒钟，体验一会儿。

· 慢慢放松，配合深呼吸，保持3至5秒钟，体验一会儿。

· 重复一遍。

对左腿进行同样的绷紧，放松训练，并体验。

脚：

· 用右脚掌顶住墙，用劲蹬，顶住，保持3至5秒钟，体验一会儿。

· 慢慢放松，收回脚，轻轻地踩，保持3至5秒钟，体验一会儿。

· 重复一遍。

对左脚进行同样的绷紧、放松训练，并体验。

肌肉放松训练做起来比较麻烦，在日常生活中如有需要时还是深呼吸放松最简便。

四是音乐陶冶法。音乐是一种很神奇、威力又很大的舒缓情绪的工具，当大学生出现情绪不振时，听音乐能起到舒缓抑郁、紧张、焦虑等不良情绪的作用。用音乐来改善不佳心境的关键，在于能否根据每个人的不同具体情况，来选择合适的曲目。一般来讲，对于心情狂躁者宜选择那些节奏较慢，让人思考、发人深思的乐曲，如交响乐中的慢拍；对于心情紧张、恐惧者，宜选择那些柔和轻松的乐曲；心情抑郁者，宜选择优美的轻音乐或者严肃的古典乐。这些音乐可以使人体会到人生的美好，减轻烦恼。它对人类的心理有以下影响：放松、回忆或流露出各式各样的情感。康乃狄克州的精神学家贝利斯说："我把声音的使用当作是对抗生活中的沮丧和创伤的方式之一。"

三、积极参加各种活动，发展积极的情绪体验

研究表明，做出偏激行为的大学生，往往是一些性格孤僻、沉默寡言、有自闭倾向的人。大学生在校应该积极参加各种活动，打开自己的心灵，增加人际交流，发挥自己的专长，缓解内心的压力。心理学的研究表明：有了心理问题，越是封闭、压抑自己，去克服"症状"，越是进入了一个"注意"与"症状"的恶性循环中。"顺其自然"，投身于各种活动，能使注意力很自然地转移到外部有趣的活动中，从而忘掉症状，减轻烦恼。所以，大学生要依据自己的性格特点和条件，注意培养一些业余兴趣和爱好，学会自我娱乐，发展积极的情绪体验，培养高尚的情感，增强生活的适应能力，锻炼自己的意志，培养优良性格和幽

默感。

四、建立良好的人际关系，构建良好的支持系统

一位阿拉伯哲人说过：“一个不会交往的人，犹如陆地上的船，永远不会漂泊到人生的大海中去。”人是社会中的人，良好的人际关系是心理健康的表现，也是心理健康得以维持的重要外部条件。它可以满足人们多方面的心理需要，使人获得安全感、满足感，提高自尊心，增强力量感，获得友谊和帮助等。良好的人际关系也可以减少孤独、寂寞、空虚、恐惧、痛苦，可以宣泄愤怒和压抑。在大学生心理咨询过程中发现，70％左右出现心理问题的大学生，他们的人际关系都出现不同程度的问题。所以，大学生要建立良好的人际关系，树立良好的人际交往意识，掌握人际交往技巧，积极主动与身边的同学交往，取得更多的支持，获得充分的社会安全感、信任感和激励感，从而大大地增强学习、生活和工作的信心和力量，最大限度地减少心理应激和心理危机。

五、积极寻求专业心理咨询机构的帮助，及时走出心理困境

当有些心理问题无法自我调适，或者自我调适起不到作用时，要以科学、理智的态度对待心理问题，积极寻求专业心理咨询机构的帮助，让专业心理咨询师帮助你走出心理困境。切忌拖延时间，因为心理问题没有得到及时的缓解，会随着时间的拖延日益恶化，发展成更为严重的心理问题甚至心理疾病，从而引发心理危机。

网络课堂

1. 《心理学专家谈人生路　中央电视台心理访谈》，http：//video. sina. com. cnv/b/29795876－1526843345. html

2. 岳晓东，《大学生心理问题的鉴别与辅导》，http：//v. youku. com/v _ show/id _ XMjUwNjMxMzUy. html

3. 王龙，《关注心灵——大、中专学生心理问题案例分析》，http://video. sina. com. cn/v/b/54603484－1240722340. html

经典书目

1. 连榕、张本钰，《大学生心理健康》，北京师范大学出版社，2012年。

2. 李子勋，《心灵飞舞》，中国广播电视出版社，2006年。

3. 郑晓边，《心灵成长——校园生活中的健康心理与辅导》，安徽人民出版社，2006年。

4. 孔燕，《微笑成长——大学生心理健康教育案例》，安徽人民出版社，2003年。

5. 周振基，《焦虑：一个心理咨询师的治疗手记》，郑州大学出版社，2011年。

6. 霍妮著，邱宏译，《自我的挣扎：神经官能症与人性的发展》，万卷出版公司，2011年。

知识拓展

天下只有三件事

一件是“自己的事”，诸如：上不上学，吃什么东西，开不开心，结不结婚，要不要帮助别人……自己能安排的皆属之。

一件是“别人的事”，诸如：小张好吃懒做，小陈婚姻不幸福，小李对我不满意，我帮助别人、别人却不感激……别人在主导的事情皆属之。

一件是“老天爷的事”，诸如：会不会刮风，洪水，地震……人能力范围以外的事，都属于老天爷的管辖范围。

人的烦恼就是来自于：忘了“自己的事”，爱管“别人的事”，担心“老天爷的事”。

所以要轻松自在很简单：打理好“自己的事”，不去管“别人的事”，别烦心“老天爷的事”。

这只是静心在“哲学”上的诠释，“知道”并不代表你能办到。下次心情不好的时候，赶快问自己，那件事到底是“谁”的事。

第十二章　家庭经济困难学生资助

刚进入大学，同学们可能会面临来自学习、工作的压力，相当比例的同学还有经济上的压力，这部分同学就是备受关注的家庭经济困难学生。国家一直高度重视家庭经济困难学生的资助工作，相继出台了一系列学生资助政策，建立起国家、地方、学校、社会等多方参与的立体式的家庭经济困难学生资助政策体系，确保不让一名学生因家庭经济困难而辍学。

第一节　家庭经济困难学生资助政策

一、家庭经济困难学生的定义

家庭经济困难学生，是指学生本人及其家庭所能筹集到的资金，难以支付其在校学习期间学习和生活基本费用的学生。如果有同学家庭经济存在困难，入学后须由本人向学校提交家庭经济困难申请，学校根据相关标准和规定的程序进行认定，然后根据相关资助政策给予资助。刚入学的同学要注意，在申请家庭经济困难认定时，必须如实客观地填写并提交家庭所在地的乡（镇）或街道民政部门加盖公章予以确认的《高等学校学生及家庭情况调查表》，以便学校全面了解其家庭状况，确定家庭经济困难学生等级。

二、家庭经济困难学生资助体系

2007 年 5 月，国务院颁布了《关于建立健全普通本科高校、高等职业学校和中等职业学校家庭经济困难学生资助政策体系的意见》及其配套办法，建立了国家奖学金、国家励志奖学金、国家助学金、国家助学贷款（包括生源地助学贷款)、学费补偿或贷款代偿、师范生免费教育、学费减免、勤工助学、临时困难补助和社会奖助学金等资助项目组成的家庭经济困难学生资助政策体系，为我们广大家庭经济困难学生构建了完善的保障体系。经过几年的实践，基本形成了解决学费、住宿费问题以国家助学贷款为主、国家励志奖学金为辅、解决生活费问题以国家助学金为主、勤工助学等为辅，以社会团体、企业和个人设立的奖助学金为补充的组合资助方式，共同帮助家庭经济困难的同学顺利入学并完成学业。

家庭经济困难学生资助政策体系主要由以下三个层面组成。

(一) 国家层面的资助

国家层面的资助包括国家奖学金、国家励志奖学金、国家助学金、国家贴息的助学贷款（包括生源地助学贷款)、学费代偿或贷款代偿、师范生免费教育等项目。

1. 国家奖学金

国家奖学金是为了激励普通本科高校、高等职业学校和高等专科学校二年级以上（含二年级）的全日制普通本专科（含高职、第二学士学位）在校生，勤奋学习、努力进取，在德、智、体、美等方面全面发展，由中央政府出资设立的奖励特别优秀学生的奖学金。国家奖学金每学年评选一次，并于每学年开学初启动评审工作。

(1) 奖励标准：每人每年 8000 元。

(2) 基本申请条件：二年级以上（含二年级）的全日制普通本专科（含高职、第二学士学位）在校生（本硕连读或本硕博连读的特殊学制学生，原则上从入学第 6 年开始不再具备高校国家奖学金申请资格)，并符合以下条件。

热爱社会主义祖国，拥护中国共产党的领导；遵守宪法和法律，遵守学校规章制度；诚实守信，道德品质优良；在校期间学习成绩优异，社会实践、创新能力、综合素质等方面特别突出。学生学习成绩优异的量化标准是学习成绩排名在评选范围内位于前 10%，且没有不及格科目。实行综合考评成绩排名制度的高校，如将综合考评成绩作为国家奖学金考核指标，学生的综合考评成绩排名也必须在评选范围前 10%。对于学习成绩和综合考评成绩没有进入前 10%，但达到前 30%的学生，如在其他方面表现非常突出，可申请国家奖学金，但需提交详细的证明材料。而其他方面表现非常突出是指在道德风尚、学术研究、学科竞赛、创新发明、社会实践、社会工作、体育竞赛、文艺比赛等某一方面表现特别优秀。具体要求如下：

①在社会主义精神文明建设中表现突出，具有见义勇为、助人为乐、奉献爱心、服务社会、自立自强的实际行动，在本校、本地区产生重大影响，在全国产生较大影响，有助于树立良好的社会风尚。

②在学术研究上取得显著成绩，以第一作者发表的论文被 SCI、EI、ISTP、SSCI 全文收录，以第一、二作者出版学术专著（须通过专家鉴定）。

③在学科竞赛方面取得显著成绩，在国际和全国性专业学科竞赛、课外学术科技竞赛等竞赛中获一等奖（或金奖）及以上奖励。

④在创新发明方面取得显著成绩，科研成果获省、部级以上奖励或获得国家专利（须通过专家鉴定）。

⑤在体育竞赛中取得显著成绩，为国家争得荣誉。非体育专业学生参加省级以上体育比赛获得个人项目前三名，集体项目前二名；高水平运动员（特招生）参加国际和全国性体育比赛获得个人项目前三名、集体项目前二名，集体项目应为主力队员。

⑥在重要文艺比赛中取得显著成绩，参加国际和全国性比赛获得前三名，参加省级比赛获得第一名，为国家赢得荣誉。集体项目应为主要演员。

⑦获全国三好学生、全国优秀学生干部、全国社会实践先进个人、全国十大杰出青年、中国青年五四奖章等全国性荣誉称号。

2. 国家励志奖学金

国家励志奖学金是为了激励普通本科高校、高等职业学校和高等专科学校二年级以上（含二年级）的全日制普通本专科（含高职、第二学士学位）在校家庭经济困难学生，勤奋学习、努力进取，在德、智、体、美等方面全面发展，由中央和地方政府共同出资设立的、奖励资助品学兼优的家庭经济困难学生的奖学金。国家励志奖学金每学年评选一次，实行等额评审。每年第一学期开学初，学生根据学校通知向学校提出申请。同一学年内，申请国家励志奖学金的学生可以同时申请并获得国家助学金，但不能同时获得国家奖学金。实行免费教育的教育部直属师范院校师范类专业学生不再同时获得国家励志奖学金。

（1）奖励标准：每人每年 5000 元。

（2）基本申请条件：二年级以上（含二年级）的全日制普通本专科（含高

职、第二学士学位）在校生，并符合以下条件。

热爱社会主义祖国，拥护中国共产党的领导；遵守宪法和法律，遵守学校规章制度；诚实守信，道德品质优良；在校期间学习成绩优秀；家庭经济困难，生活俭朴。

3. 国家助学金

国家助学金用于资助高校全日制本专科（含高职、第二学士学位）在校生中的家庭经济困难学生（含民办高校、独立学院及成人高校普通班学生），资助面约占在校生的20%左右，国家助学金每学年评定一次。每年第一学期开学初，学生向学校提出申请。国家助学金按10个月发放，高校按月将国家助学金发放到受助学生手中。

资助标准中，中央高校分档及具体标准由财政部有关部门确定，地方高校由各省（自治区、直辖市）确定。实行免费教育的教育部直属师范院校师范类专业学生，不再同时获得国家助学金。以福建省为例，将国家助学金分成特别困难和贫困两档，从2010年开始，特别困难学生资助金额已调整为每人每年4000元，贫困学生资助金额调整为每人每年2500元，实行按月发放。同一学年内，申请并获得国家助学金的学生，可同时申请并获得国家奖学金或国家励志奖学金。

4. 国家助学贷款

国家助学贷款是由政府主导、财政贴息、财政和高校共同给予银行一定风险补偿金，银行、教育行政部门与高校共同操作的，帮助家庭经济困难学生支付学生在校学习期间所需的学费、住宿费及生活费的银行贷款。国家助学贷款是信用贷款，学生不需要办理贷款担保或抵押，但需要承诺按期还款，并承担相关法律责任。

（1）申请条件。公办全日制普通高等学校在校学生具备以下条件可以申请国家助学贷款：家庭经济困难的本专科生（含高职生）、第二学士学位学生和研究生；具有中华人民共和国国籍，且持有中华人民共和国居民身份证；具有完全民事行为能力（未成年人申请国家助学贷款须由其法定监护人书面同意）；诚实守信，遵纪守法，无违法违纪行为；学习努力，能够正常完成学业；因家庭经济困难，学生本人及其家庭所能筹集到的资金，不足以支付其在校学习期间的学习和生活基本费用。

（2）申请材料。学生在新学年开学后通过学校向银行提出贷款申请。需要提供的材料：

①国家助学贷款申请书。

②本人学生证和居民身份证复印件（未成年人提供法定监护人的有效身份证明和书面同意申请贷款的证明）。

③本人家庭经济困难情况说明。

④学生家庭所在地有关部门出具的家庭经济困难证明。

（3）申请金额。原则上每人每学年最高不超过6000元。

（4）贷款审批。学校有关部门负责对学生提交的国家助学贷款申请进行资格审查，并核查学生提交材料的真实性和完整性；银行负责最终审批学生的贷款申请。

（5）贷款发放。国家助学贷款实行一次申请、一次授信、分期发放的方式，即学生可以与银行一次签订多个学年的贷款合同，但银行要分年发放。

（6）贷款利息。国家助学贷款利率按照中国人民银行公布的法定贷款利率和国家有关利率政策执行。贷款学生在校学习期间的国家助学贷款利息全部由财政补贴，毕业后的利息由贷款本人全额支付。

（7）还款期限。学生根据个人毕业后的就业和收入情况，在毕业后的1—2年内选择开始偿还本金的时间，6年内还清贷款本息。

（8）违约后果：

①国家助学贷款的借款学生如未按照与经办银行签订的还款协议约定的期限、数额偿还贷款，经办银行将对其违约还款金额计收罚息。

②经办银行将违约情况录入中国人民银行的个人信用信息基础数据库，供全国各金融机构依法查询。

③对于连续拖欠还款行为严重的借款人，有关行政管理部门和银行将通过新闻媒体和网络等信息渠道公布其姓名、公民身份证号码、毕业学校及具体违约行为等信息。

④严重违约的贷款人还将承担相关法律责任。

5. 生源地信用助学贷款

生源地信用助学贷款是指符合条件的家庭经济困难的高校新生和在校生在入学前户籍所在县（市、区）向国家开发银行、农村信用社等金融机构申请办理的无需担保或抵押的助学贷款。生源地贷款为信用贷款，学生和家长（或其他法定监护人）为共同借款人，共同承担还款责任。它是国家助学贷款的有机组成部分。

(1) 申请条件：具有中华人民共和国国籍；诚实守信，遵纪守法；已被根据国家有关规定批准设立、实施高等学历教育的全日制普通本科高校、高等职业学校和高等专科学校（含民办高校和独立学院，学校名单以教育部公布的为准）正式录取，取得真实、合法、有效的录取通知书的新生或高校在读的本专科学生、研究生和第二学士学位学生；学生本人入学前户籍、其父母（或其他法定监护人）户籍均在本县（市、区）；家庭经济困难，所能获得的收入不足以支付在校期间完成学业所需的基本费用。

(2) 生源地信用助学贷款的金额和利息：每生每年贷款额度不高于6000元，在校期间的贷款利息由财政补贴；毕业后利息自付，10年内还清。

(3) 生源地信用助学贷款的还款期限和还款方式：生源地信用助学贷款期限原则上按全日制本专科学制加10年确定，最长不超过14年，其中，在校生按剩余学习年限加10年确定。学制超过4年或继续攻读研究生学位、第二学士学位的，相应缩短学生毕业后的还贷期限。学生在校及毕业后两年期间为宽限期，宽限期后由学生和家长（或其他法定监护人）按借款合同约定，按年度分期偿还贷款本息。

6. 学费补偿和贷款代偿

为引导和鼓励高校毕业生面向中西部地区和艰苦基层单位就业和应征入伍服义务兵役，中央部属高校毕业生到中西部地区和艰苦边远地区基层单位就业、服务期在3年以上（含3年）的，或地方高校毕业生应征入伍服义务兵役的，其学费由国家补偿，在校学习期间的国家助学贷款本金及其全部偿还之前产生的利息，由国家财政代为偿还。

(1) 学费补偿和国家助学贷款代偿政策的条件。除了中央部门所属普通高校中的全日制本专科生（含高职）、研究生、第二学士学位应届毕业生（定向、委培以及在校期间享受免除全部学费）的条件外，还应符合以下条件：

①拥护中国共产党的领导、热爱祖国，遵守宪法和法律。

②在校期间遵守学校各项规章制度，诚实守信，道德品质良好，学习成绩合格。

③毕业时自愿到中西部地区和艰苦边远地区基层单位工作，服务期在3年以上（含3年）。

④应征入伍服兵役的毕业生。国防生、部队招收的大学毕业生干部，以及从高等学校毕业生中直接招收的士官等其他形式到部队参军的毕业生不包括在内。

（2）代偿的金额：国家对每名毕业生每学年代偿学费或国家助学贷款的金额，最高不超过6000元。其在校学习期间每年实际缴纳的学费或获得的国家助学贷款低于6000元的，按照实际缴纳的学费或获得的国家助学贷款实行代偿。每年实际缴纳的学费或获得的国家助学贷款高于6000元的，按照每年6000元的金额实行代偿。

（3）代偿的方式：国家对到中西部地区和艰苦边远地区县以下基层单位就业的获得学费或国家助学贷款代偿资格的毕业生，每年代偿学费或国家助学贷款总额的1/3，3年代偿完毕。对应征入伍服义务兵役获得学费和国家助学贷款本息代偿资格的毕业生，实行一次性代偿。

7. 师范生免费教育

根据《国务院办公厅转发教育部等部门关于教育部直属师范大学师范生免费教育实施办法（试行）的通知》，决定从2007年秋季起，在北京师范大学、华东师范大学、东北师范大学、华中师范大学、陕西师范大学和西南大学六所部属师范大学对入学的新生实行师范生免费教育。免费教育师范生在校学习期间免除学费，免缴住宿费，并补助生活费。所需经费由中央财政安排。

（二）学校层面的资助

学校层面的资助主要从学校学费收入中提取相关比率的经费用于资助活动，它包括新生入学绿色通道、学费减免、勤工助学和临时困难补助等项目。

1. 绿色通道

学校对被录取入学报到但又无法及时缴纳学费的家庭经济困难的新生，一律实行先办理入学手续，然后再根据核实后的情况分别采取不同办法予以资助的措施。

2. 学费减免

对因经济条件所限，交纳学费有困难的学生，特别是孤残学生、少数民族学生及烈士子女、优抚家庭子女等，学校结合本校情况，予以适当学费减免的措施。

3. 勤工助学

学生在学校的组织下，利用课余时间，通过自己的劳动取得合法报酬，用于改善学习和生活条件的社会实践活动。勤工助学是学校学生资助工作的重要组成部分。家庭经济困难学生参加勤工助学活动时，应注意：

（1）时间安排。学生参加勤工助学不应当影响学业，在学有余力的前提下，向学校提出勤工助学的申请，原则上每周不超过8小时，每月不超过40小时。

（2）劳动报酬。学生参加校内固定岗位的勤工助学，其劳动报酬由学校按月计算。每月40个工时的酬金原则上不低于当地政府或有关部门制定的最低工资标准或居民最低生活保障标准，可以适当上下浮动。学生参加校内临时岗位的勤工助学，其劳动报酬由学校按小时计算，每小时酬金原则上不低于8元人民币。学生参加校外勤工助学的酬金标准不低于学校所在地政府或有关部门规定的最低工资标准。

（3）权益保护。学生在进行校内勤工助学前，应当与学校的学生勤工助学管理服务组织签订具有法律效力的协议书。学生在进行校外勤工助学前，应当与代表学校的学生勤工助学管理服务组织、用人单位签订具有法律效力的三方协议书。协议书应当明确学校、用人单位和学生三方的权利和义务，意外伤害事故的处理办法以及争议解决方法。

4. 临时困难补助

学校对重大疾病、意外事故等突发性困难或者返乡期间的家庭经济困难学生进行临时性的一次性补助的措施。

（三）社会层面的资助

社会层面的资助，主要由各级慈善机构、社会团体、企业或个人利用自有资金捐赠，设立奖学金或助学金，帮助家庭经济困难学生顺利完成学业的活动。社会资助的金额和条件，根据资助方的要求和学校的具体情况商定。目前，社会奖助学金作为高校资助工作的补充，发挥了重要的效益。如福建师范大学当前设有18项社会奖助学金，有中国青少年发展基金会设立的肯德基曙光基金、真维斯大学生助学基金、福建省慈善总会设立的兴业银行慈善助学金、厦门象屿集团设立的象屿集团奖学金、香港校友会设立的香港校友会助学基金、施教斌先生设立的“施学共教育基金”等。

第二节　家庭经济困难学生的认定

家庭经济困难学生资助体系为家庭经济困难学生顺利完成学业提供物质保证。认定好家庭经济困难学生是实施资助的前提。因此，作为一名家庭经济困难学生，应详细了解家庭经济困难学生的认定流程，准备好相关的认定材料。

一、认定原则

家庭经济困难学生认定事关公平，因此，作为申请者应做到客观公正、实事求是。要求申请学生所提供的家庭情况和相关数据不得弄虚作假。

二、认定标准

家庭经济困难学生的认定，主要是根据学生家庭经济收入、家庭人员组成、家庭成员健康状况以及学生在校学习生活平均消费情况，参照所在省城市居民最低生活保障标准来开展。家庭经济困难学生认定标准，可分为一般困难、困难和特殊困难等2—3档。如福建师范大学主要参照福州市市区最低生活保障标准，将家庭经济困难学生等级设置为一般困难、困难和特别困难3档。

三、认定流程

家庭经济困难学生的认定工作主要由学校学生资助管理中心、学院认定小组、班级认定评议小组三级认定体系构成，按照各自的职能分工，认真负责地共同完成认定工作。家庭经济困难学生的认定工作每学年进行一次，一般在学年初完成。具体的认定流程如下。

第一步，学校向新生寄送录取通知书中，寄送《高等学校学生及家庭情况调查表》；在校学生每学年结束之前，可在学校下载或领取《高等学校学生及家庭情况调查表》。需要申请认定家庭经济困难的新生及在校学生要根据个人情况如实填写《高等学校学生及家庭情况调查表》，并持该表到家庭所在地乡、镇或街道民政部门加盖公章，以证明其家庭经济状况。

第二步，每学年开学时，学校学生资助管理中心布置启动全校认定工作。班级认定评议小组收集《高等学校学生及家庭情况调查表》及相关证明材料（如民政部门发放的城市居民最低生活保障证、家庭成员的户籍专用证明、县级以上医院病情证明或家庭成员下岗证明等）。根据学生提交的《高等学校学生及家庭情况调查表》等相关材料，按照家庭经济困难学生认定标准，尤其要注重考查学生日常消费水平，组织进行民主评议，认真确定班级（或专业）的家庭经济困难学生资格和困难档次，报学院认定小组进行审核。

已被学校认定为家庭经济困难的学生再次申请认定时，如家庭经济状况无显著变化，由学院直接认定并报送学校学生资助管理中心，家庭经济状况已好转的，由学院提出变更认定。

第三步，学院认定小组对班级认定评议小组提供的名单进行审核，将家庭经济困难学生名单及等级，以适当方式、在适当范围内公示5个工作日。

第四步，学校学生资助管理中心负责汇总各学院审核通过的《高等学校家庭经济困难学生认定申请表》和《高等学校学生及家庭情况调查表》，报学校家庭经济困难学生资助工作领导小组审批，并建立全校家庭经济困难学生信息档案。至此，认定工作基本完成。

家庭经济困难学生认定流程

家庭经济困难新生在收到通知书时，根据个人情况如实填写《高等学校学生及家庭情况调查表》；在校学生在学校领取《高等学校学生及家庭情况调查表》，并持该表到家庭所在地乡、镇或街道民政部门加盖公章

↓

班级认定评议小组收集《高等学校学生及家庭情况调查表》及相关材料，按照家庭经济困难学生认定标准，尤其要注重考查学生日常消费水平，组织进行民主评议，认真确定本班级（或专业）的家庭经济困难学生资格和困难档次，报学院认定小组进行审核

↓

学院认定小组对班级认定评议小组提供的名单进行审核，将家庭经济困难学生名单及档次，以适当方式在适当范围内公示5个工作日

↓

学校学生资助管理中心负责汇总各学院审核通过的《高等学校家庭经济困难学生认定申请表》和《高等学校学生及家庭情况调查表》，报学校家庭经济困难学生资助工作领导小组审批，并建立全校家庭经济困难学生信息档案。至此认定工作完成

第三节　申请资助的流程

家庭经济困难学生认定结束后，作为家庭经济困难学生可以根据资助通知申请相应资助项目。那么资助项目如何申请？申请的流程是什么样？下面将主要资助项目的申请流程归纳如下。

一、国家奖助学金申请流程

国家奖助学金包括国家奖学金、国家励志奖学金和国家助学金 3 个项目。国家奖助学金具体申请流程为：

第一步，学校下发通知。

第二步，学生本人提交申请。

第三步，学院审核并公示。

第四步，校学生资助管理中心审核。

第五步，学校评审委员会审定并公示。

第六步，国家奖助学金名单上报省教育厅。

第七步，全国资助管理中心审核。

第八步，国家奖助学金发放。

二、勤工助学申请流程

家庭经济困难学生参加勤工助学岗位分为校内岗位和校外岗位。

（一）校内勤工助学岗位的申请流程

第一步，用人单位申请设置校内勤工助学岗位。

第二步，通过学工处网站、宣传栏、校园网等形式发布招聘通知（内容包括岗位名称、人数、职责范围、劳动时间、劳务报酬、招聘条件、招聘时间等）。

第三步，学生本人提交申请，填写《学生勤工助学情况登记表》。

第四步，根据岗位要求，组织面试、考核。

第五步，聘请上岗。

（二）校外勤工助学岗位申请流程

第一步，学生本人填写《学生参加勤工助学申请表》，并持本人相关证件进行报名登记。

第二步，学生勤工助学服务中心审核并将材料加入勤工助学学生库。

第三步，根据用人单位要求推荐人选。

第四步，面试考核并与用人单位或个人签署相关协议。

第五步，上岗服务。

三、助学贷款申请

（一）国家助学贷款的申请与办理流程

第一步，学生本人向学校有关部门提出国家助学贷款申请，提供本人及家庭经济状况的有关资料，包括《国家助学贷款申请书》等；本人学生证和居民身份证复印件（未成年人须提供法定监护人的有效身份证明和书面同意申请贷款的证明）；本人对家庭经济困难情况说明；学生家庭所在地有关部门出具的家庭经济困难证明。

第二步，学校学生资助管理中心负责对学生提交的国家助学贷款申请进行资格审查，并核查学生提交材料的真实性和完整性。

第三步，银行负责最终审批学生的贷款审核。

第四步，学生贷款申请通过学校审查和银行审批后，学校将组织学生填写、签订贷款合同和借据等文本。

第五步，发放贷款。

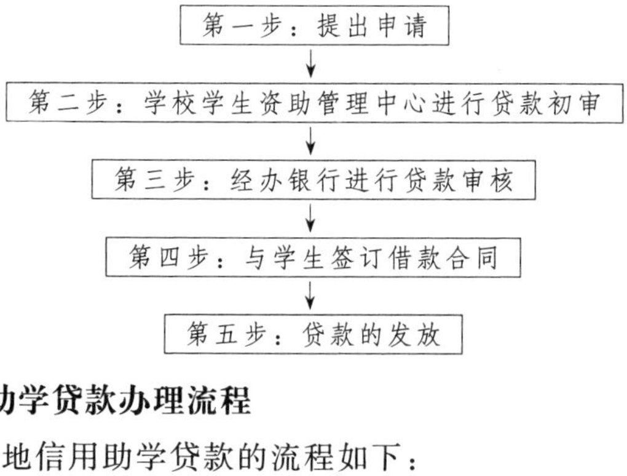

（二）生源地助学贷款办理流程

初次办理生源地信用助学贷款的流程如下：

第一步，向入学前户籍所在县（市、区）教育部门和经办（社）行提出申请，需要提供以下材料：《福建省生源地信用助学贷款申请审批表》；借款学生的身份证和录取通知书原件、复印件及学校相关收费标准、开户行名称和账号；共同借款人的身份证原件和复印件；贷款人认为必须提交的其他材料。

第二步，经办（社）行进行贷款初审。

第三步，与借款学生及其共同借贷人签订借款合同。

第四步，贷款直接发放到学校账户。

第五步，学生入学到校进行确认，换取收费收据。

第二学年需继续贷款的学生，应在学校放暑假前到学校相关部门办理统一格式续贷委托书及续贷确认手续，作为经办（社）行第二次及以后贷款发放的依据。由学校签章及本人签字后带回或寄回生源地信用助学贷款经办（社）行办理续贷手续。

四、学费补偿或助学贷款代偿

（一）到中西部地区和艰苦边远地区县以下基层单位工作的学费补偿或国家助学贷款代偿程序

第一步，学生申请。学生提出代偿申请并填写《学费和国家助学贷款代偿申请表》，提交相关资料。

第二步，学院审查。各院系分别对本科生、研究生提供相关资料的真实性进行审查，由分管院领导签署意见并加盖公章。

第三步，财务处审核。财务部门对学生在校期间实际缴纳学费及获得国家助学贷款的情况进行审核，签署意见并加盖公章。

第四步，递交材料。申请学生将《学费和国家助学贷款代偿申请表》、就业协议书复印件及相关材料报学生资助管理中心。

第五步，学校评审上报。由学生资助管理中心对学生申报材料进行审核，确定拟推荐代偿学生名单。每年6月30日前，由学生资助管理中心将学校拟推荐代偿学生名单及材料上报全国学生资助管理中心审批。

（二）高校毕业生应征入伍学费补偿和国家助学贷款代偿程序

第一步，填写有关表格：预征工作开始后至7月12日前，有应征意向的普通高校应届毕业生可登录“预征报名平台”（http：//zbbm.chsi.com.cn）填写、打印并向就读高校递交《登记表》《申请表》。在校学习期间获得国家助学贷款的，还需提供与经办银行签订的还款计划书复印件。其中，应注明已申请国家助学贷款代偿。

第二步，校初审盖章：离校前，高校对被确定为预征对象的毕业生补偿学费和代偿国家助学贷款本息的条件资格、具体金额及相关信息资料进行初审，确认无误后，在《申请表》上加盖公章，连同《登记表》一起交给学生本人。

第三步，表格递交县（市、区）征兵办：高校毕业生到入学前户籍所在地报名应征时，将《登记表》及《申请表》交县（市、区）人民政府征兵办公室。

第四步，征兵办审批入伍、复核材料并盖章：县（市、区）人民政府征兵办公室批准高校毕业生应征入伍后，向其发放《应征入伍通知书》，并会同同级教育行政部门对应征入伍的高校毕业生申请补偿学费和代偿国家助学贷款本息等情况进行复核。确认无误后，分别在《申请表》上加盖公章。

第五步，全国学生资助管理中心审核并确定最终名单：次年 1 月 15 日前，县（市、区）教育行政部门将户籍为本县（市、区）的入伍高校毕业生的《应征入伍通知书》复印件及《申请表》原件，寄送至应征入伍毕业生原就读高校学生资助管理机构。各高校按隶属关系，分别报各省（区、市）学生资助管理中心和全国学生资助管理中心审核。最后均汇总至全国学生资助管理中心复核、备案后，确定当年享受补偿学费和代偿国家助学贷款本息政策的最终名单及具体金额。

五、临时困难补助申请流程

临时困难补助申请流程较为简单，主要由本人提出申请、学院进行审核、学校审批。在申请过程中提交相关的表格即可。

六、社会奖助学金申请流程

第一步，通知宣传：以通知形式下发。

第二步，提交申请：符合条件的学生本人向所在学院提出书面申请，如实填写相关奖助学金申请表。

第三步，学院审核：申请经班级推荐、年级评议后，各学院根据评审指标进行评审，提出名单并向全院师生公示。

第四步，学校审批：学生资助管理中心在各学院上报材料的基础上，进行复核、提出评定意见，并将评选结果进行公示。公示无异议后，报学校审批，并报资助方备案。

第五步，社会奖助学金发放：学校在资金到位后，通过银行统一发放到学生提供的本人账号中。

第四节　做自立自强的大学生

多年来，随着党和政府对家庭经济困难学生资助力度的不断加大、资助政策的不断完善、资助体系的不断健全，极大地缓解了高校贫困学子的经济紧张状况，确保没有学生因家庭经济困难而中断学业。但在接受物资资助的同时，家庭经济困难学生如何在精神上摆脱自卑、依赖等不良心理，正确对待自身的贫困问题，将贫困当成人生成长的宝贵经历当成不断奋发进取的精神动力和精神财富，不断实现从受助者到助人者的蜕变，做自立自强的新时期的大学生，成为习近平总书记在给北京大学学生回信中寄望的“走在时代前面的奋进者、开拓者、奉献者和祖国建设的有用之才、栋梁之材”，是大学生们都必须深入思考的重大人生问题。

一、正确面对贫困，激发进取之心

作为一名家庭经济困难学生，首先要在思想上正确认识自我，正确面对家庭经济困难。要以大学生中的先进典型人物，如“感动中国”人物中的大学生典型——徐本禹、洪战辉等不懈奋斗进取的先进事迹鞭策自己、鼓励自己，从他们身上认识“贫困”的真正内涵，形成正确的自我认知，自觉磨砺意志品质，不因贫困问题而自暴自弃、自卑自怜，始终保持奋发进取、积极向上的精神面貌；要通过参加各种优秀学生群体报告会、优秀学生表彰会等活动，用优秀的氛围感染自己，用身边同学的优秀言行激励自己，不断激发自己的进取之心；要有针对性地学习有关的心理健康知识，掌握心理调试的方法和技巧，提高心理素质和抗挫折能力，摆脱自卑等各种不良心理，树立自立自强的优良精神品质。

二、重视能力提升，做到自信自立

大学阶段是十分难得的学习和锻炼提升素质能力的关键阶段。每一名大学生都要充分利用大学时间，在学好专业知识的同时，积极参加各种能力锻炼活动，补足自身短板，为以后更好地走向社会打好基础。家庭经济困难学生更要注意锻炼提升自身的素质和能力，并通过能力的提升，不断增强自信心，做到自强自立。一要提高学习的能力。学习能力是学生的一项基本能力，是我们不断提高自身素质的一项重要能力。作为一名学生首先要明确学习目标，提高理论知识的储备，为将来工作奠定良好的理论基础，这也是精神修养的重要内容。二是人际交往能力。人际交往能力往往对心理自卑造成重要影响。要积极参与团队活动，学习交往方式和技巧，锻炼语言表达能力，提升交往艺术，促进自身的发展。三是工作能力。大学为广大同学提供了十分完善和丰富的能力锻炼平台。有各级学生会、团委、团总支，有各种社团组织。家庭经济困难学生可以针对自身的能力特点，有选择性地加入其中，在服务同学的过程中，不断锻炼提高自身的组织协调能力、活动策划能力、应变反应能力等。四是社会实践能力。参加各种社会实践活动可以让同学们更多地感受社会、拓宽视野、提高认识、磨炼意志，也有利于家庭经济困难学生更好地摆脱心理阴影，培养乐观向上的积极心态。同学们要积极参加学校、学院组织的各种社会实践活动，通过走进基层、走进农村、走进社区，在以自身的专业知识和技能服务社会的同时，充分感受到作为助人者的快乐。五是就业创业能力。家庭经济困难不应该成为就业困难的代名词。同学们在入学之初，就要对自己的职业生涯进行规划，有针对性地培养自身的就业意识和就业能力。可以参加学校组织的各种创业知识学习，发展自身的创业能力。在有条件和机会时，走上自主创业的道路，以自己的努力更好地帮助其他家庭经济困难学生完成学业。

三、注重感恩奉献，积极回报社会

“滴水之恩，涌泉相报”是中华民族的传统美德，也应该成为家庭经济困难学生思想道德品质的重要组成部分。感恩不仅是一种情感，更是人生境界的体现，永怀感恩之心，才能从各方面获得更大的情感回报。当你得到他人的帮助时，得到的不仅是物质，更重要的是关怀和情谊。同学们在接受国家资助政策的关爱时，在接受社会各界爱心人士的无偿关爱时，更要学会感恩，用力所能及的力量去回报这份关怀和情谊。同学们可以通过参加学校组织的“受助学生奉献日”等活动回报社会；也可以通过参加各种爱心活动、志愿者活动、义务家教、义务劳动等形式，向社会表达自己的感恩之情。同时，在日常生活中积极为身边的同学服务，尽自己所能关心帮助同学，以实际行动奉献爱心回报社会，树立贫困学子的良好形象。

经典书目

1. M. 斯科特·派克，《少有人走的路》，吉林文史出版社，2007 年。

2. 李开复，《世界因你不同》，中信出版社，2009 年。

3. 莉丝·默里，《风雨哈佛路》，中信出版社，2011 年。

4. 林语堂，《励志人生》，陕西师范大学出版社，2002 年。

5. 罗永浩，《我的奋斗》，云南人民出版社，2010 年。

6. 海伦·凯勒，《假如给我三天光明》，华文出版社，2003 年。

网络课堂

1. 张彦，《国家助学贷款介绍》，http://v.youku.com/v_show/id_XMTA3MTUwNzQ4.html?f=5398278

2. 杨建义，《贷款助学·资助育人》，http://v.ku6.com/show/hOY3SABeZAk4nV1R.html

第十三章　大学生就业与创业

就业是民生之本。每个大学生都面临着就业或创业问题。因此，了解就业创业的有关知识与技能，对大学生顺利就业、自主创业具有重要意义。

第一节　大学生就业与创业的政策

一、大学生就业形势

当前，高校毕业生的就业总体形势是：大学生就业形势严峻，就业难问题凸显。造成当前大学生就业难的原因是多方面的，主要有以下几点。

一是劳动力总量较大，供求矛盾突出。我国是世界人口第一大国，当前和未来一段时期劳动年龄人口占总人口的比重较高，劳动力总供给和总需求的矛盾突出。据有关部门统计，“十二五”期间，全国城镇每年新增劳动力保持在1100多万人，每年城镇需要就业的人数保持在2400万人以上，而供给约为每年1100多万，年度岗位缺口达1300多万。未来几年，中国16岁以上的人口将以年均550万人左右的规模增长，到2020年劳动年龄人口总规模将达到9.4亿人。在劳动年龄人口持续增长的同时，随着城镇化、工业化进程而出现的大量的农业富余劳动力需要转移，大量下岗人员需要再就业，还有复员退伍军人需要就业等。这些都使得社会总体就业形势比较严峻，大学生就业难问题更加凸显。

二是大学毕业生数量逐年增加，就业竞争激烈。1999年高校扩招以后，我国高等教育逐渐从精英教育跨进了大众化教育阶段，高校毕业生数量逐年增加，在城镇新增就业岗位中的比重越来越高。据教育部统计，2002年全国高校毕业生只有145万人，到了2013年高达699万人，11年间增加了554万人，并且每年未就业的毕业生数量也不断累积递增，解决高校毕业生总量、消化增量的难度在不断增大。此外，新的《劳动合同法》的实施使大部分中小企业在聘用新员工问题上更加慎重，吸纳毕业生就业的容量也受到影响。大学生毕业生供给在迅速增加，而需求又相对不足，导致大学生就业竞争十分激烈。

三是大学生就业结构性矛盾突出，“无业可就”和“有业不就”现象并存。就业结构性矛盾是指大量毕业生过分集中在经济发达地区和城市，集中在数量和增量有限的就业岗位，而中西部地区、广大基层、农村却面临着人才匮乏又难以吸引毕业生的状况，导致“无业可就”和“有业不就”现象并存。出现这种现象的原因主要有三个方面：首先是一些毕业生的就业观念未能完全适应就业形势的变化，到基层、农村就业的意愿不强，宁可待业也要留城市，不愿意到基层、农村就业。其次是受到地方经济发展水平的制约，欠发达地区和基层缺乏编制和资金，人才成长的环境还不够完善，很大程度上制约了毕业生到基层就业。再次是人才的合理有序流动仍受到客观因素的制约。如，一些地方政府为了保护本地生源，对外地生源的毕业生就业进行了限制等。

四是高校的人才培养与社会需求相脱节，造成部分大学生无法满足用人单位的要求。一些高校的专业、课程设置与社会的需要脱节，毕业生的能力素质与用人单位的要求存在较大差距，毕业生到岗后需重新培训，导致用人单位宁愿花更多的钱到同行业中挖人而不愿意招聘毕业生；一部分长线专业的毕业生“就业难”，而一些新兴产业、技术岗位又招不到合适的毕业生。这些都加大了毕业生就业的难度。

二、大学生就业制度

新中国成立之后，不同时期的毕业生就业制度都有所不同，大致经历了三个主要阶段，即：计划经济体制阶段、商品经济体制阶段和市场经济体制阶段。

（一）计划经济体制下的“统包统分”阶段

在计划经济条件下，大学生就业实行“统包统分”“包当干部”的就业制度，即高等学校由国家统一招生，学生培养费全部由国家承担，学生毕业后全部按国家的指令性计划分配到全民所有制单位工作。新中国成立初期，百废待兴，百业待举，各行各业人才都很缺乏，高校毕业生被视为一种稀缺资源。

1950年，国家根据政治形势和经济建设的需要，提出了“统一计划、兼筹并顾”“集中、重点配备”的方针，以及“在适应国家建设需要的基础上贯彻学用一致的原则”，实行与计划经济相适应的“统包统分”制度。这一阶段，大学生的分配先由计划部门统一下达分配计划，再由教育部门和人事部门制订同意调配计划，然后由用人单位的各大系统统一指定分配方案，最后由学校统一制订派遣计划。

（二）商品经济条件下的从“供需见面”到“双向选择”的过渡阶段

“供需见面”是在国家就业方针的指导下，在毕业生就业主管部门的组织和协调下，高校和用人单位为协商落实毕业生就业计划而进行的供需信息交流活动。“双向选择”是高校毕业生和用人单位相互选择的就业方式。通过双向选择，毕业生向用人单位了解使用意图、工作环境和事业发展的前景等；用人单位则根据自己的选任标准对毕业生的知识、能力、身体、思想品德等进行考察，决定是否录用。

1985年，我国颁布了《中共中央关于教育体制改革的决定》，实行“在国家计划指导下，由本人选报志愿、学校推荐、用人单位择优录用”的分配制度。此后，国家采取主管部门和高校上下结合的编制分配计划办法，实行“供需见面”，并在一些高校中进行“双向选择”试点工作。1989年3月，国务院批转了原国家教委提出的《高等学校毕业生分配制度改革方案》（即“中期改革方案”），明确提出在过渡阶段实行以学校为主导向社会推荐就业，毕业生和用人单位在一定范围内双向选择的办法。1993年2月，中共中央国务院又颁布《中国教育改革和发展纲要》，再次明确毕业生就业制度改革的目标是：改革高等学校毕业生“统包统分”和“包当干部”的就业制度，实行少数毕业生由国家安排就业，大部分实行在国家方针政策指导下，通过人才市场，采取“自主选择”的就业办法。1995年，原国家教委出台了《关于1995年进行普通高等学校招生和毕业生就业制度改革的意见》，要求中央部门所属普通高校“并轨”后所招学生毕业时，原则上在本系统、本行业范围内自主择业，在条件成熟后逐步过渡到大多数毕业生自主择业，并在2000年基本实现大学生就业制度改革。

（三）市场经济体制下的“双向选择，自主择业”阶段

2000年，教育部将高校毕业生就业的“派遣证”改为“报到证”，这标志着大学毕业生就业基本确立了“双向选择，自主择业”的模式。2002年3月，经国务院批准，国务院办公厅转发了由教育部、公安部、人事部、劳动和社会保障部联合下发的《关于进一步深化普通高等学校毕业生就业制度改革有关问题的意见》，文件指出："高校毕业生就业工作要以'三个代表'重要思想为指导，紧紧围绕促进国家经济发展和社会稳定的大局，采取积极有效的措施，进一步转变大中专毕业生的就业观念，建立市场导向、政府调控、学校推荐、学生与用人单位双向选择的就业机制，努力实现高校毕业生的充分就业。"

这一制度的实施，取得了良好的成效。首先，推动大学生就业进入用人单位与毕业生双向自主选择的市场化阶段，大学生的就业自主性得到了充分发挥，很多大学生能自主择业、自谋职业甚至自主创业。其次，用人单位也具备了主动权，可以根据单位岗位要求，招聘与之相符的毕业生，减少人才资源的浪费，优化了人才资源的配置。第三，与"市场为导向，双向选择、自主择业"的就业制度相适应的是学校教育系统的内部制度改革，包括专业教学计划的改革、教学管理改革、课程建设改革等，大大增强了高等学校的办学活力。第四，国家坚持以市场为导向，相继出台了一系列引导毕业生面向基层和西部地区就业、灵活就业、自主创业的政策文件。在国家宏观调控和相关政策的引导下，面向基层、西部地区就业以及自主创业的毕业生人数和比例不断增长。

三、大学生就业与创业政策

（一）大学生就业政策

大学生就业政策是指国家在一定的历史条件和历史阶段下，为解决大学生就业与社会需求间的矛盾，正确引导大学生就业，从而为大学生创造良好就业环境、增加就业机会，维护大学生和用人单位的合法权益所制定的指导方针和行为准则等。大学生就业政策是国家就业政策的重要组成部分，受到国家政治、经济等因素的制约，它包括国家基本方针政策、具体政策和各省、自治区以及各地据国家方针政策和本地实际情况制定的地方性政策规定。

我国现行的大学毕业生就业工作的方针、政策是：贯彻统筹安排，合理使用，加强重点，兼顾一般和面向基层，充实生产、科研、教育第一线的方针，坚持"公开、公正、择优、自愿"的原则，实行"市场导向、政府调控、学校推荐、学生与用人单位双向选择"的就业模式。国家采取措施鼓励和引导毕业生到西部基层地区、中小企业、非公有企业以及国家急需人才的地方去就业，鼓励和扶持大学生自主创业，鼓励骨干企业和科研项目单位吸纳和稳定高校毕业生就业，鼓励高校毕业生应征入伍服义务兵役。

具体的毕业生就业政策主要有以下几项。

本专科毕业生就业政策。本专科毕业生在国家就业方针政策指导下，通过“供需见面，双向选择”在一定范围内自主择业；已落实工作单位的毕业生国家负责为其办理就业手续；在规定时间内未落实工作单位的毕业生，学校将档案、户口转回其家庭所在地，由当地毕业生就业指导服务机构帮助推荐就业。

定向生的就业政策。如确因特殊情况不能回原定向单位就业的毕业生，须征得原单位的同意，报就业主管部门批准，并交纳相应的违约金和培养费后，可调整就业单位。

享受国家专业奖学金及享受艰苦行业、地区或特殊岗位定向奖学金的毕业生就业政策。享受师范、农林、民族、体育、航海等国家专业奖学金及享受艰苦行业、地区或特殊岗位定向奖学金的毕业生原则上按国家计划就业；对不服从就业计划跨系统就业或自谋职业的，需补缴在校学习期间普通专业的学费并返还定向奖学金、专业奖学金。

结业生的就业政策。结业生就业必须在“就业报到证”上注明“结业生”字样；在规定时间内未联系单位的，由学校将其档案、户籍关系转至家庭所在地，自谋职业。

患病毕业生的就业政策。学校应在毕业生毕业前认真负责地对毕业生进行健康检查，不能坚持正常工作的，让其回家休养。一年内治愈的（须经学校指定县级以上医院证明能坚持正常工作的）可以随下一届毕业生就业；一年以后仍未痊愈或无用人单位接收的，户籍关系和档案材料转至家庭所在地，由其自谋职业。

来自边远省区毕业生的就业政策。来自边远省区的本专科毕业生，只要是边远省区急需的，原则上应回生源省区就业。

毕业生自费出国留学的政策。毕业生可以申请自费出国留学，申请自费出国留学的毕业生不参加就业，凭国（境）外大学的录取通知书，在学校规定的期限内提出申请，经学校教务处和毕业生就业管理部门审核同意后，不列入就业计划。毕业生集中离校时未办妥手续的，原则上将其户口转至家庭所在地，继续办理出国手续。

考取当年研究生的毕业生就业政策。按国家计划从应届毕业生中招收录取的研究生，原则上不再办理就业手续。因特殊情况需要工作的，须征得录取院校（单位）同意，然后向学校提出申请，经学校研究并报省级毕业生就业主管部门同意后，方可办理有关手续。

鼓励毕业生到基层就业的政策。2005 年 5 月，中共中央办公厅、国务院办公厅印发了《关于引导和鼓励高校毕业生面向基层就业的意见》，对引导和鼓励高校毕业生面向基层就业，提出了一系列优惠政策和操作性很强的措施。近年来，国家不断出台一些新政策新措施，鼓励和扶持高校毕业生面向基层就业，形成了比较完善的政策支持体系。

（二）大学生创业政策

为支持大学生创业，国家和各级政府出台了许多优惠政策，涉及融资、开业、税收、创业培训、创业指导等诸多方面。对有创业意向的大学生来说，要积极了解、利用这些政策，帮助自己走向成功。

2009 年 1 月，《国务院办公厅关于加强普通高等学校毕业生就业工作的通知》指出，对高校毕业生从事个体经营符合条件的，免收行政事业性收费。在当地公共就业服务机构登记失业的自主创业高校毕业生，自筹资金不足的，可申请不超过 5 万元的小额担保贷款；对合伙经营和组织起来就业的，可按规定适当扩大贷款规模；从事当地政府规定微利项目的，可按规定享受贴息扶持。有创业意愿的高校毕业生参加创业培训的，按规定给予职业培训补贴。

2010 年 4 月，人力资源和社会保障部、教育部等《关于实施“2010 高校毕业生就业推进行动”大力促进高校毕业生就业的通知》指出，对高校毕业生初创企业，可按照行业特点，合理设置资金、人员等准入条件，并允许注册资金分期到位。允许高校毕业生按照法律法规规定的条件、程序和合同约定将家庭住所、租借房、临时商业用房等作为创业经营场所。

2010 年 10 月，财政部、国家税务总局《关于支持和促进就业有关税收政策的通知》指出，对持“就业失业登记证”（注明“自主创业税收政策”或附着“高校毕业生自主创业证”）人员从事个体经营的，在 3 年内按每户每年 8000 元为限额依次扣减其当年实际应缴纳的营业税、城市维护建设税、教育费附加和个人所得税。

2011 年 7 月，《福建省人民政府办公厅关于进一步扶持高校毕业生自主创业的意见》指出，省政府每年增加安排500万元，用于高校毕业生创业启动扶持，省里每年重点扶持一批高校毕业生创业项目。高校毕业生申请创业项目启动资金的，根据项目的科技含量、项目规模、经济与社会效益、市场前景等，经评审每项可在10万元以内给予启动资金扶持。

2013年4月，《福建省人民政府关于做好2013年普通高校毕业生就业工作的通知》指出，继续实施万名大学生创业培训计划，按每人800元标准给予专项补助，所需经费从省就业专项资金中安排。继续遴选一批高校毕业生创业项目，给予3万—10万元的资金扶持。持续举办海峡两岸大学生创业项目对接洽谈会，加强创业服务专家队伍建设，建立完善高校毕业生创业项目库。

第二节　大学生择业

一、大学生职业生涯规划

（一）职业生涯规划

职业生涯规划指的是一个人对其一生中所承担职务的相继历程的预期和计划，这个计划包括一个人的学习与成长目标，及对一项职业和组织的生产性贡献和成就期望。个体的职业生涯规划并不是一个单纯的概念，它和个体所处的家庭以及社会存在密切的关系。根据实际条件职业规划有一定的不确定性，实行过程中需要适当变通。

职业生涯规划的意思就是：你打算选择什么样的行业，什么样的职业，什么样的组织？想达到什么样的成就？想过一种什么样的生活？如何通过你的学习与工作达到你的目标？

（二）职业生涯规划的简单步骤

职业生涯规划的方法很多，步骤大体可用六个“WHAT”来概括。

What kind of person are you? 首先问自己，你是什么样的人？这是自我分析、认知的过程。分析的内容包括个人的兴趣爱好、性格倾向、身体状况、教育背景、专长、过往经历和思维能力。

What do you want? 你想要什么？这是目标展望过程。包括职业目标、收入目标、学习目标、名望期望和成就感。特别要注意的是学习目标，只有不断确立学习目标，才能不被激烈的竞争淘汰，不断超越自我。

What can you do? 你能做什么？自己专业技能何在？最好能学以致用，发挥自己的专长，在学习过程中积累自己的专业相关知识技能。

What can support you? 什么是你的职业支撑点？你具有哪些职业竞争能力？个人、家庭、学校、社会的种种关系，都可能会影响你的职业选择。

What fit you most? 什么是最适合你的？不一定要选所谓的热门行业。行业、职位、待遇、名望、成就感和工作压力及劳累程度都不一样，要看个人的选择。选择最好的并不是合适的，选择合适的才是最好的。

What can you choose in the end? 最后，你能够选择什么？通过前面的过程，你就能够做出一个简单的职业生涯规划了。机会偏爱有准备的人，你做好了你的职业生涯规划，为未来的职业做出了准备，当然比没有做准备的人机会更多。

（三）职业生涯规划的基本原则

制订职业生涯规划应体现以下几条原则。

一是择己所爱。从事一项自己所喜欢的工作，工作本身就能给你一种满足感，你的职业生涯也会从此变得妙趣横生。兴趣是最好的老师，是成功之母。调查表明：兴趣与成功机率有着明显的正相关性。在设计自己的职业生涯时，务必注意：考虑自己的特点，珍惜自己的兴趣，择己所爱，选择自己所喜欢的职业。

二是择己所长。任何职业都要求从业者掌握一定的技能，具备一定的能力条件。一个人一生中不能将所有技能都全部掌握，所以必须在进行职业选择时择己所长，从而有利于发挥自己的优势。运用比较优势原理充分分析别人与自己，尽量选择冲突较少的优势行业。

三是择世所需。社会的需求不断演变，旧的需求不断消失，新的需求不断产生，新的职业也不断产生。所以在设计自己的职业生涯时，一定要分析社会需求，择世所需。最重要的是，目光要长远，能够准确预测未来行业或者职业发展方向，再做出选择。不仅是有社会需求，并且这个需求要长久。

四是择己所利。职业是个人谋生的手段，其目的在于追求个人幸福。所以在择业时要考虑自己的预期收益。在由收入、社会地位、成就感和工作付出等变量组成的函数中找出一个最大值。

通过以上的简单步骤和原则，个人就可以设计职业生涯规划。根据不同的情况，个人可以制订一个整体生涯规划，作为一个纲领性长期规划；或者制订一个 3—5 年的生涯规划，作为一种发展的中期规划；或者制订一个一年甚至一个学期、一个月的规划，作为一个可操作性强、变化较小的短期规划。有了规划，生活就有了目标，不会迷失前进的方向。尤其要注意的是，职业生涯规划是同个人、家庭和社会生活结合在一起的。所以制订职业生涯规划，要和个人人生目标结合起来，要把职业生涯和家庭、社会生活结合起来。

（四）大学各年级生涯规划的目标及实施

1. 大学一年级：探索期

阶段目标：适应大学生活，树立规划意识。

实施策略：完成从中学生到大学生的角色转变，尽快适应大学生活。虚心请教师兄师姐，积极参加集体活动，建立新的人际关系圈。了解学校各项规章制度和管理规定，打好学习基础。开始自我和职业的探索，树立职业规划意识。了解就业形势，树立新的奋斗目标。通过职业测评等工具全面客观地探索自己，思考有哪些职业与自己所读的课程、专业相吻合，通过与老师交流、上网、访谈等渠道进一步了解这些职业。

2. 大学二年级：定向期

阶段目标：确定主攻方向，培养综合素质。

实施策略：虚心请教师长和校友，根据自己的发展意愿选定专业或主攻方向，有必要、有条件的话同时辅修第二专业或其他课程。建立合理的知识结构，注重专业能力培养。积极参加学生会或社团工作，培养自己的组织协调能力和团队合作精神，提升自己的综合素质。尝试兼职、实习等，积累一定的职业经验。

3. 大学三年级：提升期

阶段目标：提升职业技能，积累职业经验。

实施策略：加强专业知识学习的同时，考取与职业目标相关的职业资格证书。增强兼职、实习的职业针对性，积累对应聘有利的职业实践经验。扩大校内外交际圈，加强与校友、职场人士的交往，提前参加校园招聘会，与用人单位招聘人员进行交流。学习求职技巧，学会制作简历、求职信，了解面试技巧和职场礼仪。如果决定考研，要做好复习准备；如果希望出国，要注意留学资讯和动向，准备托福、雅思考试等。在大三后期要查漏补缺，检查当下与毕业后目标的差距，及时采取纠偏措施，为大四目标的顺利完成打下坚实的基础。

4. 大学四年级：冲刺期

阶段目标：充分掌握资讯，实现毕业目标。

实施策略：关注学校毕业生就业指导中心网站和其他招聘信息渠道，登陆招聘单位网站或通过咨询、访谈等方式了解相关职业信息，积极参加各种用人单位专场招聘会。选择实用性高的毕业设计题目，证明自己的应用研究能力。学会就业心理调节，始终保持自信和主动。了解劳动法规和政策，学会保障自己的劳动权益。

二、大学生择业的原则

随着就业制度的改革，大学毕业生的就业方式越来越多样化，逐步由被动就业转为主动就业。在如何选择未来职业的问题上，大学生有了更多的自主权。大学生要了解有关择业的社会因素，把握择业的基本原则，正确进行择业决策。

一是服从国家和社会需要的原则。大学生是祖国的未来，担负着建设祖国的重任。因此，大学生在择业时应始终坚持把国家和社会需要作为出发点和归宿的原则，以社会对个人的要求为准绳，去认识和解决择业问题，进而决定自己的职业。尤其是在个人利益与国家利益、集体利益发生矛盾时，应自觉地服从社会需要，到祖国最需要的地方去建功立业。

二是发挥素质优势的原则。大学毕业生选择职业时要真正做到扬长避短，充分认识和发挥自己的素质优势，基于自己的特长或某一优势来考虑职业选择，为今后顺利、出色地完成本职工作奠定基础。这也充分体现了人尽其才、才尽其用的原则，体现了自己对人生、对事业负责的态度以及对社会高度负责的精神。

三是有利于成才的原则。成才是每个大学生内在的渴望。但事实上，在目前的社会条件下，很少有十全十美的职业。面对各种职业，大学生要树立正确的成才观。作为新时代的大学毕业生，要从是否符合社会的需要，是否有利于自己才智的发挥，是否有利于个人职业生涯发展等方面合理地进行择业，切不可因一味求全、急功近利、好高骛远而错失良机。

四是先就业、后择业的原则。面对严峻的就业形势，大学生积极参与竞争，努力做到及时就业。首先要调整好择业心态，合理确立就业期望值，注意克服脱离现实、攀比、盲目选择等心理情绪的干扰，避免由于受自身择业观念影响而导致“有岗上不了、有职任不了、有业就不了”。其次要正确认识就业的动态性，转变“一步到位”、“从一而终”的择业观，避免盲目地东挑西选或过于精挑细选而错失及时就业的机会。再次是要采取勇于竞争、不怕挫折的态度，积极主动地探寻就业机会，避免在消极等待中延误择业时间。

五是着眼长远的原则。大学生在初次选择职业时要立足现实、瞄准长远，用发展的眼光找准自己的用武之地，牢牢把握职业选择的主动权。应该看到，同样是做基础性的工作，但由于大学生自身素质高，能够迅速掌握行业规律，发现商机，提高技术、管理、服务水平，在工作的效果上与没受过高等教育的人是不一样的。例如，大学生擦皮鞋擦出了连锁店，养猪养出了几百万的效益，养鸡养出了亿元户，志愿者当上了村委会主任……现实中，有越来越多的大学生选择从看似不起眼的工作起步，脚踏实地奋斗，为将来实现自己的人生价值打下坚实的基础。

三、大学生择业技巧

（一）求职途径

大学生要了解主要的求职途径，根据自己所在的地域、所学专业、求职行业及自身条件选择最有把握和最有机会的求职途径和方法，最大限度地降低求职成本，缩短“徘徊”周期，提高求职成功率。

1. 校内求职途径

（1）大型校园供需见面会

很多高校一般每年至少会举办一场大型校园供需见面会，广泛邀请各类用人单位参加。此类招聘会规模较大、招聘单位众多、行业范围广泛，大学生可通过参加这类招聘会了解就业行情，接触和熟悉社会，即使不能顺利签约也能够丰富自己的求职经验。

（2）行业性或小型招聘会

很多高校每年会邀请一些行业协会部门或具有合作关系的用人单位，集中开展与学生面对面的招聘活动。这种招聘会主要针对本校的毕业生，所招的职位要求与本校的专业方向相符或相近。

（3）校园专场招聘会

每年会有很多企业到高校开展校园专场招聘活动。学生参加校园招聘会的求职成功率往往比参加社会招聘会的成功率高。因为用人单位是基于对学校及学生的认可而进行招聘的，也避免了院校之间、学生和有工作经验的求职者之间的竞争。校园招聘会的优点是针对性强，安全可靠，降低了大学生的求职成本。

（4）学校推荐就业

学校的就业推荐是大学生求职的一个重要而有效的途径，即通过学校毕业生就业指导中心推荐，获得就业渠道并取得就业成功的方式。

2．社会求职途径

大学生还可利用自己的社会关系网络搜集就业信息，并进行求职选择。许多用人单位也愿意录用经人介绍或推荐而来的求职者。社会求职途径主要有以下几种方式。即：亲朋好友介绍；电话求职；直接登门自荐；中介机构代理；报纸广告求职；网络求职等。

（二）求职简历

求职简历应该浓缩个人大学生活的精华部分，要写得简洁精练，切忌拖泥带水。一份好的简历能够让用人单位全面了解自己，从而为自己创造面试的机会，最终达到求职成功的目的。

1．求职简历的基本内容

（1）个人资料：姓名、性别、联系方式、出生年月、籍贯、政治面貌、身体状况等。

（2）求职意向：要针对自己应聘的公司和职位，尽可能写具体些。

（3）学业情况：毕业学校、专业、毕业时间、学位类别、相关专业课程、外语及计算机掌握程度等。

（4）本人经历：大学学习情况和担任学生干部、参加社会工作的经历。

（5）荣誉和成绩：获得的奖学金、优秀学生干部、三好学生等荣誉。

（6）其他信息：主要包括个人爱好、自我评价等相关补充信息。

2．求职简历的注意事项

简历不一定非要追求与众不同，但要努力做到真实、全面、简练、重点突出、语言准确、版面美观、评价客观。

（三）面试技巧

面试是用人单位安排的对求职者的当面考核，在很大程度上决定求职者能否被录用，是整个应聘过程中的重要环节。

1. 面试的形式

面试的形式大体有：问题式面试、自由式面试、压力式面试、情景式面试、综合式面试等。

2. 面试的种类

面试的种类大体有：集体面试、个体面试、随机面试等。

3. 面试前的准备

面试前应做好以下准备：

一是备齐各种物件。主要是指笔、笔记本、公文包、简历、各种证书、照片、身份证、报纸或杂志、地图等。

二是心态调试。适当放松，充分休息，保持适度紧张的心理状态，以积极健康的心态，饱满的精神状态去面试。

三是模拟面试训练。充分演练沟通、聆听、举止、表达、礼仪等，突破缺乏面试经验的难点。演练常见的面试问题，充分准备有可能出现的问题，做到梳理思路、心中有底。

四是确认面试安排。核实面试时间、地点、形式、轮次、目的、应聘职位等。如有可能，可以模拟路线，熟悉面试现场，以确保面试安排准确无误。

五是进一步搜集信息。深入了解行业信息、用人单位具体情况、面试官情况和应聘职位等。

六是着装仪表。面试时给考官的第一印象最为重要，很可能就决定了面试的结果。第一印象大多从观察人的外在形象中获得。恰当的着装能够弥补自身条件的某些不足，树立起自己的独特气质，使你脱颖而出。大体来说，着装应与招聘单位的性质、文化相吻合，与应聘职位相匹配，尽力做到整洁、庄重、正规。

4. 面试技巧

(1) 面试的基本礼仪

面试基本礼仪要把握以下几点。

①提前到达面试地点。

②进入面试场合时不要紧张。

③逐一回答问题。

④举止文雅大方。

(2) 面试回答问题的技巧

面试回答问题是必不可少的环节，也是毕业生最发怵的环节，许多同学把考官提出的问题想得过于难，在做准备时重“难”轻“易”，把精力放在高难度的理论和技术知识上，而忽视了基础性的东西和一般的答题规律，甚至出现匪夷所思的低级错误。在面试过程中一般要把握好以下几点：

①把握重点，条理清楚。

②讲清原委，避免抽象。

③确认提问内容，切忌答非所问。

④突出个人特色，展示个人风采。

⑤如实回答。知之为知之，不知为不知。

(3) 面试语言运用的技巧

面试场上你的语言表达艺术标志着你的成熟程度和综合素养。对求职应试者来说，掌握语言表达的技巧无疑是重要的。那么，面试中怎样恰当地运用谈话的技巧呢?

①口齿清晰，语言流利。

②语气平和，语调恰当。

③语言要含蓄、机智、幽默。

④注意听者的反应。比如，听者心不在焉，可能表示他对自己这段话没有兴趣，你得设法转移话题；侧耳倾听，可能说明由于自己音量过小使对方难于听清；皱眉、摆头可能表示自己言语有不当之处。根据对方的这些反应，就要适时地调整自己的语言、语调、语气、音量、修辞，包括陈述内容等。

第三节　大学生创业

在高等学校开展创新创业教育，积极鼓励和扶持大学生自主创业，是服务于创新型国家建设的重大战略举措；是深化高校教育教学改革，培养学生创新精神和实践能力的重要途径；是落实以创业带动就业，促进高校毕业生充分就业的重要措施。

一、大学生创业的内涵与意义

（一）大学生创业的内涵

创业是创业者通过发现和识别商业机会，成立活动组织，利用各种资源，提供产品和服务，从而创造价值的过程。创业有广义和狭义之分。广义的创业是指创业者的各种创业实践活动，其功能指向是成就国家、集体和群体的大业。狭义的创业是指创业者的生产经营活动，主要是开创个体和家庭的小业。创业要素包括创业者、商业机会、技术、资金、人力资本、组织、产品服务等几个方面。

大学生创业是指以大学生个人或大学生团体为创业主体的创业活动。一般而言，大学生创业主体包括在校大学生和毕业生。大学生的创业包括生产型创业、管理型创业、市场型创业、科技型创业、金融型创业等。大学生作为创业者必须具有创新能力、策划能力、组织能力、领导能力、管理能力、公关能力等。

（二）大学生创业的意义

当代大学生自主创业是社会发展的内在要求，也是改善就业结构和缓解就业压力的重要途径。作为充满活力和生机的一个群体，大学生充满着创业的激情与梦想。目前自主创业已成为大学生就业过程中的一种新的选择，许多大学生毕业后就走上了自主创业之路。大学生自主创业具有以下几个方面的意义。

一是大学生自主创业把个人的兴趣与梦想紧密结合，有利于实现个人梦想。大学生自主创业可以做适合自己性格、适合自己兴趣的事情，并寻找出一条成功的道路，实现自己的梦想。

二是大学生自主创业有利于培养大学生自立自强意识、风险意识、创新与拼搏精神以及艰苦奋斗的作风。大学生在创业过程中遇到困难、挫折和失败是在所难免的，这就要求自主创业的大学生具有顽强的意志和良好的品格，勇于创新，敢于担当，独立自强，艰苦拼搏。

三是大学生自主创业有利于缓解社会就业压力。当前社会就业供求总量矛盾十分突出，据预测，今后在相当长时期内，大学生都将面临着严峻的就业形势。大学生自主创业不仅可以解决大学生毕业后自身就业问题，而且还为社会创造了新的就业岗位，给他人带来新的就业机会，缓解社会就业压力。正因为如此，各国政府在通过公共政策促进就业的同时，把鼓励大学生自主创业也作为一个促进就业的基本政策取向。

四是大学生自主创业有助于为国家培养造就一批年轻的企业管理人才。大学生创业的艰苦过程，不仅磨炼了创业者的意志品质，还培养了创业者的市场观念，训练了他们的决策管理能力，锻炼和提高了他们的综合素质，有助于为国家造就一批年轻的企业管理人才。

五是大学生自主创业有利于营造高校创业氛围。大学生自主创业会提高校园文化的感召力和影响力，通过打造创业文化品牌、举办创业成功者交流会和创业竞赛等途径，为学生树立良好的学习榜样，提升学生的学习积极性，激发学生的创业热情，增强学生自主创业成功的信心，营造良好的创业氛围。

从宏观角度看，大学生自主创业还有利于：促进高校人才培养模式的变革，有利于激发青年大学生的创新创业热情，有利于促进科技成果的转化，有利于促进经济和社会的发展，有利于建设创新型国家。

二、大学生创业的准备与创业的基本步骤

（一）大学生创业的准备

创业准备是创业者进入实践前所经历的物质力量和精神力量的聚集过程。它为日后的创业实践奠定物质和思想基础，也是创业前的“模拟”演练。创业准备充分与否，对创业者事业的成败起到决定性的作用。大学生创业前必须做好充分的准备。

一是创业观念的准备。创业观念是指人们在创业方面的思想意识，也就是指人们对创业的意义、目的和行为的看法。大学生在创业前要树立几个观念：自主创业不仅是解决自身就业问题的需要，更重要的是发挥自身潜力，实现人生梦想，建设创新型国家的需要；自主创业的根本是谋求对社会的意义，而不仅仅是为了赚钱解决自身生活问题；创业也是服务社会、服务人民，要以你的产品、服务造福于民，让人民满意、社会满意，在创业中实现自己的社会价值。

二是创业知识技能的准备。大学生创业必须做好有关知识技能的准备，缺

乏创业的基本知识技能，创业是难以取得成功的。在创业前，大学生除要认真学习与创业有关的专业知识外，还要学习经济管理知识、金融知识、商业知识、税收知识、法律知识等，掌握创业的基本技能。具体而言，准备创业的大学生，要熟悉创业申办与创业发展的基本流程、政府有关管理部门的业务职能与服务；要学会使用一些金融工具，学一些财务知识，了解企业融资的渠道和融资手续的办理程序、条件准备、融资策略与方法，学会看懂财务报表；要了解一些与企业相关的法律知识及政府出台的相关政策，树立用法律武器保护自己的意识；要了解企业文化的相关知识，懂得如何加强企业文化建设；等等。

三是创业的心理准备。自主创业并非每个大学生都适合，而且并非每一个创业者都能取得成功。特别对技术、资金、管理经验等都比较缺乏的大学生来说，在创业的过程中会遇到数不清的困难与挫折，时时都有失败的风险。因此，大学生在创业前要做好充分的心理准备，既要有吃苦耐劳，面对失败的心理准备，更要有不畏艰险、百折不挠的心理准备。大学生只有做好充分准备，才能在遇到困难与挫折时沉着应对，战胜困难，到达成功的彼岸。

四是创业资金的准备。大学生创业需要启动资金。创业资金除自有资金外，可通过各种渠道筹措，如银行贷款、父母亲戚朋友集资及与别人合伙等。大学生创业时特别要注意资金的使用风险，在项目投入之前一定要做好市场的调研和项目的论证工作，切忌盲目跟风投资。同时也要注意，不要一次性把所有的资金都投入到一个项目中去，还要根据运营情况考虑是否增加投入。

（二）创业的基本步骤

创业的基本步骤大体包括以下几个。

第一步，做咨询。想要创业成功，事前准备的功夫不可少。创业之初，应该先求教于学校专业的创业咨询机构或老师、创业成功的学长，以及行业协会和政府的咨询机构。当然，也可花些费用向社会上的创业企管顾问师咨询。

第二步，撰写创业企划书。企划书的撰写，对整个创业过程而言，不仅是必要的而且非常重要。一般来说，创业企划书的内容包括行业分析、同业竞争状况、商品介绍、设点商圈分析、投资金额分析、人力规划、每月费用分析、获利状况预估、展店计划、中长期发展目标等。其中每一个项目还都必须有细目分析。企划书撰写得愈详细清楚，就愈容易发现将来创业的问题，利于及早修正并降低失败的风险。

第三步，选准行业和方向。要根据自己可能筹集得到的创业资金来初步筛选可以投入的行业，然后再依据行业的发展前景，自己的兴趣、专长、相关的工作资历，行业竞争性等因素，加以评估考量，看自己适合从事哪种行业，以及从事哪种行业最具有竞争优势。同时也要做好创业风险的分析。

第四步，学习经营技术。选定行业之后，就要通过各种渠道学习经营技术。学习途径多种多样，可以到学校的创业实践基地实习，也可参加各种培训班学习。总之，在自己创业之前，要尽可能学习所从事行业的经营技术，并具有一定的实践经验，这样也可以考验一下自己究竟适不适合经营这个行业。

第五步，筹措创业资金。大学生创业除了向父母和亲朋好友集资外，可重点考虑向银行贷款。国家为鼓励大学生创业，对大学生自主创业实行贷款优惠政策，大学生要善于利用这些优惠政策。

第六步，选择经商场地。经商场地可在校内，也可在校外。当然，为了学习与创业两不误，经商场地选在校内或校园周边地区较适宜。当然，毕业后经商场地可根据实际情况再定。

第七步，申请营业证照。证照的申请分为两种：一种是申请公司执照，由工商局核发；另一种是资本较小的，只需办理营利事业登记，由当地县（市）工商部门核发。除了营利事业的申请办理外，如果想要自己店家所挂的招牌为自己所专用，还须向工商局申请服务标章注册。

第八步，准备生产器具及设备。一家店需要准备的器具与设备很多，从大的设备如计算机、冷冻柜、冷藏柜、收款机，到音响、刷卡机、家具，乃至圆珠笔、名片、店章等小的东西，都要根据需要认真选购。

三、适合大学生创业的项目介绍

适合大学生创业的项目很多，下面重点介绍几个项目，供同学们参考。

（一）汽车美容行业

汽车行业是国家十大产业调整和振兴规划行业，是国民经济的重要支柱，是工业产值和国家税收的主要来源。中国已成为一个汽车大国，2012 年汽车销量突破 1900 万辆，汽车保有量达 1.04 亿辆，汽车美容装饰观念日益普及，汽车美容业正显露出巨大的市场空间。有专家认为，汽车美容行业将成为 21 世纪最有潜力的黄金行业之一。汽车“后市场”经济的崛起让淘金者看到了巨大商机。其涵盖汽车维修、保养、装修、美容、清洗、防盗、安全等多个领域。据调查，目前我国60%以上的高档私家车主有汽车美容需求，70%的私家车主愿意安装防盗报警设备。60%以上的私家车主经常给汽车做养护，30%以上的公务车定期进行养护。汽车市场利润80%来自汽车后期的维护、保养。我国汽车美容行业起步较晚，国内汽车美容企业不到1万家。目前汽车美容企业中，私营小规模形式占80%，低层次竞争激烈，从业人员初中、中专学历居多，技术参差不齐，而大型连锁类汽车美容企业仅占20%左右的份额。

大学生要想在本领域创业，就要了解市场，精心挑选店面。店面可以采用超市模式，突出人性化，多渠道分流扩容，改变单一的传统代理渠道，追求个性环保，对不同的客户量身定制，建立新的汽车服务模式，为车主提供更人性化、更便捷的服务。

（二）互联网行业

互联网是一个汇集了人类各种需求和机会的平台，主要是因为互联网的门槛较低，网络覆盖可以从低龄群体一直到中高龄群体。目前，全国有超过3000万人网上购物，而且商务类网络应用表现突出，网上支付、网上购物和网上银行半年用户增长率均在30%左右，网民的互联网应用表现出商务化程度高、娱乐化倾向继续保持、沟通和信息工具价值加大的特点。全球经济衰退的时候，我国互联网行业逆势增长。2012年，互联网收入2200亿元，同比增长32%；企业个数5.1万户，同比增长9.6%；全年实现收入3.7万亿元，同比增长23%，高出全国规模以上工业收入12个百分点。互联网创业将推动中国人口红利第二次高潮。

网络创业分为技术创业、项目创业和营销创业。大学生创业不可能有过多的技术投资，创业初期应注重精细化，要有精确的市场定位、精细的结构、最集中的力量和主打产品。除传统电子商务业务外，可考虑虚拟产品。

（三）室内装饰设计行业

快速发展的城镇化，正在成为中国经济增长和社会发展的强大引擎，中国经济演变成房地产行业在内的多元经济增长模式，建筑装饰行业伴随着房地产崛起快速成长。2012年，房地产住宅施工面积428964万平方米，增长10.6%。建筑装饰业是建筑业的支柱性产业，占约10%份额。2011年，全国建筑装饰行业完成工程总产值突破2万亿元，实现了12%左右的增长，装饰类企业达15万家左右。我国基础设施建设、建材下乡以及城市化进程加快，将促使建筑装饰产业迎来新一轮更高速的增长。室内设计被媒体誉为“金色灰领职业”之一。在这个行业，我国人才的培养起步晚，现有室内设计专业人员20多万人，人才缺口达70万人，而且持有职业资格证书的不足5%，广阔的需求空间和现实状况形成鲜明对照。

室内装饰设计行业前景广阔，机制灵活，起点较低，适合创业。创业者须注意：第一，可采取SOHO方式办公，节约开支，与行业相关的施工服务人员建立稳定的合作关系。第二，可选择自主经销或者代理几个具有市场竞争力的装饰材料类别，用设计理念带动产品销售。第三，及时了解最新行业信息，掌握新理念、新技术。第四，关注创意装饰设计领域。

（四）环保科技行业

国务院印发的《“十二五”国家战略性新兴产业发展规划》，将产业振兴的目光转向七大战略性新兴产业，其中节能环保产业居首位。这事实上释放了一个信号，过去用传统产业刺激经济增长，现在用新兴产业；过去保的是高耗能、高污染的黑色增长，现在希望转向绿色增长。大力发展节能环保产业，是当下“稳增长”的上策。预计“十二五”期间将达4.5万亿元投资需求的节能环保产业，到2020年将成为国民经济的支柱产业，未来10年行业复合增长率将至少达到20%。环保科技产业广阔的前景，使其成为众多大学生创业的首选。

环保行业涉及面广，大学生创业要根据自己的专业和资源优势，有效进行成本控制，从接地气的行业着手，包括环境检测、食品安全、家电清洗、节能改良、资源循环利用等，最好以加盟连锁、代理产品、利用专利技术等方式开展创业。

（五）大众化餐饮行业

餐饮是百业之首，是传统服务性行业，目前全国有餐饮网点400万个。受人工成本、材料成本等因素的影响，餐饮业已进入微利时代，但随着经济的发展，人均收入的持续增加，需求会日趋旺盛。餐饮行业正突破粗放式经营模式，推进管理升级，向管理要效益。假日消费成为市场的新亮点；大众化经营持续红火，并向家庭服务延伸；小吃、快餐和成品、半成品市场不断扩大；家庭私人消费占市场的比重继续增大，成为支撑行业发展的主要力量。

大众化餐饮创业需注意：一是选择早餐店、休闲饮品店和中式特色小吃店，本低利丰，回收快，平均投资成本在2万—10万元，净利可观；二是以加盟知名品牌的方式创业；三是要注意质量控制、食品卫生、消费意见等；四是餐饮方式选择打情感生活牌，包括情侣餐饮、家庭包厢等。

网络课堂

1. 李明，《迈向职场第一步——大学生职业生涯规划》，http：//www.tudou.com/programs/view/284YheBFepg

2. 中原，《赢在职场核心机密》，http：//learning.sohu.com/20100203/n270027291.shtml

3. 徐军，《就业心理调适》，http：//v.youku.com/v_show/id_XMzE4NTI1MzA0.html

经典书目

1. 金树人，《生涯咨询与辅导》，高等教育出版社，2007年。

2. 董平、石爱勤，《职业指导与创业教育》，北京大学出版社，2008年。

3. 理查德·尼尔森·鲍利斯，《你的降落伞是什么颜色的》，中信出版社，2010年。

4. 霍恩·吉尔森，《选对池塘钓大鱼》，机械工业出版社，2004年。

知识拓展

职业生涯规划：五只毛毛虫的故事

毛毛虫都喜欢吃苹果，有五只要好的毛毛虫，都长大了，各自去森林里找苹果吃。

第一只毛毛虫

第一只毛毛虫跋山涉水，终于来到一株苹果树下。它根本就不知道这是一株苹果树，也不知树上长满了红红的可口的苹果。当它看到其他的毛毛虫往上爬时，稀里糊涂地就跟着往上爬。没有目的，不知终点，更不知自己到底想要哪一种苹果，也没想过怎么样才能吃到苹果。它的最后结局呢？也许找到了一只大苹果，幸福地生活着；也可能在树叶中迷了路，过着悲惨的生活。不过可以确定的是，大部分的虫都是这样活着的，没想过什么是生命的意义，为什么而活着。

第二只毛毛虫

第二只毛毛虫也爬到了苹果树下。它知道这是一棵苹果树，也确定它的“虫”生目标就是找到一只大苹果。问题是它并不知道大苹果会长在什么地方。但它猜想：大苹果应该长在大枝叶上吧！于是它就慢慢地往上爬，遇到分支的时候，就选择较粗的树枝继续爬。它按这个标准一直往上爬，最后终于找到了一只大苹果。这只毛毛虫刚想高兴地扑上去大吃一顿，但是放眼一看，它发现这只大苹果是全树上最小的一个，上面还有许多更大的苹果。更令它泄气的是，要是它上一次选择另外一个分枝，它就能得到一只大得多的苹果。

第三只毛毛虫

第三只毛毛虫也到了一株苹果树下。这只毛毛虫知道自己想要的就是大苹果，并且研制了一副望远镜。还没有开始爬时就先利用望远镜搜寻了一番，找到了一只很大的苹果。同时，它发现当从下往上找路时，会遇到很多分支，有各种不同的爬法；但若从上往下找路时，只有一种爬法。它很细心地从苹果所在的位置往下反推，记下这条确定的路径。然后，它开始往上爬了，当遇到分支时，它一点也不慌张，因为它知道该往那条路走，而不必跟着一大堆虫去挤破头。比如说，如果它的目标是一只名叫“教授”的苹果，那应该爬“深造”这条路；如果目标是“老板”，那应该爬“创业”这分支。最后，这只毛毛虫应该会有一个很好的结局，因为它已经具备先觉的能力。但是真实的情况往往是，因为它爬行相当缓慢，当它抵达时，苹果不是被别的虫捷足先登，就是已熟透而烂掉了。

第四只毛毛虫

第四只毛毛虫可不是一只普通的虫，同时具备先知先觉的能力。它不仅知道自己要什么苹果，更知道未来的苹果将如何长成。因此当它带着那“先觉”的望远镜观察苹果时，它的目标并不是一只大苹果，而是一朵含苞待放的苹果花。它计算着自己的行程，估计当它到达的时候，这朵花正好长成一个成熟的大苹果，而且它将是第一只钻入大苹果的虫。结果它如愿以偿，得到了一个又大又甜的苹果，从此过着幸福快乐的日子。

第五只毛毛虫

它什么也没做，就在树下躺着纳凉，而一只只大苹果从天而降，因为树上某一大片树枝早就被它的家庭占领。它的爷爷、爸爸、哥哥们盘踞在某一树干上，禁止它虫进入。当苹果成熟时，就一只只地丢给底下的子孙们捡食。

第一只毛毛虫是只毫无目标、一生盲目、没有自己人生规划的糊涂虫，不知道自己想要什么。遗憾的是，我们大部分的人都是像第一只毛毛虫那样活着。

第二只毛毛虫虽然知道自己想要什么，但是它不知道该怎么去得到苹果，在习惯中的正确标准指导下，它做出了一些看似正确却使它渐渐远离苹果的选择。而曾几何时，正确的选择离它又是那么近。

第三只毛毛虫有非常清晰的人生规划，也总是能做出正确的选择，但是，它的目标过于远大，而自己的行动过于缓慢，成功对它来说，已经是明日黄花。机会、成功不等人。同样，我们的人生也极其有限，我们必须把握。单凭我们个人的力量，也许一生勤奋，也未必能找到自己想要的苹果。如果制订一个适合自己的计划，并且充分借助外界的力量，借助许许多多的望远镜（在我们的现实生活中可以理解为找个贵人帮自己），也许第三只毛毛虫的命运会好很多。

第四只毛毛虫，它不仅知道自己想要什么，也知道要得到苹果需要什么条件，以及如何去得到它，据此制订清晰实际的计划，在望远镜的指引下，一步步实现自己的理想。

第五只毛毛虫，占据了先天优势，99％的虫子都不会如此幸运。

毛毛虫的遭遇，折射出我们不同的人生历程，苹果就是我们的人生目标——职业成功，爬树的过程就是我们职业生涯的道路。毕业后，我们都得爬上人生这株苹果树去寻找未来，完全没有规划的职业生涯注定是要失败的。

现代社会，规划决定命运。有什么样的规划就有什么样的人生。我们的时间非常有限，越早规划你的人生，你就能越早成功。要想得到自己喜欢的苹果，要想改变自己的人生，就要先从改变自己开始，做好自己的职业生涯规划，做第四只毛毛虫。

第十四章　画好大学学习生活的句号

第一节　珍惜第八个学期

大四学年是大学学习生活的冲刺阶段、收获阶段和未来生活的酝酿阶段。不同于大一的彷徨与适应，大二的探索与磨炼，大三的发展与追求，随着实习、毕业论文、考研、求职的接踵而至，这一年注定是大学生活中特别的一年。第八个学期的到来更是昭示着大学生活即将结束，新的人生画卷即将展开。机遇与挑战并存，矛盾与困惑同在。同学们一方面要经常外出求职、应聘，无法保证在校的正常学习时间；另一方面又因求职竞争的巨大压力而心神不定、焦躁不安，不能静下心来做好毕业设计，完成最后的学业。恨时间悄悄流逝，叹机遇轻触即走，在或忙碌或迷茫或慌乱中，大学最后的宝贵时光从身边飘过，背起行装走出校门时，蓦然回首，留下的是无尽的遗憾。

第八个学期是四年大学学习生活的特殊时期，分岔口密集，任何一个决定、任何一个选择都可能影响甚至决定自己的未来。如何正确面对完成学业、升学或找工作的压力，如何正确把握继续求知和提升个人素质的时机，为未来的人生挑战奠定良好基础，为四年的大学生活画上完美的句号，需要每个学生认真思考并给出答案。

一、第八个学期需要规划的主要内容

第八个学期需要规划的主要内容有以下几个方面。

一是学业任务。虽说好的开始是成功的一半，但只有好的结局才是硬道理。一般来讲，大部分专业的第八个学期都分配有一定的学习任务，特别是毕业实

习和毕业设计，其通过与否决定了我们能否按期拿到毕业证书和学位证书。毕业实习是专业实践的重要组成部分，是对之前所学的综合检验，也是走向社会的预习。毕业实习能够让我们在实际工作中检验所学，也能帮助我们将自身所学与社会所需加以磨合，并为毕业设计作铺垫。毕业设计是大学生活的最后一环，也是关键一环，是我们综合所学，梳理和拓展基础理论知识、专业基本实践技能，展示创新意识和创新能力的重要环节。在这一环节，我们在指导教师的指导与帮助下，身临其境地感受和熟悉毕业设计的各个流程，听取以往课堂上无法预知的问题的直观讲解，积累职业生涯中宝贵的初次工作经验乃至人生经验。

二是同学友谊、师长情谊。伴随着成长的酸甜苦辣和成才的艰辛与喜悦，大学学习生活一路走来，我们要收获的不仅是学业成就和个人素质的提高，还有同学间的友谊、师长的情谊。与同学和朋友们的故事虽平淡如水，却细水长流，相处的点点滴滴都会在今后成为美好的回忆。师恩如海，我们成长成才的喜悦，来自一路上师长的谆谆教诲。无论逆境还是顺境，无论穷困还是得意，我们都应当十分珍惜身边的这份情谊。我们心中那份对同学、对师长的情谊不会就此终结，我们将会更加用心地去珍惜它、呵护它，它是我们人生一笔宝贵的财富，更是人世间一道美丽的风景线。

三是机遇与挑战。百感交集的第八个学期充斥着各种机遇与挑战。我们的定位、我们的选择、我们过去三年的准备的不同，决定了我们对机遇的把握和挑战的应对也会各不相同。但有一点共性，那就是我们应该以一种积极、主动的态度去把握机遇、迎接挑战。成功固然很好，但能从失败中站起来更是难能可贵。没有谁能够一下子就成功，也没有谁是成功不了的。青年人的人生需要不停锻炼和磨炼，需要更多经历和阅历，没有经历过任何磨难与挫折的人生是不完整的，也是不现实的。机遇是留给有准备的人，而挑战也是留给敢于面对的人。在这既是终点又是起点的第八个学期，我们要努力增强自己抗挫折的能力，只有这样，当我们离开这所有形的大学，进入社会这所无形的大学的时候，才能很好地把握住每次来到身边的机遇，也才能更加勇敢地迎接新的挑战。

四是珍惜在校的每一天。步入第八个学期，手中的大学时光即将飞逝。校园里的每一刻，对于我们每一个人来讲，都是那么的美好，那么的珍贵。四年的大学生活是人生中无法预演、更无法彩排的四年，没有谁能让时间的巨轮稍稍停顿，更别说重来一次了。身处第八个学期，感受着时间的紧迫感，“时不我待”对于每个人的定义都是一样的，因而第八个学期的每一天愈加显得弥足珍贵、不可虚度。珍惜每一天，敞开胸怀，用心去倾听，去感受，去追求。你可以求知、可以结友、可以拜师，思考一下你的将来，看看有什么可以在今天先做。在田径赛场上抢跑的是违规者，在人生路上抢跑的是智者，占有先机，你的起点将与别人不同，占有先机，你的成就将让他人仰望！

二、怎样规划好第八个学期

第八个学期是短暂的，我们应该如何有效地把握呢？

一是要合理地规划。对于即将毕业的同学们来说，认清形势，找准定位，提出合理的目标并做出相应的规划，是正确处理第八个学期繁杂事务的根本前提。第八个学期事务繁多，“十字路口”也多，毕业生如果没有根据自身的具体实际明确定位并合理规划，就可能出现整日忙忙碌碌而无目标指向性；也可能在受挫时陷入迷茫，无所适从。因此，我们提倡所有的毕业生要根据自身实际，提出切合自身特点的发展规划，力求做到“思路清晰、紧凑有序、张弛得当”，并且保持规划具有可实施性、可发展性和可调整性。

二是要有正确的态度。不管做任何事情，不问难易几许，更不知结局如何，态度是关键。任何事情都不是遥不可及的，任何事情也不都是一帆风顺的。对于步入第八个学期的毕业生来讲，要有一种自信、严谨、乐观的态度，才能把握好机遇与挑战，才能不怕失败，勇于成功，不断磨炼意志，提高气质和素质。

三是要善于排解压力。适当的压力有利于推动人的成长，但如果压力过大、困扰太多，就会令人窒息。请注意发泄，注意排解，将所有担忧的事用笔写出来，用语言表达出来，用运动发泄出来。人的心理承受力是有限的，如果只是一味作为压力的接收者而不通过某种方式排解出去，那么他最后就可能因压力太大而崩溃。合理的宣泄是缓解人心理压力的一个有效途径，能使人的心理达到平衡的状态。

四是要善于思考与提升。第八个学期是四年的大学学习生活中内容最丰富、体验最深刻的一个学期，对每一个即将步入社会的大学生来讲都是不可多得的人生阅历，是一笔宝贵的财富。所以每个毕业生都要善于做阶段性总结，反思自己的大学时光，并在这基础上提升认识，为今后的工作提供有益的借鉴与指导。

五是要用心生活。碌碌无为的人，只知人生的空虚与盲目，只知生活的繁忙与迷惘。用心去生活的人，才能真正感受到因忙碌、紧张而带来的成就与喜悦，也才更懂得去把握、去珍惜每一寸光阴。作为大学学习生活的休止符，第八个学期是大学美好时光的最后一寸光阴，虽然事务繁多，压力较大，但也阻止不了我们用心去生活、去感受，用爱与同学与朋友与师长交往、交流。也只有用心去生活，用爱去交流，才能为四年的大学学习生活画上一个圆满的句号。

第二节　毕业典礼

毕业典礼源于12世纪欧洲的教会学校，英文是Commencement，意为“开始”，有“雄关漫道真如铁，而今迈步从头越”之意，是校园生活中最重要的仪式之一，也是一种高尚和优雅的校园文化，更是莘莘学子重要的人生里程碑。从幼儿园、小学到大学，每一次毕业典礼都标志着一个学业阶段的顺利完成，人生另一阶段的开始。每次毕业典礼都会让学子们充分感受成功的喜悦，树立继续进取的决心与信心；也会让教师充分感受育才有成的自豪，坚定继续创新与传承的责任与使命。

在世界上许多著名大学校园里，毕业典礼都是一道最亮丽的风景线，无论是学校和老师，还是学生和亲友，都十分重视。毕业典礼的会场经过精心布置，庄严而神圣，每个毕业生一一上台，接受校长授予的学位。对校长来说，这是一年中最重要的工作，而对学生来说，这是大学几年最难忘的时刻。学校通常以校长名义邀请家长到校，一起见证这个光辉的时刻；家长们则从各地赶到学校，对孩子表示祝贺，对学校和老师表示感谢。学校也会邀请一些社会贤达或成功人士到校做讲演，为毕业生做融入社会、挑战人生的最后动员。

一、毕业典礼的服饰

毕业典礼服饰是西方人对学术文化传统的尊重和精神传承的见证，属于西方传统服饰。早期西方大学里的学者都是传教士，因此，经过漫长的岁月，学生们的黑色长袍和头巾慢慢地演变成了西方大学流行的礼服，不但毕业典礼的仪式上要穿，其他一些重大庆典也要穿。到了15世纪，帽子开始流行，人们把原来的头巾改为垂布，从头顶顺着脖子往下套，披挂在肩上，向后背垂下来，并以不同的花饰来区分不同的学科。最初的学校礼帽的形状起源于硕士学位的符号，有的在帽子中央加一簇装饰物，今天的流苏就是在此基础上发展而来的。牛津大学最先采用平低方形礼帽，并发展沿用至今，今天的学士帽还常被称为“牛津帽”。

中国近代的学位服完全是舶来品，是西方传教士在中国兴办教会学校的附带物。

新中国成立伊始，因为没有建立和实行学位制，相应就没有学位服。1981年，《中华人民共和国学位条例》实施。1994年，国务院学位委员会审定通过了中国自己的学位服样式，并作为统一规范的学位服向全国学位授予单位推荐使用，其他样式的学位服一律废止。这一套学位服既有中国特色，又符合世界惯例。参照国际标准，我国学位服也由学位帽、流苏、学位袍和垂布四部分组成，款式、颜色与世界惯例大致相同，区别是学位袍在袖口处绣有长城图案，袍的前襟纽扣采用中国传统的布制黑色“如意”扣，套头三角兜形垂布用织有中国民族特色花纹织锦缎制作，带有不同于其他国家的民族特色。学位服作为专用服装，着装时应符合下列规范（以学士服为例）：

学士帽。学士帽为方型黑色。戴学士帽时，帽子开口的部位置于脑后正中，帽顶与着装人的视线平行。

流苏。流苏挂在帽顶的帽结上，沿帽檐自然下垂。

学士袍。穿着学士袍应自然合体。学士袍外不得加套其他服装。确定为文、理、工、农、医、军事六大类，与此相应的饰边颜色为粉、灰、黄、绿、白、红六种颜色。

垂布。垂布按文、理、工、农、医、军事六大类，采用不同的饰边颜色区分。垂布佩戴在学士袍外，套头披在肩背处，铺平过肩，扣绊扣在学士袍最上面纽扣上，三角兜自然垂在背后。垂布按授予学位的文、理、工、农、医、军事六大类分别佩戴。

附属着装。内衣：应着白或浅色衬衫。男士系领带，女士可扎领结。裤子：男士着深色裤子，女士着深色裤子或深、素色裙子。鞋子：应着深色皮鞋。

近年来，有些专家学者提出学校的这一仪式不必与西人雷同，认为行中华之礼，必以冠巾华服。也有一些学校进行了这方面的尝试，但是这种情况目前尚不多见。

二、毕业典礼的程序

毕业典礼一般安排在周末举行，以方便嘉宾和家长出席，过程精心而严谨，气氛隆重而热烈。这既是学校为毕业学子开出的具有浓厚情义的“最后一课”，又是学校为毕业学子踏上新的人生旅程、奔赴新的岗位的临别壮行。

毕业典礼的主要程序一般包括以下五个环节：

第一环节，入场。学生及家长先进入各自区域就坐，校领导和重要来宾在典礼台入座后典礼开始。

第二环节，确认毕业生可以按期毕业和取得学位。通常由分管教学校领导在典礼上宣读“准予××位毕业生按期毕业”和“同意授予××位同学学士学位”的文告。

第三环节，致辞。致辞包括校长致辞、优秀毕业生代表致辞，有些学校会安排嘉宾（一般是知名校友）或家长代表致辞。致辞大都短小精悍、充满激情，十分精彩。

第四环节，颁发证书、执“拨穗礼”。毕业典礼过程中，最为引人注目的是颁发“毕业证书、学位证书”及执“拨穗礼”。毕业生们依次走上盛典讲台，接受校长颁发的证书，并合影。执“拨穗礼”则是把头上学士帽的流苏从右边换到左边的动作。未获得学位时，流苏是垂挂在着装人所戴学士帽的帽檐右前侧中部；获得学位后，流苏则垂于帽檐左前侧的中部。流苏的位置是由校长（或校学位评定委员会主席）在学位授予仪式上颁授学位之后移动的。拨穗的意义，代表稻穗或麦穗成熟，象征毕业生已学有所成，可以展翅高飞了。

第五环节，退场，典礼结束。

毕业典礼的基本程序主要有这五个方面，有些学校会增加一些特色程序。一些学校会在毕业典礼上增加对优秀毕业生（或毕业生中的其他优秀分子，如西部工作志愿者等）进行表彰的内容；有的学校会在毕业典礼上举行全体毕业生的“宣誓”活动。

三、形形色色的毕业典礼

中外各个大学毕业典礼的主程序相似，具体形式则各不相同。西方不少大学的毕业典礼，一般是校领导一人手执大学权杖（University Mace，是学校的象征）首先入场，后面紧跟校方领导和董事会成员，观礼者起立行注目礼，最后毕业生和教授们穿着长袍在全场的欢呼声中依次步入会场中央入座。有些学校学生毕业的时间不一样，每学期都有学生毕业，那么每学期都会有毕业典礼，如美国得州 A&S 大学每年春、夏、秋三季共举行约十场毕业典礼。有些学校学生数量多，学校会在几天内连续举行多场毕业典礼，如英国诺丁汉大学的毕业典礼在一周内要举行八次，而且这一周的活动雷打不动，拒绝任何与此相冲突的活动。有些学校的毕业典礼内容十分丰富，从头到尾会用去几天的时间，如耶鲁大学的毕业典礼有三天，第一天迎宾日，第二天是毕业班日（Class day），第三天才是典礼日。有的学校因为人太多，“拨穗礼”是由毕业生自己完成的，当校长庄严地向台下的毕业生们说“请自行将礼帽上的流苏从右边拨到左边”时，毕业生们就自己把流苏从右边拨到左边。随着国际交流加深，有的学校还远赴他国为留学生举行毕业典礼。有的学校毕业典礼十分有创意，台湾东华大学与海洋生物博物馆联合成立的海洋科学院第一届研究生毕业典礼就选在海生馆大洋池前举行，画面特殊而有趣，校长甚至潜入水中，在水下为毕业生颁发毕业证书。

四、福建师范大学的毕业典礼

从福建师范大学的历史来看，该校前身校华南女子文理学院和福建协和大学的毕业典礼沿用的是西方仪式。在 2003 年以前，该校本科生毕业典礼的形式和全国的各大高校相似，都比较简单，大多在院（系）一级举办。

2004 年，福建师范大学开始在学校层面恢复举办本科毕业生毕业典礼，由校长为毕业生颁发毕业证书和学位证书，并在毕业典礼上首次启用学位服。学校希望通过举办毕业典礼充分弘扬大学精神，让莘莘学子感受大学校园礼仪的历史感和神圣感，更好地理解大学作为人类文明传承者和精神家园的历史地位。学校还希望通过举办隆重热烈的毕业典礼，让毕业生能够在掌声中，在老师、同学和亲友的注目中，登台接受学位，满怀豪情迈上新的人生旅途。学校也希望通过毕业典礼给毕业生们一个认真思考的契机，感受家庭、学校和社会为自己的成长所付出的努力，领会家庭、学校和社会对自己的期望，明悟自己对家庭、学校和社会的责任。当时，由于条件限制，只有少部分幸运的学生代表能够穿上学士服参加当年学校级别的毕业典礼。2006年起，学校决心要让所有的毕业生都能参加学校毕业典礼，于是逐渐加大投入，添置了可供全体毕业生同时参加典礼的学位服，还设计、启用了各学院的典礼专用旗帜，确定了典礼的基本程序。每年的6月初，学校都通过信件、网络向全体毕业生家长发出邀请信，欢迎他们来校与毕业生一起见证这一光辉时刻。毕业生的老师们也常常应邀出席典礼，与同学们一起分享学有所成的喜悦。2007年6月25日，作为建校百年的献礼，福建师范大学有史以来规模最大的一次毕业典礼在旗山校区图书馆前广场隆重举行，四千多名毕业生同时身着各学科的学士服，接受学校授予的学位。此后，该校本科毕业生的毕业典礼逐渐形成了相对规范的模式，每年的毕业典礼日一般安排在6月25日，典礼场地设在旗山校区图书馆前广场。典礼程序分成两个阶段，第一阶段的毕业典礼仪式依次为鸣礼炮、奏国歌、学院进旗、分管教学的副校长宣读同意学生毕业和同意授予学位的决定、校长致辞、毕业生代表抒发心声、为教师代表献花、毕业宣誓和合唱校歌等九个议程；第二阶段的学位授予仪式由校长为每位毕业生执“拨穗礼”。

第三节　文明离校

“天下无不散之筵席”。光阴转瞬即逝，我们即将告别青春岁月中最值得珍惜和回忆的大学时光，离开与我们一同成长的母校，离开与我们朝夕相伴的老师、同学，离开这里的教室、宿舍、花草树木，告别那些属于阳光与月华、属于欢乐与泪水、属于兄弟与姐妹的日日夜夜，背起更加充实的行囊踏上新的旅途。回眸往昔，这是光荣与梦想起航的地方，曾经在这里发生的一切，必将永远在我们的心中占有一席之地，令我们铭记，令我们回忆，令我们感激，令我们充满前行的动力。离别在即，我们应该做到文明离校，给母校留下美好的印象。

一、爱护母校

爱护母校，从小处理解，是爱护母校的一草一木，美化母校校园环境；从大处诠释，是爱护母校的声誉；从在校时理解，是现在就尽我们之所能，看护母校；从毕业离校后诠释，是未来用我们之成就，为母校增加社会美誉度和办学实力。

当初我们为了追求更高的人生目标，为了寻找更美的人生梦想，在经意和不经意间选择了母校，这是我们与母校的缘分。时光飞逝，毕业在即。曾经的我们带着一点稚嫩、一点陌生、一点胆怯；如今的我们已经多了几分自信、几分从容、几分睿智。同学们的成长，与母校的呵护、锤炼，与老师的关心、教诲，与同学的友情、帮助，与校园文化的熏陶、感染，息息相关。因此，我们没有理由不爱护我们的母校。

有人将大学比作人生的殿堂，把母校喻为生命的摇篮、人生的基石、航行的坐标。看看我们的母校：这里没有摩天大楼，却有风景如画；这里没有城市的繁华，却有古典与现代相融的气息；这里没有战场上的生死之交，却有诚挚的温馨友谊。这里还有众多的名家、名师、名学者、名教授，这里是知识的海洋，是智慧的殿堂。在我们人生的黄金阶段，可以在这样的海洋遨游，可以在这样的殿堂亲历，不仅是一段美好的回忆，更是一笔丰硕的财富。母校诲人不倦，教会我们如何做人、如何做事、如何做学问。母校育人不辍，日复一日，年复一年，哺育一批又一批青年学子，培养一代又一代社会栋梁。不论我们未来或辉煌或平凡，我们都应该感谢母校，感谢母校让我们在无穷无尽的知识海洋里遨游，感谢母校为我们打下了坚如磐石的基础，感谢母校领着我们在人生的轨道上不断前行、不断精彩。

也许，我们现在还不知道母校给了我们什么；也许，我们现在还不知道母校的含义；也许，我们现在还不知道母校的价值。但是当我们真正走出校门的那一天，当我们离开母校，踏上人生的另一趟列车后，我们会慢慢地发现母校已经在我们的身上深深地烙下不可磨灭的印迹。我们的一言一行，都浸透着母校留给我们的气息，我们的一言一行，都在不断累积社会民众对母校的评价。也许，在校期间，我们曾经有过不如意，失败过、悲伤过、痛苦过，甚至埋怨过。但是，我们相信，任何事物都有其两面性，所有学校都有其优点和缺点，关键在于我们如何去看待。对于学校的缺点，有些同学会积极向各部门、向院校领导提出批评、提供建设性的意见和建议，让母校不断发现不足、改进不足，不断向前发展，从而为同学提供更好的服务；有些同学却一味抱怨、贬低自己的母校，使自己生活在怨恨的灰色世界里；更有甚者，借机诋毁母校，歪曲或丑化真相。

爱护母校不仅仅是嘴上的宣言，更应当是实实在在的行动。当踏入校门的那一刻开始，每一位同学就要立下坚定的信念：从今天起，我是母校的一员；从今天起，母校是我的依靠。在校之日，我们当时时爱护母校，从手中事做起，从身边事做起，呵护校园的一花一草，呵护校园的一桌一椅，一起打造美好的自然环境，一起打造美好的人文环境。潜心求学之余，积极寻找适合自己的课外科技或创业项目，争取获得好成果，为自己提升素质，为班级、学院乃至学校争光。离校之后，我们亦当不忘母校，不断关注、关心母校的发展，维护母校的声誉。在事业有成之后常思回哺母校，帮助母校更好地孕育社会英才。

二、文明离校

六月的风中飘散着离别的味道。当毕业歌声悠扬响起，也许我们的心情有些感伤，有些眷恋，有些追悔，有些犹豫，也许我们更应当让心情多点坦然，多点希冀，多点期盼，多点梦想。让我们带着决心、带着雄心、带着爱心、带着文明和素质走好未来人生每一步。当然，第一步一定是从文明离校开始的。来，是快乐地来！走，要文明地走！重点把握好以下几个方面的内容。

一是决不能违反学校的规章制度，选择错误的方式过分地宣泄情感，如酗酒、扔酒瓶、吵闹、打架、破坏公物等，否则将有可能在未来人生的第一步上就走得磕磕碰碰，留下终生的遗憾。

二是要及早关注自己的学业完成情况，未完成的学业项目要及时完成。要了解并及时办理各项毕业手续，既给自己的大学生活画上一个圆满的句号，也给未来创立一个好的起点。

三是要继续保持良好的精神状态，为师弟师妹传授自己的学习生活体会。

四是要积极参加丰富多彩的毕业系列活动，如班会师生座谈会、毕业生晚会等。

五是要积极与同学交流，畅谈自己未来的规划，主动化解同学之间曾经有过的矛盾，不要让曾经的冲动与无知犯下的错误，变成明天再一次相聚时的尴尬。

六是安排出时间，静心回顾大学四年的学习生活，认真总结得与失，进一步规划今后的人生道路。

七是要树立正确的择业观，客观评价自身的实际情况。同时，要坚信“天生我材必有用”的人生道理，时刻准备着为自己的新目标而努力奋斗。

八是要尽己所能为校园增添色彩，积极参加有意义的活动，如为母校做一件好事、种下一棵纪念树、送学弟学妹一本书、拍摄一部校园DV剧等。

第四节　为人生新的起点加油

一、大学毕业意味着什么

这是一个困惑许多人的问题。对这个问题的回答，往往是倾向于一种主观判断。一部分人由于受到即将面临的别离伤感和对未来困惑迷茫的影响，对大学毕业有些负面情绪，认为毕业就意味着失业，毕业就意味着分手，毕业就意味着承载更大的压力，等等。这些认识都存在着偏差。事实上，大学毕业意味着改变人生命运的开始，意味着施展才华时刻的到来，意味着接受更有挑战的未来。大学毕业，意味着结束了在校的学习生活，多年的所学到了学以致用的时候了；意味着服务人民、报效祖国、奉献社会的时候到了。毕业只是在为大学学习生活画上圆满的句号之后，揭开了又一页人生新的篇章。

对于所有的大学毕业生来说，积极而正面地面对毕业是十分必要的。大学毕业后要独立面对社会了，每走一步都关系着你的一生。不管你毕业后是选择考研继续深造，还是走上工作岗位去就业或创业，都意味着进入了人生新的征途，有了新的并且将为之不懈奋斗的目标。曾经的不懈努力，必将成为毕业后人生新起点的动力。同学们应当凝聚积极向上的力量，激发奋进的动力，在这个人生新起点的基础上不断地成长、发展、充实和完善自己，努力实现自己的人生目标，努力为自己的人生理想而奋斗。

二、踏上人生新起点的心理准备

在人的一生中，时时会遇到各种各样的困难。俗话说得好，时间是顺流而下，生活如逆水行舟。人的一生难免会遭遇困难，我们不该逃避、不该抱怨，应该以坦然心情、积极乐观的心态面对困难。对于一个即将走上社会的大学毕业生而言，应该深刻地认识到这一点，正视未来将遇到的困难，做到“未雨绸缪”。当真正遭遇不幸时，我们会更加从容，更加自然，更加自信，不会因为一时的失败而自暴自弃，也不会因为一时的无助而怨天尤人。其实，在人的一生中，困难并不可怕，可怕的是不能以正确的态度面对困难。在困难中使人倒下的往往不是困难本身，而是消极悲观的态度，是缺乏战胜困难的勇气和信心，是没有坚强的意志。请大家相信拜伦的一句名言“逆境是到达真理的一条通路”，也请相信歌词“不经历风雨怎么见彩虹”的人生哲理。因此，当我们毕业后踏上人生的新起点，首先考虑的不应是如何获得成功，而应是如何正确认识所遇到的困难，如何通过困难的磨炼使自己变得成熟。

在人生新的起点上，我们要树立良好健康的自信心理。有的毕业生自认为具备种种优势，不能够正确客观地认识自己，盲目自信；有的毕业生面对激烈的竞争缺乏勇气，自卑怯懦，导致自身的优势无法发挥；有的毕业生患得患失，缺少正确的择业目标和职业理想，陷入择业的误区；有的毕业生缺乏主见，择业的时候盲目跟风，人云亦云；还有一些毕业生在择业的时候存在功利心理、求名心理、攀比心理等等。这些心理所导致的后果就是无法顺利成功地开始自己人生的新征程。要使自己能以良好的、健康的自信心理来应对激烈的市场竞争，可以在以下几方面做出努力。

一是准确定位自己。大学毕业，同学们的角色将由一个“在校我们”转变为“职场人士”，而毕业生由于实践的不足和经验的缺失，很难在刚踏入社会就成为骨干担任要职的。要成功实现角色的转变，就必须要正确认识自己，准确定位自己。要抛开一切不切实际的幻想，正确认识自己所处的社会环境和所具备的条件，全面认识社会，真正了解社会，积极主动地去适应社会需要，摆正自己的心态，通过自我剖析，客观地评价自我。

二是积蓄自信资本。自信给人以力量，给人以快乐，自信是事业、爱情、生活和工作不可缺少的部分。正是有了自信，人们才充满睿智，正是有了自信，我们的心中才能升腾起无尽的希望。古今中外，但凡有所成就之人，尽管有着出身、经历、性格、境遇等的不同，但都对自己所追求的理想事业、对自己的才能有着充足的自信。要积蓄自信资本，培养强大的心理素质，以充足的自信、饱满的精神和良好的状态去应对人生的每一个挑战。

三是积极参与竞争。二十一世纪是知识经济的时代，是人才竞争的时代。要适应社会的发展和需要，就必须培养竞争意识，不仅要有竞争意识，还要敢于竞争，积极竞争，善于竞争。我们是年轻的一代，是富有朝气的一代，要自觉地转变观念，正视社会现实，做好积极参加竞争的心理准备；要强化竞争意识，敢于迎接挑战，正确认识自我，充分相信自己的实力，敢于通过竞争去达到理想的目标。

四是坦然面对挫折。人生不如意事十之八九，没有谁的人生是一帆风顺的。在激烈的竞争时代，遭受挫折失败是在所难免的。离开学校踏入社会，激烈的市场竞争和职业压力，会使很多同学感到难以招架。就业是认识社会、了解社会和适应社会的一个过程，这个过程是艰难的，是充满曲折的，甚至要经过多次的挫折和失败才能适应这个竞争的社会。要正确看待失败和挫折，遭受挫折时要冷静地对待、客观地分析，寻求真正的原因。要调节好心理，坦然面对挫折，认真反思，吸取失败的经验教训。迎难而上，披荆斩棘，努力去争取新的成功机会，才能成为人生路上真正的强者。

五是放眼展望未来。毕业生的择业就业是走向人生征途的一个新的起点，许多涉世未深的毕业生怀揣着远大的理想，满怀着成功的豪情，却在择业就业过程中屡屡碰壁，究其原因就在于理想太远大，而现实很残酷。同学们在踏入社会的时候，要努力避免眼高手低，要用长远的眼光来看待工作的发展前景，只要能够全身心投入，踏实工作，扎实掌握工作技能，充分发挥自己的真才实学，让自己在工作中得到不断的锻炼、成长、发展和充实，就一定能够取得成功。

三、如何在人生的道路上加油

毕业，即将开启人生新的旅程。大学毕业生要在今后的学习、工作、生活中学会给自己加油，学会为人处事，勤于工作，为自己的人生增添新的光彩。具体来说应努力做到以下几点。

一是树立终身学习的理念。就人生发展而言，学习是一种生存发展方式，是一个生命活动过程。从幼儿园到大学毕业，我们的学习都是一种接受知识的学习，虽然这对我们掌握基础知识、进行专业知识的吸收与积累起到至关重要的作用，但是从学习本身的作用来看，其价值远不限于此。学习是一个动态的过程，它不仅是一个接受知识、增长学识、开发潜能、学会生存的活动过程，同时也是激发人的创造力、提升整体素质，并学会认识自身、认识自然、认识社会，掌握和提高改造自然、改造社会、不断求发展的本领和能力的活动过程。可见，这是一个由浅入深、不断积累、不断超越的过程。毕业后步入社会，面临一个崭新的环境，不坚持学习是根本无法立足的，特别是在科学技术高速度发展，新知识、新技术、新学科不断涌现的今天，只有树立终身学习的理念，不断地学习，不断地拓宽视野，接受新的信息，不断地更新知识、观念、方法，才能保证我们在未来的日子里能够“笑傲江湖”。正如网络上所说：“学习会使我们永远立于不败之地。我们或许会衰老，或许会彻夜不眠，或许会失恋，或许会眼看着周围的世界受到一群狂人的毁坏，或许会得知我们的名声被居心险恶的人诋毁；在这种时候，只有一件事是值得做的——学习。学习，只有学习，才会使我们的心灵永不衰竭，使我们永不感孤独，永不受精神折磨，永不担忧，永不后悔。”

二是坚持以和为贵的思想，善于处理人际关系。《论语》云：“礼之用，和为贵。先王之道斯为美。小大由之，有所不行。知和而和，不以礼节之，亦不可行也。”这句格言能够传承到现在，“和为贵”蕴含着深刻的哲理和处世学问，值得我们每个人引以为鉴。和为贵，就是要求我们要处理好人际关系，进行人与人之间友好的交往。比如，当自己被误会，甚至遭受冤枉时，不应睚眦必报，应当学会理解，相信“忍一时定会风平浪静”；当与别人发生矛盾时，不应锱铢必较，应该调和沟通，学会化干戈为玉帛，相信“退一步定能海阔天高”。“和”是大学毕业生人际关系的减震器、润滑油，是生活的芳香剂，是打开人际交往心态的钥匙，也是做人之道。当然，“和”并不意味着无条件地退让，它也有其自身的原则和尊严。求“和”，应理解为追求和睦、和平、和谐。

三是具备敢于吃苦的精神。孟子说：“天降大任于斯人也，必先苦其心志，劳其筋骨，饿其体肤。”学会敢吃苦、肯吃苦、会吃苦是必要的。也许刚刚走上工作岗位时，凭借新鲜感我们会充满激情与斗志，然而随着时间的推移，热情的减退，慢慢地对自己从事的工作产生倦怠。这一点在刚毕业几年的学生中十分常见。许多毕业生害怕吃苦，不愿意吃苦，总觉得吃苦就是吃亏。其实，吃苦是一种美德，一个没有吃过苦的人，其生活是苍白的；只有能吃苦，能经受住各种艰难的磨炼，才能成功。

四是善于发挥优势，发展自我。1983 年，哈佛大学教授、发展心理学家霍华德·加德纳（Howard Gadner）在《心智架构》（Frames of mind）提出“多元智力理论”（Multiple Intelligences）。他认为，人的智力可以分成至少 8 种类型，包括语言智力、数理逻辑智力、肢体运动智力、视觉空间智力、音乐智力、人际交往智力、自我认识智力，还有近几年才刚刚增加的自然认识智力。对于每一个人来说，都具有相对独立存在的、与特定的认知领域或知识范畴相联系的多种智力，这些智力之间的不同组合表现出个体间的智力差异。每一个人都会以丰富的方式表现其特有的天赋，都会有自己的强项和弱项。因此，我们要学会发现自己身上的强项，挖掘自身的潜能，努力在今后的工作岗位上不断发挥优势，创造更好的成绩，并不断在实践中发展自我，壮大自我，实现自我价值。当然，自我价值应该跟国家、社会、集体、单位的价值联系在一起，在发展自我的同时，实现与国家、社会的共进步、共发展。

网络课堂

1. 黄汉升，《爱拼才会赢》，http：//video. sina. com. cn/v/b/22464959－1627007417. html

2. 董进宇，《大学生如何做好人生规划，迈向卓越人生》，http：//v. youku. com/v _ show/id _ XMTg1NjgwNzEy. html

经典书目

1. 《论语》。

2. 史蒂芬·柯维，《高效能人士的七个习惯》，中国青年出版社，2008 年。

知识拓展

人生的选择在自己

凡是要等到有了图书馆方才读书的，有了图书馆也不肯读书。凡是要等到有了实验室方才做研究的，有了实验室也不肯做研究。你有了决心要研究一个问题，自然会撙衣节食去买书，自然会想出法子来设置仪器。至于时间，更不成问题。达尔文一生多病，不能多做工，每天只能做一点钟的工作。你们看他的成绩！每天花一点钟看十页有用的书，每年可看三千六百多页书，三十年读十一万页书。诸位，十一万页书可以使你成一个学者了。可是，每天看三种小报也得费你一点钟的工夫；四圈麻将也得费你一点半钟的光阴。看小报呢，还是打麻将呢，还是努力做一个学者呢？全靠你们自己的选择！

——节选自胡适 1929 年在中国公学十八级毕业典礼上的讲话

参考文献

【1】郭绍生，《大学学习生活指导》，福建人民出版社，2008 年。

【2】吴温暖，《军事理论教程》，高等教育出版社，2012 年。

【3】郑传芳，《大学生活导论》，内蒙古人民出版社，1999 年。

【4】德里克·博克，《走出象牙塔——现代大学的社会责任》，浙江教育出版社，2002 年。

【5】李秉德，《教育科学研究方法》，人民教育出版社，2000 年。

【6】李明，《大学学习学》，河南大学出版社，2004 年。

【7】高桂娟、王卫华、刘智运，《构建大学生研究性学习体系》，知识产权出版社，2009 年。

【8】邹富汉，《大学学习生活导论》，西北工业大学出版社，2010 年。

【9】张厚粲，《大学心理学》，北京师范大学出版社，2001 年。

【10】易锦海、李晓玲，《交际心理学》，华中科技大学出版社，2004 年。

【11】姜宪明，《大学生心理自我保健》，北京出版社，2001 年。

【12】周家华、王金凤，《大学生心理健康教育》，清华大学出版社，2004 年。

【13】欧小霞、曲振国，《大学生心理健康》，清华大学出版社，2006 年。

【14】赵国详，《现代大学生心理健康教程》，人民教育出版社，2007 年。

【15】郭娅，《大学生人际交往》，巴蜀书社，2001 年。

【16】卢婷婷、党民科等，《我的大学——大学生读本》，中国人事出版社，2007 年。

【17】宋传文，《大学生安全教育》，山东大学出版社，2011 年。

【18】文辉、汪维，《大学生安全防范知识教程》，武汉大学出版社，2001 年。

【19】樊富珉、费俊峰，《青年心理健康十五讲》，北京大学出版社，2006年。

【20】连榕、张本钰，《大学生心理健康》，北京师范大学出版社，2012年。

【21】郑晓边，《心理变态与健康》，安徽人民出版社，2002年。

【22】林崇德、申继亮，《大学生心理健康读本》，教育科学出版社，2005年。

【23】郭念锋，《心理咨询师（基础知识）》，民族出版社，2005年。

【24】班志刚、黄竹、温英杰，《大学生心理健康教程》，中央编译出版社，2006年。

【25】胡剑锋、钟志宏、李金萍，《大学生心理健康教程》，武汉大学出版社，2007年。

【26】牧之，《心理调节自助读本大全集》，新世界出版社，2010年。

【27】罗萤，《大学生职业发展与就业指导》，福建人民出版社，2012年。

【28】高桥、王辉，《大学生职业发展与就业指导教学指南》，现代教育出版社，2012年。

后　记

本书由主编提出编写框架，由编委会研究讨论并组织编写工作。撰写者分别为：第一章，陈晓斌、雷虎强；第二章，廖深基、程惠斌；第三章，黄宁、饶虹；第四章，张虎、黄彬；第五章，林伟、李建华；第六章，林玉辉、张兆文；第七章，李岩丽、侯建雄；第八章，应贵勇、朱瑞荣；第九章，赵立新、杨守辉；第十章，林鲁文、吴铁坚；第十一章，张本钰、陈今园；第十二章，张爱民、林子鸿；第十三章，林明惠、张立；第十四章，陈文、刘敏。本书由廖深基、陈文、赵立新、陈晓斌、张本钰统稿，最后由福建师范大学党委副书记林和平审定。福建师范大学党委书记罗萤在百忙之中拨冗为本书作序，在此深表谢意。

本书在编写过程中参考了国内外的有关报刊资料和同行专家的著作，吸取了当前国内外该领域的最新研究成果，在此一并致以诚挚的谢意。

由于编写时间短促，我们的经验和水平也有限，书中疏漏、错误之处在所难免，敬请同行、专家和广大同学批评指正，以便进一步修改。

编　者

2013 年 7 月